"十二五"国家重点图书

16

财政政治学译丛

刘守刚 魏 陆 主编

上海高校智库
上海财经大学公共政策与治理研究院

Control of Public Money
The Fiscal Machinery in Developing Countries

控制公共资金

发展中国家的财政机制

A. 普列姆昌德（A. Premchand） 著
王晓丹 译

上海财经大学出版社

“财政政治学译丛”中的文本，主要从美英学者著作中精心选择而来，大致分为理论基础、现实制度与历史经验等几方面。译丛第一辑推出10本译著，未来根据需要和可能，将陆续选择其他相关文本翻译出版。

推进财政政治学译丛出版是公共政策与治理研究院的一项重点工程，我们将以努力促进政策研究和深化理论基础为己任，提升和推进政策和理论研究水平，引领学科发展，服务国家治理。

胡怡建

2015年5月15日

序　言

本书将综合考察控制公共资金的制度和程序，这些制度和程序流行于各发达国家及发展中国家。这些公共资金包括来自公众的税收、收费、捐献，用于为追求各种社会目标提供经费。这种考察活动包括对政府内部的控制系统的分析，以及对外部审计及立法控制角色的分析。本书同样表明，尽管有一个综合机构在运转，政府各部门的效力却低于预期。这进而导致公众不信任程度的增加。

由于下述因素的存在，官方机构无法达成其目标：缺乏详细的计划、定价目标和支持性机制之间的分离、对于近来管理改革的糟糕执行、预算软约束及不合理的激励机制的广泛存在。本书同样考察了最近在澳大利亚、新西兰、英国及美国等国家的相关进展，以及这些进展和其他国家的关系。除非政府管理中经历的基本问题得到解决，否则最近对于善治(improved governance)的强调不大可能有什么用。实际上，这一领域危机丛生，亟待回应。

IMF前助理总裁A.普列姆昌德(A. Premchand)主持本研究。他曾经几次到访公共财政与政策国家研究中心(the National Institute of Public Finance and Policy，NIPFP)[①]。这里我要感谢他所付出的艰辛努力。他提供了一个共同视角，这一视角反映了行政人员、经济学家、管理者、立法者及决策者的有利观点(vantage view)。每章以对该章主题发展的讨论作为开始，考虑不同方法的支持者和反对者，最后讨论未来的相关策略。

---

① 但是，NIPFP的管理机构对本书的内容或观点不承担任何责任。

控制公共资金

感谢丽塔·瓦德瓦(Rita Wadhwa),她出色地处理了和本书出版相关的所有事情。感谢牛津大学出版社同意出版这本著作。

阿肖克·拉赫瑞(Ashok Lahiri)
2000年7月于新德里

前　言

一、这重要吗？

古谚说，治理国家即选择。选择取决于政治抱负，受经济现实支配。一旦做出选择，就要分配财政资源以达成潜在目标。资源的选择和分配取决于要保证的绩效或结果。选择、分配和绩效构成控制公共资金过程的核心。政府以各种方式从公众那里筹集资金：税收、提供服务、出售资产及借款。反过来，公众期望政府提供物有所值的服务；当然，更重要的是，公众期望国家在财政上保持节俭。印度"圣雄"甘地虽然不是经济学家，却很懂他的人民。他写道："就理论上而言，就像农民播种，播种者安排这些钱，一定希望百倍的回报"。有一个庞大的机制来解决公众的这些担忧。在其顶端，由行政、立法和审计机关来共同领导。

和其他所有的公共组织一样，控制公共资金的机制自然也有其自身的问题。因此，在过去40年间，许多政府持续做出一系列的努力(尽管这些努力远非始终如一)，以加强这一控制公共资金的机制。经常要求财政紧缩，使得公众对控制机制是否足够有效产生了更大的怀疑。与那些忙于改革和加强财政机制的人们的意图相反，愿景和实际表现间的差距似乎在扩大。然而这不是懒惰和误入歧途的努力的结果，尽管在某些情形下确实如此。更确切地说，即使经过长期刻苦努力，差距仍然存在。就如前美国总审计长查尔斯·鲍舍尔(Charles Bowsher)在1993年3月所注意到的那样："然而，令人不安的事实是，他们还没有实现开始时所设定的目标。"

尽管每个政府的经历千差万别，然而在影响使用公共资金的领域，有一些制度约束会持续影响政策制定及执行。经常出现的情况是，决策是临时做出的，只是为了应对眼前的问题，而缺乏中期战略及相关的优先性。并没有一致的评估用以确定现有政策的有效性;对于支出项目的概况没有数据;许多成本信息在核算方法上有缺陷,因而用处有限。在阐明政府的政策方面,政府各部门间、政府和公民团体间的沟通网络并不是特别有效;许多政府预算的编制一直处于秘密状态。在这些情况下,问责变得困难。实际上,在一些语言中,与“问责”(accountability)一词完全对应的词语甚至根本就不存在,使得“问责”作为一个概念仍然遥不可及。

政策以及相关权宜决定的突然变化,包括因此所导致的资源分配的不可预测的变动,会给政府的项目管理带来不利影响。由于宏观经济目标和预算分配间的关系含混不清,要达到宏观经济的稳定并不容易。由于预算绩效和预算分配间缺乏明确的联系,对年终的结果也就无法做出有意义的评估。

无论如何,问题并不限于政府的行政分支。实际上,问题具有传染性,因为审计和立法机关的成功依赖于行政机关在处理问题方面的进步。在一些情况下,审计报告仍然单调乏味,并且姗姗来迟。而一旦审计报告准备好了,无论是在立法机关、还是在公众那里,都没有得到应有的关注。由审计机关开展的财政审计,即使满足法律要求,在改进财政管理方面也用处有限。大多数审计机关被排除在政策审计之外,许多审计机关还没有足够的能力开展调查性审计(investigative audit)及绩效审计。总体而言,除了少数例外,审计机关不需要接受同行评审,各国审计机关也没有开发出可接受的审计准则。即使按照对他们有利的说法,审计机关对改进政府财政管理的贡献,尚有待确立。多年来,立法机关获得了动员和使用公共资金的控制权。然而在议会制国家,立法机关已经变得相对无效,他们更多地忙于默许已经做出的决定,忙于获得更多的组织机会以交流他们的观点,但是他们的观点对政策的关键方面没什么影响。

多年来,也做出过一些努力,这些努力致力于寻找答案,并确保政府财政管理机制的逐步改进。近几年来,许多国家经历的持续财政危机给这些努力提供了更多的动力。这些努力影响深远——有些努力致力于整个公共部门的再造,其结果就像诗人奥登(Auden)所写的那样,将会带来“一种新的建筑风格,一种彻底的改变”。作为这些努力的一部分,政府一直在而且正在重组;在管理学理论的影响下,建立了任务导向的各种机构,它们在管理中具有功能性财政自主权。就像一直为人所知的那样,行政部门不会一直以这种形式提供服务，它正在让位给订约承办服务(contractual services)。通过外包合同，许多传统上由政府提供的服务，现在改由公司或非政府组织提供。现在更加强调遵守公共生活标准(public standards of life，即无私、正直、客观、责任心、开放、诚实及领导力)。在财政管理领域，正在寻求在权责发生制基础上编制预算，这使得迄今为止被隐瞒的信息(如政府债务)可以变得清楚，政府的净资产也可以变得足够清楚；预算结构也修改为结果导向的形式，以便于更清楚地识别投入的资源与其绩效间的联系。此外，政府寻求获得最新可用技术手段的所有好处，改进政府的整个信息管理系统以便于管理政府和公众之间的收入和支出，。

二、它甚至还没有过去

我们最好将近来的努力视为一种奇幻历险，它始于近50年前战后重建与发展的大环境。之前的努力还没有成为已逝去的过去的一部分；就像福克纳①所写的那样，它甚至还没有成为过去。目前的形势更像是“今日，乃昨日之存留、明日之前奏”(a past that is half gone and a future that is half arrived)。对于管理公共资金的体制的现代化，尽管人们普遍意识到这种需要，但是对于终点是什么，以及它是否可以到达，并没有确切的理解。

但是这些努力并非总可以成功。无法成功的原因多种多样。首先，现代化的支持者思路不一。预算、会计和审计的现代化努力路径各不相同，这不可避免地导致缺乏同步性。此外，由于大多数改革具有移植的特点，它们会招致反对，难以在当地扎根。这些集体性失灵的结果，是操作性和系统性问题的严重积压。然而，这些问题无法通过诉诸公共部门改革及相关的概念这样的概括性主题(umbrella themes)加以解决。相反，它们不得不在较详细的层面得到解决。

三、未来的方向

在前进过程中，首先应该有一种具有广泛基础的方法，用于总结预算、会

① 福克纳(Faulkner，1897—1962)，美国作家，1949年诺贝尔文学奖得主。代表作有《喧哗与骚动》《我弥留之际》。——译者注

计、审计和立法控制领域现有及未来的议题。其次，需要考虑最近加强财政管理的努力（广义而言，即新公共管理哲学）和在各国出现的问题间的相关性。最后，需要识别那些还没有完全展现但其大致轮廓和特征已经明显的问题。当然，难以确定将来的问题。进行系统改进时，不能仅仅局限于经济环境。由于经济事项的日期的前后顺序发生了变化（since change is the order of the day in economic matters），应将系统改进作为持续性的变化，而不是一次性的巨大努力或走走停停的过程。这种改进致力于设计新方法，或加强现有方法，并且在变化的经济条件下经常对它们进行更新。在分析要求和制定战略时，改革者必须超越诸如政治与管理、政策与执行、增长与稳定、发展计划与无计划等简单的两分法，去探索其中的细节。经验表明，财政管理的成功有赖于关注细节，以及把握它们和总体之间的关系。

四、本书结构

本书试图详细探讨各种系统性问题。在每一领域，它都将提出为什么精心构思、设计复杂的财政管理工具达不到其期望目标的问题。哪些因素有助于完全发挥其潜能？它们应该如何处理？目标不在于制定适用于所有时期的一系列规定，而在于广泛讨论可行的选择。作为开始，这里需要陈述该方法的三个特征：首先，政府的财政运作包括征税与支出、销售与购买、借和贷。尽管公共资金在外延上包括税、费及借给政府的钱，这里在收入方面只关注以税收的形式筹集的公共资金，在支出方面则关注所有支出的公共资金，而不考虑这种支出是通过税收抑或贷款筹集。其次，“公共资金管理”“支出管理”和“财政管理”等术语或多或少作为同义词使用。语言纯正癖者可能不同意这种做法。然而，如果要在千遍一律使用一个短语与同时使用其他短语之间做选择，后者是唯一自然的选项。最后，为了提供一个视角，在大多数章节，作者将尝试描绘历史背景。但是，用于分析目的的历史分期已经程式化，因而在不同的章节不尽相同。

本书分为五部分。第一部分由五章构成，涉及控制的不同维度，此后详细讨论近来的一些重大主题及一些具体问题。第二部分用于对四个工业化国家的公共预算进行比较研究，以及对发展中国家捐助方法的意外后果进行评价。第三部分涉及对经济发展及相关方面进行计划的思想的演变和实践。第四部分讨论组织方面的理论及问题，而最后一部分将讨论会计、审计和立法控制等问题。每一部分都自成一体，并为整书提供相应要素。在此过程中，为了提供更适当的视角，某些论证不可避免地会重复。

A. 普列姆昌德
2000年7月

致谢

公共支出的持续增长以及处理这一问题的财政机制的反应，一直是人们关注的事情。将企业部门作为公共支出管理的典范的适当性，也是引起许多公共辩论的一个问题。除了基于专业的关注，我对这些事情的兴趣，受到这些年来我和许多发达国家及发展中国家官员接触的激励。如果没有这些激励和支持，这本书无法完成。本书的某些部分之前曾在一些研讨会或会议上交流。这些研讨会或会议由亚洲开发银行、佛罗里达大西洋大学、哈佛大学国际发展研究所、国际财政管理协会(International Consortium of Financial Management)、国际货币基金会、印度公共财政与政策国家研究中心等机构组织。本书是1999年预算进修班参加者的部分指定读物。该班由哈佛大学国际发展研究所举办。在这些研讨会上所获得的评论对于形成本书很有帮助。非常感谢P. J. 巴雷特(P. J. Barrett)、理查德·博德(Richard Bird)、理查德·古德(Richard Goode)、罗伊·迈耶斯(Roy Meyercs)、S. 罗摩克希纳(S. Ramakrishnan)及Y. V. 雷迪(Y. V. Reddy)仔细阅读各章并给我提出富有洞察力的评论。一些退休的审计长帮我校读了关于审计的那一章。他们的观点不同于本书中陈述的观点，这已经证明是非常有用的。

本书中的许多章以前已经出版过，曾经用作讲座或报告的材料。第二章、三章及十六章曾作为国际货币基金组织(IMF)的工作论文发表。第二章和第三章还分别在《公共预算国际期刊》(*International Journal of Public Budget*)及公共预算国际协会年度会议论文集上发表。第四章曾在由曼彻斯特大学组织的一个会议上报告，并被编入会议论文集。第六章被收录于由马塞尔·德克尔(Marcel Dekker)和康帕尼(Company)主编的《经济发展手册》。第七章被收录于印度财政管理协会出版的一本文集。第八章被收录于由加拿大女王大学约翰·多伊奇研究所(John Deutsch Institute)出版的一本文集。

第十章作为哈佛大学国际发展研究所组织的国家预算研修班的一部分，两次在该会上报告。第十五章被收录于由乔西·巴斯(Josey Bass)和康帕尼主编出版的《政府预算手册》。第九章和第十章的部分内容来自已在《公共预算和财政》及《公共预算和财政管理》上出版的相关内容(由笔者写的文章)。对于出版商及其他人允许笔者在此使用这些材料(即使是以不同的形式)，在此我致以诚挚的感激。

对于把本书从手写版转换为电子版，笔者得到了各位助理的大力帮助。许多人帮助我完成这项费力的任务。这里特别要提及安妮塔·盖尔(Anita Gale)小姐的自愿的、令人愉快的而又慷慨的帮助。

A. 普列姆昌德

2000 年 7 月

目　录

第二编 比较研究

第三编 计划与预算

第四编　组织方面

第一编

控制的范围:问题和解决方法

第一章　支出控制的多个面相

“我到底是谁?”“啊,那是个大难题。”

——刘易斯·卡罗尔[1],《爱丽丝漫游奇境记》

一、什么是控制?

一般而言,控制是个模糊概念。更确切地,它和通过征税、出售产品和服务、借款等方式获得的收入相关的支出有关。在其他语言中,该词也许没有对应的用语。但是,就广义而言,它指的是一个明确的管理过程。在其中,涉及政策制定和执行的各个机构的角色和任务都是明确的,在它们之间有经常性的互动,以保证政策是以人为本、在成本上是有效的。更确切地说,控制涉及一个公共机构的管理过程中,所确定的影响政策及塑造它们的最终形式的各种机会。它还指某些机构或某个机构的某些层级所承担的角色。它们被授予权力,以评价其他机构所制定的提案,并且对这些提案进行改进。如有必要,它们自己也制定新政策。就狭义而言,控制是指一个核实过程,其目的在于确保政府的法律得到完全的遵循,被提议的行动经受住财经纪律的考验。在市场检验缺位的情况下,多年来,公共机构已经发展出它们自己内部的控制测试,以保证公众的花费物有所值。

控制系统致力于处理政策制定和执行的多个实践方面。控制系统涉及的

1　刘易斯·卡罗尔(Lewis Carroll,1832－1898),英国数学家、逻辑学家、童话作家,《爱丽丝漫游奇境记》(1865)与《爱丽丝镜中奇遇记》(1871)为其代表作品。——译者注

领域非常广泛，但是有两个领域具有根本的重要性，这两个领域与政府分配及使用资源有关。资源分配假定存在目标和政策，对于政策的执行要求达到默认的绩效水平。资源使用则主要关注事前确定的目标及绩效水平的达成。

二、作为工具的预算

在制定年度预算的过程中，上述所有方面都会发挥作用。年度预算的核心任务，是在相互竞争的各种需要间分配资源。唯一不变的是，各机构索要的钱都有远远超出可用资源的倾向。因此，在政府制定年度预算时，资源的分配成为核心活动。预算和政府一样，没有清白的历史。过去很重要，它对下年的预算有主要影响。活动涉及收集规划、项目及经济等方面的各种数据，并分析这些数据以便于决策。作为上述努力的组成部分，接下来还要使用不少两分法（dichotomous approach）。因此，在分配预算资源时，可以按照是正在进行的活动还是新的政策（或按照议会确定的新项目），按照计划或非计划，按照国防或非国防项目，按照筹集的资源来自国内还是国外，以及其他相关的分类方法进行。无论采用何种分类方法，这些都不是标准方法。但是，每种方法都是一个国家经济和财政状况以及其管理传统的象征。但是，就广义而言，预算决定需要回答下述重要问题：对于正在进行的计划和项目，所需的资金水平如何？它们预计可以获得多大收益？哪些计划或项目需要加速，哪些又需要减速、甚至取消？向公共部门相关机构转移支付的水平应该达到多少？其可能影响是什么？在所有这些情形下，替代方案又是什么？

三、机构及管理惯例

公共管理的特征在于，有许多机构和组织存在并发挥作用。这些机构具有普遍的目标，这些目标然后精简为年度政策框架。为了便于执行，政策框架中有一些战略目标，这些战略目标又分为管理任务和操作性工作计划。政府的每种行动都涉及花钱。因此，需要制定预算（细节问题的处理如前所述）、分配资源、明确过程控制。在年末，作为持续到下年的连续工作的一部分，对于每个参与机构或决策者而言，评估目标是否实现或绩效水平是否达到是有必要的；在发生无法避免的延误时，识别妨碍执行的因素、弄清如何进行风险管理同样必要。图 1.1 详细说明了提出计划、制定战略、分配和使用资源的理想图景。该图表明，如同接力赛那样，接下来的每个阶段如何依赖于链条中前面的环节。

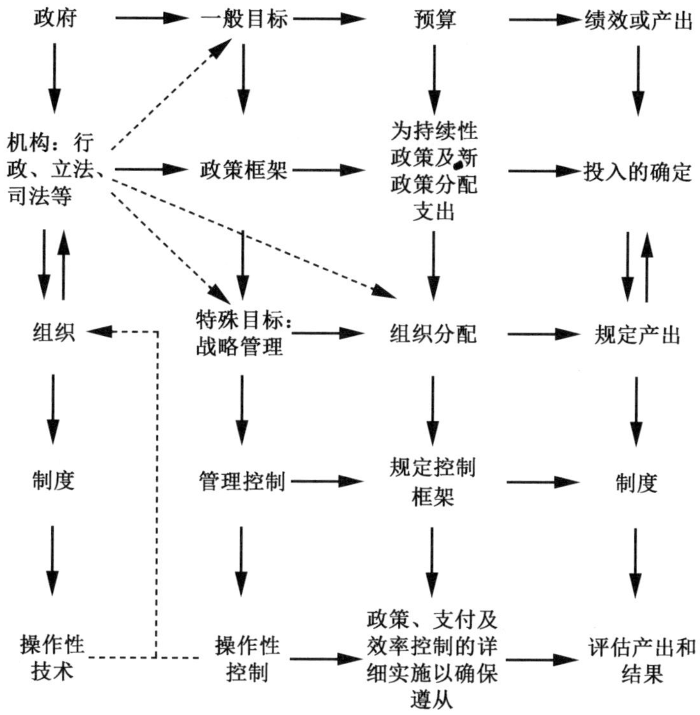

图 1.1　机构和支出管理：互动性分析框架

政府的目标会经常发生修正，以反映当时的政治和经济内容。如同公司忙于制定公司战略，即使没有"战略"的标签，政府也一直忙于展望未来，确定需求是什么，并逐步形成支持性管理基础设施。对于提议的政策（这些政策反映了政府的目标）的执行，会经常要求强化现有的组织机构，或者在罕见情形下，由于此时需求紧迫得多或更具实质性，会创立新机构。一个组织的行为反映了一个灰色领域，其中确定性很少而模糊性较多。但是目标和最终结果之间的联系（详见图 1.2）需要得到清晰识别，在制定政策时需要予以考虑。一般而言，政策不会自我执行，需要在一些方面精心计划。

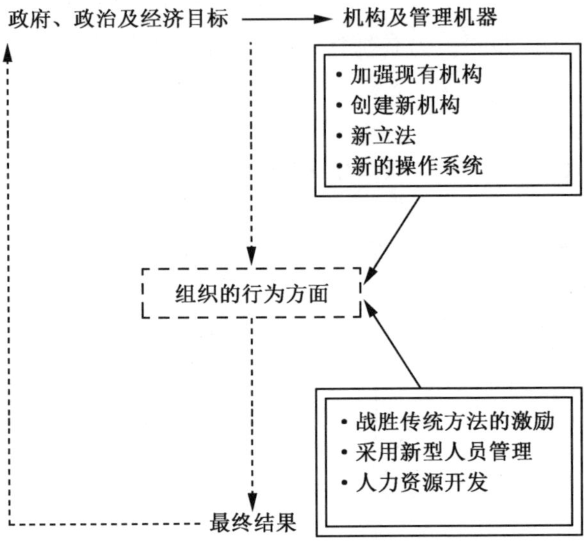

图 1.2　政府目标和支持性框架

四、财政制度和变化的环境

不能认为，政府的运作机制孤立于设计该机制时所追求的目标。这些目标依赖于经济环境。就广义而言，这些目标和整体的财政政策相连，其中支出是主要内容。在传统上，自从巴斯特布尔[1] 19 世纪末出版的著作以来，在任何一本随机挑选的财政学著作中，公共支出都没有得到足够的重视。不过近年来，这种缺陷已经得到充分的弥补。对于各国 20 世纪财政史的粗略分析表明，存在一个从审慎到挥霍再回到审慎的循环。一个国家在开始时处于财政平衡状态，其收支相等；然而，接下来由于政治压力以及各政党寻求建立福利国家，增加了更多的服务，已有的服务也得到了加强，这导致支出增长率的增加。如果发生战争或者政府追求更多的经济发展目标，支出的这种增长会加速。反过来，这要求筹集财政资源的额外努力，以匹配日益增加的需求。税收动员因而会致力于收入的快速增长。要获得收入的这种增长，需要付出代价。

1　巴斯特布尔(C. F. Bastable，1855－1945)，英国经济学家。这里所提的著作当指其 1892 年出版的《财政学》。

因为较高水平的税负会对生产、消费、分配、工作、储蓄等各方面带来负面影响。在这些情形下，在短期内，政府会考虑通过国内或国外借款获得更多收入。国内借款会导致较高的借款利息成本，而外债会导致严重的国际收支平衡困难。同时，以前的政府投资不一定会获得期望的回报。这些因素和支出增长的倾向叠加在一起，会导致影响增长的经济和财政危机，进而对政府重新调整其政策定位产生压力。这种重新定位可以通过采取较为审慎的财政方法来进行；更确切地说，是降低支出的增长率、降低税率、取消补贴项目、削减提供的服务，以及其他相关的措施。新建立的节俭型模式也许维持不了多长时间就会产生新的政治压力，以寻求税负的降低或者福利或支出的增加。这些压力为未来的危机播下了种子。尽管危机的确切时间无法预测，几乎可以确定的是，眼前的压力会导致扩张性财政政策以及挥霍的重现。图 1.3 展示了这一循环。循环的各方面会对支出控制的内容和整体轮廓产生巨大影响。控制机制是达到某种目的的手段；当目的的性质或其定量方面发生变化，手段也要发生相应变化。手段也许不变，也许会扩张或合理化。但是应用的过程反映了变化中的目标。

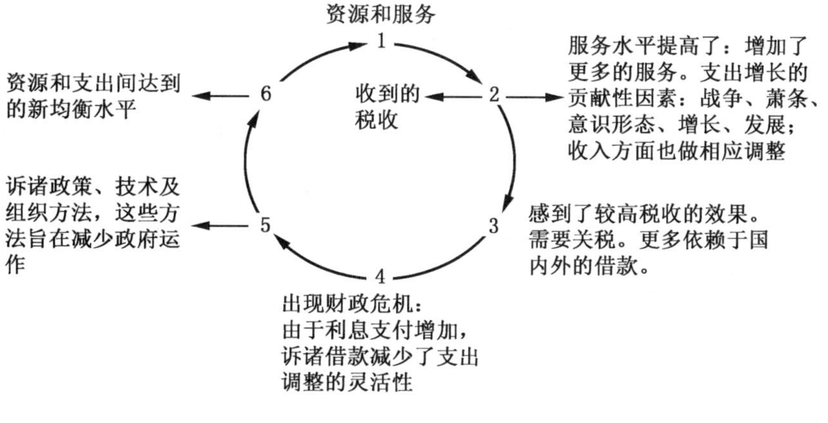

图 1.3　运营的财政循环：变化及调整

五、环境因素及其影响

在原则上，对公共资金的控制发生在公共领域。然而，对许多公众及其代议机构而言，仍有一些领域是模糊不清的。国家安全就是这样的一个领域。尽管政府的一些财政运作被蒙上了神秘的面纱，但是所有的交易(包括那些秘密交易)都受四个方面的影响——政治、经济、组织以及构成一个国家预算制度特征的核心要素。

政治因素包括政治领导人的性格、民主、专制、军事独裁、政治决策和干预、财政部长在内阁中的角色、公共舆论对于各类支出的看法、讨论财政事务的标准、对法律和秩序的尊重及其他。这些因素如图 1.4 所示。政治领导人及决策过程显示“钱(buck)”最终在哪里停下。在一些国家，是宪法规定的相关权力机构(constitutional head)，但是在其他一些国家，政府做出的决策要得到宪法上没有规定的权力主体的批准。它们的批准或驳回决定了许多政策的命运。而受经济环境影响的公共资金控制，也许会成为引起最高决策层强烈兴趣的领域。在政府内部，财政部长(或大臣、秘书)的角色很重要。因为在职能上，他负责掌管财政资源。但是财政部长日常职能的发挥，取决于政治领导人以及内阁同僚的支持。决策反映选民的需求和观点。如果选民关注的是一些支出项目，此时对财政部长而言，实际上决策已经做出，因为任何试图压倒社会已经接受的观点的努力都是注定要失败的。公众参与意味着，他们可以获得关于财政状况和需要进行决策的具体领域的一般信息。公共辩论有赖于信息的可获得。政府可以管理这些信息以影响公众的反应；而当这些信息不利于政府的利益时，也可以禁止披露这些信息。根据前述因素做出的决策需要得到执行；如果政府和公众的反应是规避它，这种执行就会有困难；一个好的政策也有赖于执行机构，但是归根到底，是守法的态度使得(或妨碍)资金控制过程实现其目标。

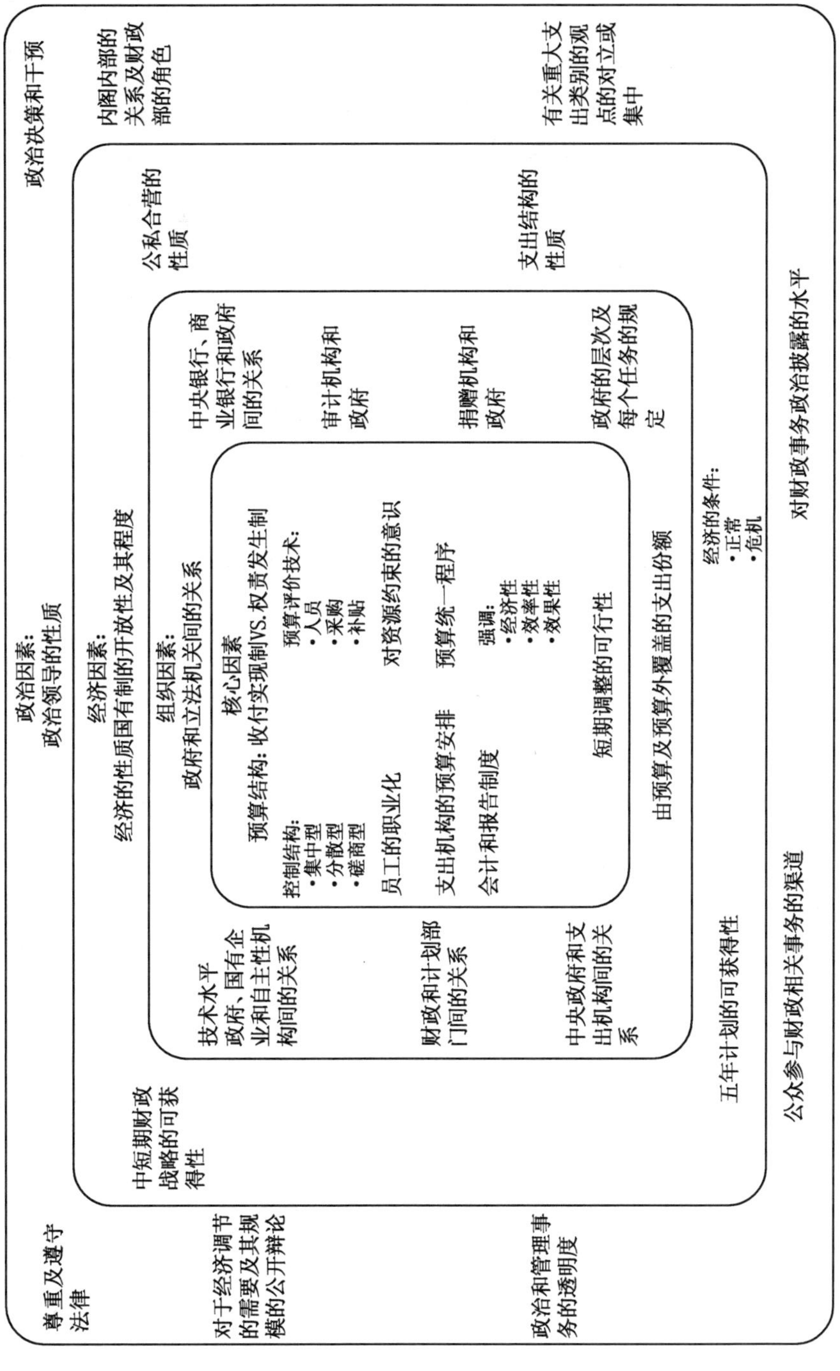

图1.4　支出控制的效果：贡献性因素

经济结构的特征同样会对支出管理的性质产生很多影响。经济的开放性会增加年度预算的脆弱性。资本的流入或流出趋于不可预测。在理想情形下,预算和支出管理应该有内在的机制,用于处理这些流动所导致的短期波动。资产和生产过程的广泛国有制意味着,政府和企业之间存在一些复杂关系。反过来,它们会增加或减少支出管理机制的基础。另一个重要领域与政府和私营部门之间的关系有关。这些私营部门包括志愿者组织及其他非政府组织。迄今为止,由政府承担的活动越来越多地改变为:由政府提供资金,再由私营部门按照合同提供服务。这进而会对支出管理带来实质性影响。就本性而言,合同趋于增加支出的波动性。这种波动性正是公共机构需要处理的问题。国民经济会受到五年计划或者中期财政战略的引导。尽管并非所有国家都有这种推进战略,需要承认的事实是,在它们起作用的国家,相对于上述计划和战略确定的框架,人们期望支出管理承担补充性角色。最后,经济周期的具体环境对于短期目标以及对于支出管理工具尤其具有重要影响,无论经济环境是处于相对稳定期,还是处于高度不稳定期。

支出管理还受一系列关系的影响。这些关系包括中央政府与立法机关、中央银行、国有商业银行、企业及机构、地方政府、独立审计机构、捐赠者之间的关系,这些关系还包括政府内部核心机构与支出机构间的关系。当然,这里的列举并未穷尽所有的关系。政府和立法机关之间的关系可以是对抗性的,此时后者趋于严格审查前者。政府中的支出管理者必须意识到,有人会经常检查他们。这会减小支出管理者承担的风险。或者,正常情况下由支出管理机构承担的许多任务,如果已经写入项目的立法中,政府部门在对这些资金进行管理时灵活性就较小。

对支出管理而言,中央政府和中央银行及国有商业银行间的关系非常重要。如果没有赋予中央银行职能上的自主权,则对政府而言,通过中央银行的信用为政府的运作筹资就成为一个软选项。在商业银行国有的情况下,政府既不严格遵守借贷标准,也不总是透明,它也会得到银行提供的短期信用。可获得软选项以及缺乏透明度会导致政府较高的支出增长率,会导致支出管理机制产生重大问题。政府会发现,它的寻求支出温和增长的目标,从内部受到了破坏。

从资源动员的角度来讲，政府和捐赠者及国际金融机构间的关系对支出管理机制具有更直接的影响。这方面会在第七章详细阐述。中央政府与区域性（或州、省）政府以及地方政府间的关系，对支出管理机制同样具有重大影响。近年来，在许多国家，中央政府已经成为地方政府的现金支付中心，以使地方政府获得可用的资源。这一特征会减少控制的范围，因为更多的资金转移会由法律，而不是通过每年的自由裁量权进行指导。

影响资金控制边界的另一个因素与预算覆盖的范围以及在预算外进行的交易有关。前者具有明确的过程，并伴有一套易于理解的规章制度。在预算外进行的交易具有迥然不同的方法，与预算相关的交易相比，严格程度经常较小。在政府的行政分支，政府与其下的企业之间的关系，政府和具有自主权的机构之间的关系，确定了支出控制机制的边界。具有自主权的机构的增加意味着支出控制机制边界的同等减小。作为常规活动的一部分，审计机构对支出控制机制的充分性进行评价，识别问题领域，提出改进建议。就此而言，审计机构的这些工作使得支出控制机制意识到其可能的瓶颈以及如何克服这些瓶颈。

整个机制的核心是预算系统，通过该系统，每年做出资源分配和使用的决策。预算所采用的基础可能促进也可能妨碍这些领域的政策制定。收付实现制在促进政策制定方面有内在的局限性，但在执行阶段，通过其与货币政策之间的联系，具有某些优势。对于政府的财务状况，权责发生制提供了更真实的画面。设计的这套机制可以在集中的基础上实施支出控制，也可以在分散和协商的基础上实施支出控制。在实践层面，年度预算的有效性较少地依赖于财政规则的实用性及组织的等级类型，较多地依赖用于确定人力资源、投资、补贴等方面的制度，以及用于组织有效的采购方式的制度。在形成支出控制机制的途径时，对资源约束的关注，对每年分配资源时内化这种约束的方法的关注，以及对经济性和效率性的强调等，具有重要角色。

六、年度战略

基于一国的实践，年度预算的制定既可以视为一系列努力的积累，也可以视为制定管理战略的起点。在有许多事前计划的情形下，制定年度预算可以视为宣告年度财政政策的最后及结尾阶段。如图 1.5 所示的年度战略,考虑以前年度持续下来的政策以及新政策意味着怎样的财政结果。财政总支出水平取决于经济环境和财政刺激或节制的需要。新政策也需要考虑政府各部门执行这些政策的能力。基于这些考虑的总的经济框架也考虑预算赤字的规模、需要在国内外借款的数量。

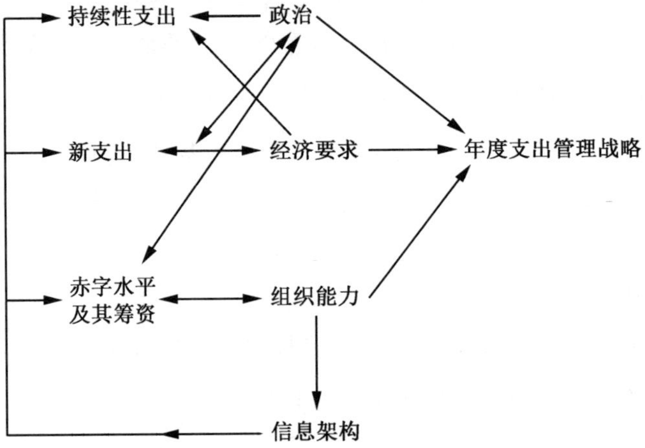

图 1.5　年度支出管理战略

形成年度战略也需要考虑提议的政策对政府财务状况、治理及项目的预算评价的中长期影响。表 1.1 说明了上述各方面及它们的内部结构。反过来,财政条件反映了整体的经济及财政环境下,提议的战略对可持续性、灵活性及脆弱性的影响。治理方面包括对现有过程承担决策和执行重担的充分性的详细分析,而其中的透明度及问责涉及社会民主职能的核心事务。当财政条件相对比较严峻、存在结构调整的需要时,年度评价还带有在不对提供服务带来不利影响的条件下修改项目的额外目标。分析涉及表 1.1 展示的六种测试的应用。尽管有这些测试,政府还是可能会经常发现,很难放弃现有的计划。实际上,在很多国家,年度评价并不处理以前延续下来的政策,而主要考虑总水平的微小增加或适当减少。

表 1.1　　　　财政政策、过程及计划评价指南

种　类	评价的内容
公共利益问题	
Ⅰ.财政条件	政府的财政条件由总体经济及财政环境的可持续性、脆弱性和灵活性加以衡量。
·可持续性	在多大程度上,政府能够维持现有的计划,在不增加国家债务负担的前提下满足现有的债权人要求。
·灵活性	通过增加其收入或债务负担,在多大程度上,政府可以增加其财政资源,以对日益增加的承诺做出反应。
·脆弱性	在多大程度上,政府变得依赖外在于其控制或影响的资金资源(包括国内及国际的资金,比如国外对政府的援助),因而易受这些资金的影响;中央政府对于区域性、州或省政府和地方政府的转移支付;外债。
Ⅱ.治理方面	
·过程的充分性	为了制订政策、制订并执行年度预算,政府内部的组织过程。
·透明度	政府作出的经济及财政决策信息的可获得性,财政政策的目标及其成就信息的可获得性,以及政府项目的目的、成本、收益的信息和政府财政条件的信息的可获得性。
·问责	与公共资源管理工作相关的安排的充分性,年度预算结果的充分性,以及致力于改进预算结果的机制的充分性。
政府内部	
Ⅲ.计划评价	
·公共利益测试	项目一直服务于公共利益吗?
·政府角色测试	在项目持续的过程中,政府有一个合法的、必要的角色吗?
·联邦测试	联邦政府目前承担的角色足够吗?或者该项目可能会被重新调整给地方政府?
·合作关系测试	哪些项目可以全部或部分转移给公司或志愿者部门?
·效率测试	如果项目继续下去,如何提高其效率?
·支付能力测试	在财政约束下,作为结果的一揽子项目负担得起吗?如果负担不起,哪些项目应该取消掉?

资料来源:引用自《政府财政条件指标》(加拿大特许会计师协会,多伦多,1997 年)和《加拿大总审计长报告》(渥太华,1997 年)。

七、控制结构

广义而言，整个支出管理涉及：(1)政策控制，(2)过程或交易控制，(3)监管任务，(4)效率控制。每方面的适用性取决于支出模块的类型。因此，适用于“个人报酬和福利”的控制，注定不同于诸如适用于“政府贷款”的控制。表1.2对各支出模块及四类控制的适用性提供了综合分析。不同类型支出的政策或战略控制并不一样，在任何情形下，都取决于具体的环境。而且，如同后续章节将显示的那样，最近的改革对这些控制的适用方式有影响。政策控制和相关的评论越来越从对细节的评论转变为对更广泛的方面进行评论。核心部门不再忙于确定各类支出的具体花费，而满足于在项目层面或部门层面确定运行成本(包括人员费用、购买物品和服务的费用等最普通的开销)的整体上限。有些人认为，确定整体上限是对整个控制过程的否定，这表明管理者对控制缺乏想法，是一种令人绝望的办法。各部门得到授权，以决定他们自己的职员(或员工)数量、工资水平以及相关的花费。控制的关注点从人员控制转向控制总花费、转向监控绩效。然而，对于许多国家而言，最近不太可能达到这一阶段。在一些国家，这种类型的改革尚未发生，运行成本按照GDP增长率或类似的标准来确定。这里的假设是，只要这些支出的增长率与GDP增长率保持一致，就没有理由担心。政策和控制在通货膨胀的环境下变化。因而，支出不会按照价格指数自动调整。相反，会施加现金限制。超过这一限制，即使按照价格或者其他指数应该调整，也不能做出调整。资本支出根据一系列经济考虑(如果是发展中国家，需要考虑外援的可获得性)来确定。不同部门的政策会有变化，这些变化需要通过控制机制加以内化。理想的支出控制不包括一刀切的做法。相反，它很多样化，反映了每个部门的特征及其市场开放水平。

过程控制包括资金的发放(通常按照时间段进行)、承诺监控(既可以集中、也可以分散进行)、合同监控以及支付阶段的监控。一般地，这些监控经常会被误认为是整个控制过程(某些分析者单独把这方面视为财政管理，这是一种误导性的、狭隘的解释)。然而，它们是一条长的价值链的一部分。在这条价值链中的每一步，如同链条中的一节，都是计划用来加强前一环节的。承诺

表 1.2 支出控制框架

控制类型	政策控制			过程控制				监管任务				效率控制	
支出模块	宏观经济政策目标	通货膨胀调整	具体部门目标	资金发放	承诺监控	合同监控	支付控制	会计制度	合同	贷款运作	其他	绩效指标	评估
个人报酬及相关福利	年度经济目标包括可允许的人员增长率或有针对性的减少	政策既可能表明工资冻结不变，也可能表明基于当前或往年的通货膨胀率对工资进行温和或完全的调整	增加或减少的比率会被设置成年度发展计划的一部分。这种比率并不统一。	资金的发放既可能具体针对该支出模块，也可以作为部门总拨款的一部分。在大多数情形下，工资薪金总额集中发放，考虑到它们的总体稳定性，它们并不包含在分期拨款中。福利由于具有特别的多样性，单独进行管理资金的发放既可以具体针对该支出模块，也可以针对部门总拨款	对岗位设置和实际的人员配备之间的差异进行监控，这种监控基于上述差异会对部门及整体预算结果产生影响的观点	除非对外籍雇员具有不同的支付规模（比如一些中东国家），一般而言不适用于这一类	集中发放的工资总额便于通过电子转账或发行支票支付。这一控制应该允许支付的快速对账	工资管理系统的安全和有效运行要求详细说明每一会计步骤	合同说明签约雇员要遵守的规则和条件		核心部门经常指出设立岗位并对其进行补充的判断标准。同样，也会指出减少岗位的标准。类似地，也会指出福利的类型和规模	会按照项目，或按照人员的类型（如管理、医疗、教师等）指出绩效指标	一般在项目层面进行评估（按照承担的程度）

续表

控制类型	政策控制			过程控制				监管任务				效率控制	
支出模块	宏观经济政策目标	通货膨胀调整	具体部门目标	资金发放	承诺监控	合同监控	支付控制	会计制度	合同	贷款运作	其他	绩效指标	评估
购买其他物品和服务	作为宏观政策的一部分，会对一般目标或增长进行计划	调整既可能是部分的，也可能是完全的。在某些情况下，这些调整会考虑劳动力和资本的相对比例			在涉及重大购买时，核心部门和支出部门会对相关承诺进行监控，以方便现金管理	会对重大合同（除了公共设施）进行特别监控。大多数政府通过分级合同制进行物资供应	经常通过支票付款。在一些国家，通过电子卡牌进行购买，付款也可以通过电子方式进行	会计系统会详细说明记录存货及其使用的步骤	会详细说明常规或重复竞标的步骤			对于这些物品和服务进行消费的规模，会提供具体指标	会在各个部门具体评估对于物品和服务的使用，以确定适当的标准
债务服务（国内外债务的利息和本金支付）	可以将限制视为是针对新筹集的债务	当通胀率很高时，需要定期调整利率，进而要求调整预算估计		一般而言，由财政部进行债务管理的预算分配	支付（在大多数情况下，数额相当大）的时间选择带来现金管理的一些问题		最重要的考虑是对银行存款余额的有效使用	对借款人、债务工具及到期时间而言，会计制度确定了记录的方式					
养老金及应享权益支出	在有社会保障制度的国家，养老金从养老基金中支付。主要根据现有立法形成的权利性支出以需求为导向。最近对这些支付进行了一些设置上限的尝试	大多数国家对养老金会根据以往的通货膨胀进行调整。会对福利的规模进行修改或指数化		养老金会有正常的流动。一般而言，这些项目的管理类似于工资，即进行集中管理。权利性支出按照需求确定，支付给第三方。就其本身而言，它们并不属于定期发放			和其他情形一样，支付服从于递交（subject to the submission），进行详细的记录。在一些国家，使用电子转账	这些支付要求会计制度有不同的定位，因为会显示更多的警示信号（vigilence）以防止腐败和权力滥用					需要进行评估，以保证穷人如预期那样得到福利，并且保证管理成本最小化

续表

控制类型	政策控制			过程控制				监管任务				效率控制	
支出模块	宏观经济政策目标	通货膨胀调整	具体部门目标	资金发放	承诺监控	合同监控	支付控制	会计制度	合同	贷款运作	其他	绩效指标	评估
对国有企业及其他机构的补贴和拨款	对国有企业及其他机构的补助程度及其定期变化取决于整体政策及价格管制体制	在通胀环境下，这两类都会变化	某些部门会比其他部门得到更多补贴。这作为年度宏观政策的一部分得到确定	拨款可以按期发放。按照补贴的内容及谁得到补贴，补贴发放的模式会有变化	金额往往相当大，因而会受到核心部门及支出部门的监控		除了拨款，根据提交的文件，银行系统均可以进行支付。它们也受到其他支付控制的监控	作为会计制度的一部分，规定了所需文件的类型			大多数补贴由银行确定，且通常由其支付。由于这些支付占了年度支出的大部分，它们要求具有不同定位的控制		对拨款和补贴的评估在于确定其未来进程
资本性支出：													
物质资产	资本性支出、相关投资及转移支付的总额作为宏观政策的一部分得到确定	根据部门情况进行通胀调整	区分新的投资和与多年期投资有关的结转。注意成本估计的整体变化	资金发放部分取决于工程性质与简况。就全包工程而言，资金的发放取决于合同	就其对现金管理和预算结果的影响而言，承诺监控非常重要	各项工程会涉及不同类型的许多合同。所有这些会对预算执行带来影响	在一些情况下，承包商会得到提前支付。这些支付以及最终支付需要得到日常监控	会计制度在账户的基础和分类以及使用取得的资源方面必须具体					
财务资产	同上			经常捆绑在一起的资金发放会相互牵连，且金额不小	同上		这些支付涉及大量金额，并通过电子转账开展	财务资产最好按照其市场价值定期估值	各项工程涉及许多类合同。这些合同的每一类需要得到清楚的规定	参见下面的“租借”部分		那些完工需要好几年的重大工程有一些有形指标，这些指标使得对工程进度的评估成为可能	

续表

控制类型	政策控制			过程控制				监管任务				效率控制	
支出模块	宏观经济政策目标	通货膨胀调整	具体部门目标	资金发放	承诺监控	合同监控	支付控制	会计制度	合同	贷款运作	其他	绩效指标	评估
租借	整体政策目标会规定包括租借支出在内的政府支出的总体水平	需要租借的数量通常会考虑使用者的需要，因而反映通胀调整	租借政策取决于每个部门的性质。一些部门会得到更多的租借。也会收取不同的价格，不同部门的清偿期也不一样	资金发放通常根据使用者的需要进行调整	由于数额巨大，对承诺的监控有利于现金管理		支付既可以是集中的，也可以是分散的。根据收款人的数量，可以使用支票或者电子转账	会计制度必须规定各类条款及条件，并且应该具有跟踪设施，以便于快速恢复		在提供租借时的一致性或规定的差异有助于支出机构就租借事项制定政策		企业的绩效需要得到小心监控	在为既定目的使用租借物方面具有合同规定的责任的地方，会开展评估

监控主要与收付实现制有关，当转变为权责发生制时，就不再是独立的一步了。在财政危机时期，支付控制具有巨大的、不成比例的重要性。当政府被要求遵守对财政赤字规模的限制时，经常通过原有规定用于该目的的方法以外的方法来实现这些目标。支付控制基本由从法律的视角核实索取权（claim）及其充分性构成。因此，这是最后一个阶段，表明交易的结束。但是，把支付视为控制的最重要阶段的任何尝试不太可能产生回报，因为在政策及承诺阶段，控制之战胜负都有可能。

监管任务还没有取得它们相应的重要性，它本质上涉及制定会计准则，形成授予合同的万无一失的过程，制定政府贷款的一致、清晰的政策。需要这一控制的主要原因在于，如果缺乏监管框架，会使用不同的方法，控制的基础可能会受到严重侵蚀。效率控制相对是个新事物，涉及制定并监管绩效指标，并进行评估。尽管具有内在的吸引力，实际上，这些控制还没有普及。人们仍然对评估持怀疑态度。许多管理者将这种评估视为前面各阶段实施的控制失效的反映。

八、管理动力学

像所有的组织一样，控制机制不会像它想要工作的那样工作。动摇力量可以通过图 1.6 所列的任何一个因素发动。然而，每个因素贡献的大小不同，其影响可以是微不足道的，也可以是重大的，这要求重新评估政策和目标。该图展示了运营制度、工作环境以外的更具基础性的因素。有必要将整个支出管理机制视为一个统一的单位。在其中，某个部件的某个与众不同的功能会导致生产损失和质量控制的失效。

九、控制管理上的碎片化

在结构上，不应将支出控制视为铁板一块。相反，它是这样一个机器，在其中，各个部件被安排给不同的部门和机构来执行。尽管在各个国家，这些安排并不一样，但是表 1.3 展示了一般的安排模式。在一些国家，国内债务安排的领域包含中央和地方政府及其所属企业的需要，而在其他一些国家，则仅限于中央政府的需要。但是广义而言，给财政部门分配的责任会多于任何其他

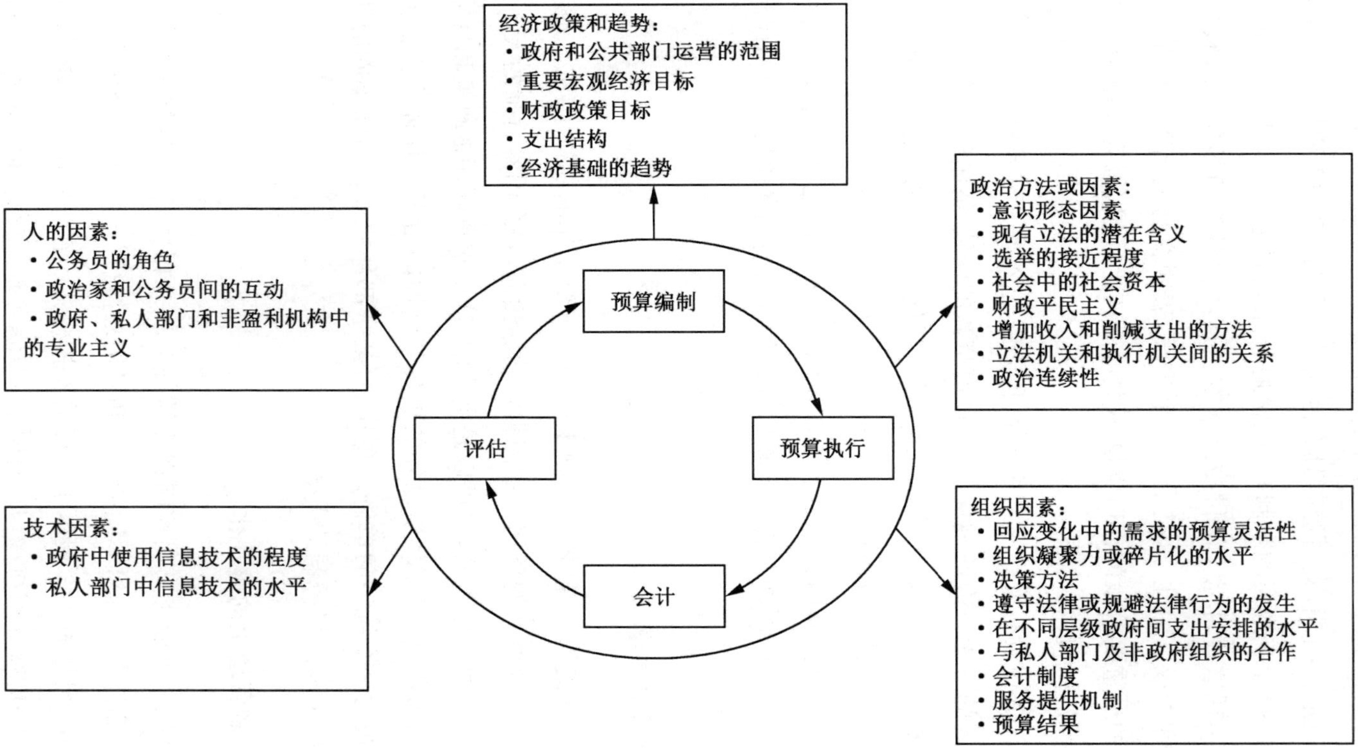

图1.6 支出管理的动力学

表 1.3　　支出管理：目标、工具及组织责任

功能性责任			
目　标	工　具	核心预算机构	执行机构
资源分配	年度预算 滚动支出预算	[收入]—财政部 [经常性支出]—财政部 [资本性/计划/发展支出]—计划部门和财政部 [外援的协调]—计划部门和财政部 国内借款—财政部和中央银行	有关加括号部分的初始估计由执行机构准备
资源使用	分时间段发放资金 招标程序 委员会的批准 支付索取权的预审计 对索取权的支付	财政部/计划部门 集中任命的理事会/委员会 在一些情况下，需要核心预算机构的批准 在一些情况下，这些可以由在核心预算机构控制下的官员开展	大多数由执行机构使用
资源使用会计	确立会计章程和会计准则 月度账目 年度账目	大多数由自主机构或者财政部来做 在一些情况下，由核心预算机构来做 在一些情况下，由核心预算机构来做	大多数由执行机构来做

部门。尽管财政部门扮演着核心角色，不应该留下这样的印象，即控制只由该部门来管理。实际上，人们经常认为，在实施控制时，存在相当大程度的碎片化。在某种程度上，这个观点是正确的。图 1.7 提供了碎片化控制系统的一个典型例子。在大多数国家，由专设的、自主的委员会或人事机构决定薪酬制度。在许多国家，这些薪酬制度通过使用详细的公式来决定，计算标准通常考虑的是工作、而非财政。类似地，由集中采购机构购买商品、签订采购合同。在实施控制时，一些职能部门会比其他部门享受更大的自由。典型的例子是国防部门，它享受更多的自主权，较少受到核心预算机构和立法机关的审查。由于假设在过程中会有控制失灵，以及较高的管理成本，人们经常会考虑离散化控制结构的替代方案。中央集权管理仅仅是一种替代方案，经常不是人们偏爱的那种，因为该措施比现存弊病还要糟糕。它带来更高的成本，管理灵活性的丧失所带来的成本永远无法得到完整计算。图 1.8 展示了一些替代方案及其应用。图 1.7 和图 1.8 得到的重要结论是，控制机器既不应被视为过于集中以致达到铁板一块的程度，也不应被视为过于分散以致达不到预期目标，而是存在一些领域，适于将这些领域视为高度集中或高度分散，一旦对信息网格的管理达到适当的水平，这两个方面就不再具有重要性。

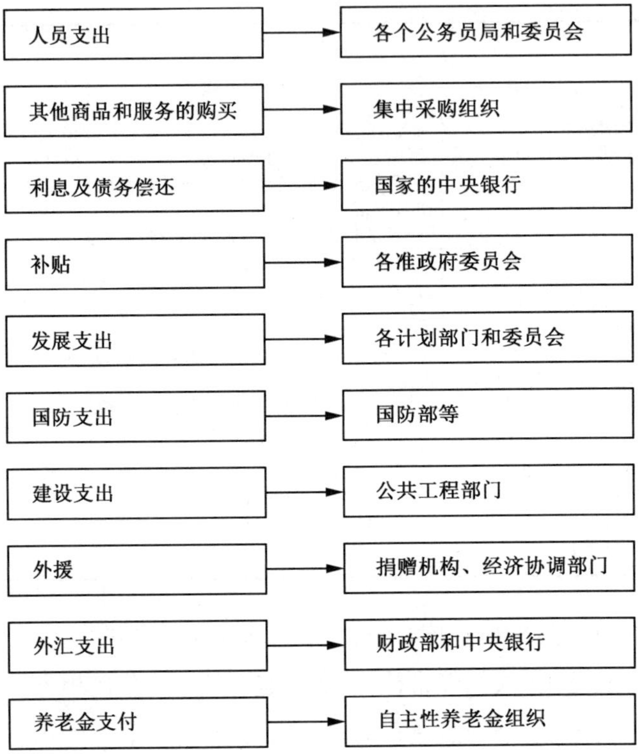

图 1.7　支出控制的碎片化

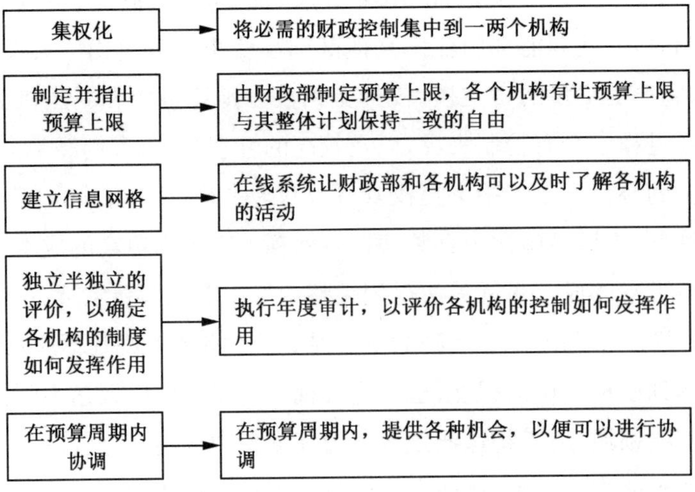

图 1.8　碎片化控制的替代方案

十、目标和工具

公共资金管理的突出特征是，需要同时追求几个目标。图 1.9 展示了这些目标。这些目标并没有伴随分级价值系统，偶尔会有一些权衡，这些权衡更多是源自实践而非意识形态的考虑。与此相反，在私人部门的管理中，支配其经营的目标较少。为便于并列，图 1.10 展示了私人部门管理的各个维度。对这两张图的简单一瞥显示出与公共管理相关的巨大复杂性。目标的多样性也决定了管理机器的形状及详细轮廓。但是，目标的差异本身不应该作为公共部门不能借鉴流行于私人部门的一些技术的理由。

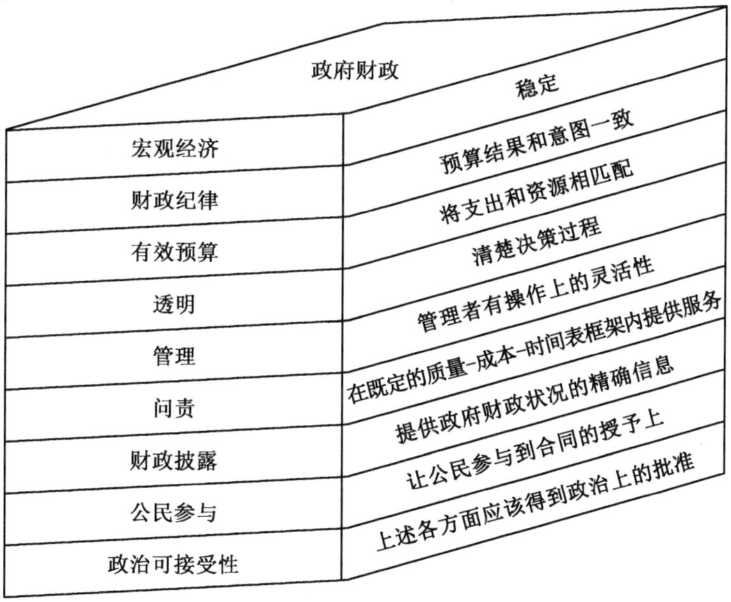

图 1.9　公共支出管理的多个维度

目标的增加意味着，管理机器也应该取得一些必不可少的工具，通过这些工具，可以追求这些目标。多年来，这些工具的范围也增加了。过去 50 年来，有一系列开发这些工具的尝试，目前的发展水平体现了巨大的进步。然而，仍然有一些问题。可以从两个角度来考察目标和工具以及后者的充分性——从目标视角以及从工具视角。表 1.4 描绘了前一种观点，表 1.5 则描绘了后一

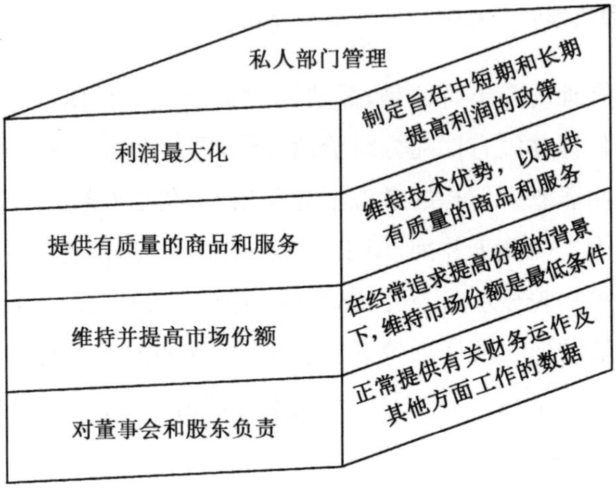

注：诸如和谐的劳工关系等关键方面没有包含在这里。

图 1.10　私人部门管理的维度

种。然而，表 1.4 所展示的工具范围在实践中无法获得。实际上，在一些前沿领域，许多政府还没有取得进步，对特殊工具和技术的使用取决于形势的需要以及政府以前的经验。因此，绩效预算被认为是确保基于绩效的预算联系的好工具，它也是有助于满足人民需要的工具。然而，它的满足宏观经济稳定要求的能力很值得怀疑。如果需要较高的绩效，按照具体的投入—产出联系，需要安排更多的资源。一旦得到详细说明，这种联系会具有很大的刚性，因此和稳定的目标相悖。追求宏观经济稳定要求更多的灵活性，以及控制支出增长。总之，还不存在单一的制度或工具可以满足支出管理的多个要求。它要求将各种制度和技术组合在一起，取决于不同情境下的具体目标，这种组合可以变化。经验表明，需要加强政策制定，以便一方面可以识别政策的财政含义，另一方面制定反映所追求的目标的优先性框架。选择和公共机构财政形势相关的各种目标是通往有效的预算和支出管理的必要的第一步。

同时，大多数国家的情况表明，运营系统大多已经过时了，改进的努力是临时的、非经常性的。总体而言，过度依赖于敷衍了事(muddling through)的过程。

表 1.4　　　　　　　　　　公共支出管理的维度

目标种类 1	大概内容 2	为实现目标使用的技术 3	评价 4
经济和财政			
宏观经济稳定	确定总支出、赤字/盈余规模及其筹资或使用	明确说明整体宏观经济政策及财政政策的设计；涉及宏观经济财政计划技术的使用；中期计划技术也得到广泛使用	这提供了年度政策框架，以及和货币政策的联系。确定总支出会涉及两类方法——一类用于拨款，这些拨款以权责发生制为基础；收付实现制的方法则用于总支出
有效的预算管理	将支出和资源相匹配；按照职能确定资源的内部分配，并确定职能内部各项目和活动的资源分配	滚动支出计划；优先次序；计划和项目预算；基本支出评价；零基预算；以目标为基础的预算；低于基础的预算(below-base budgeting)；明细支出评价；发展计划；产出预算制度；权责发生制预算制度	第 3 列显示的技术一般相互孤立使用。无论如何，这些技术有一些共同特点。一年内使用的实际技术很大程度上取决于经济环境及财政政策的目标。在大多数发展中国家，同时使用明细支出评价和发展计划技术，会使用临时预算削减措施
管理方面			
财政纪律	预算结果和估计一致	分期发布预算授权制度；现金管理技术；年内报告和监控；开发在线系统以跟踪日常进展；提供年末灵活性	这里列举的管理方面在上面指出的整体政策框架内运作
效率提升	取得支出的经济性和效率性	规定成本标准；规定财政津贴；绩效预算制度；以活动为基础的成本制度；改进后的竞争性招标程序	目的在于确保项目、工程和服务提供的有效执行
项目和工程管理，资源使用	在既定的预算资源内，管理者具有实现目标的操作上的灵活性	绩效预算；管理合同；新管理哲学；物有所值审计；评估	这些技术可以由任务导向的机构使用
财政披露	为政策制定者、管理者和公众提供政府财政状况的精确信息	收付实现制会计；决策相关信息；制定会计准则	政府有责任按照正常间隔提供无偏信息

续表

目标种类 1	大概内容 2	为实现目标使用的技术 3	评价 4
公共利益要求			
透明	清楚决策程序	改进预算文件，显示项目和工程的目标和特征；准备机构的年报；传播关键财政信息；完成年度账目	一般而言，透明度经常被视为限于立法机关的要求；然而，它是有关公众的更广泛的要求。对透明和问责的强调会导致行政分支追求防卫机制。就长远而言，这可以通过严格执行透明和问责标准得到克服
问责	按照既定的质量、成本和时间表提供商品和服务	绩效预算制度；问责和绩效导向的服务合同；年度评价或评估；物有所值审计	不仅仅对花出去的钱、还对花钱的结果进行问责；重点不仅仅是对现有制度和程序持批判态度，还在于有利于发展出提供商品和服务的替代性制度
顾客导向	政府制度和程序应该被设计成服务于顾客群体的需要	内部评价；对客户观点进行集体调查	公众是政府直接或间接提供的服务的质量和数量的最终裁判。每个机构的运营过程都应该被设计得便于与公众互动
政治方面			
政治接受度	就执行政策而言，社会对上述所有方面的认可很关键	立法批准；市场认可；捐赠者认可（此时外援是预算的重要部分）；来自其他政府层面的广泛支持	政府财政管理对社会有重要影响。它的声音以各种形式出现，不应被视为仅限于立法机关
公民参与	为社会参与一些经济管理领域提供机会	在招标或合同委员会服务；在评估机构服务；在顾问或相关政策委员会服务	在一些方面，这是一个有待完全发展的领域。公民社团考察的问题不仅仅限于财政方面，那些和街道层面官僚机构交往的公民社团在为社会控制公共财政铺平道路方面具有明显优势

表 1.5　　预算制度的充分性

制度类型	宏观经济稳定	有效的预算	财政纪律	效率提升	项目和工程管理	财政披露	透明度	问责	客户定位	政治可接受性	公民参与
明细支出预算	普遍强调投入。其最近的形式被用于美国，以确保削减经过立法机关批准的项目和工程	以其自身的方式，可以被用于匹配支出和资源	可以被用于确保预算结果和预算估计的一致性	能力小	能力小	很少阐明政策	只披露花钱的大项目	对资金收支提供基础狭隘的会计	很少	在其简单而长期的传统中，发现了获得政治可接受性的重大措施	很少
绩效预算	对宏观经济政策很少确定方向。实际上，严格坚持规定的绩效标准会导致稳步的支出增长	和传统制度一样，这也可以用来确保预算平衡	同上	如果得到适当使用，会有助于效率提升和更有效的成本控制	在确保适当的管理方面最有用。	更多地阐明政策	有利于更加透明	有利于加强问责	绩效中考虑了客户的需求	通过在资源筹集和服务提供间建立联系，它具有内在的政治可接受性	制度没有提供这一特征，但是可以将该特征加进去
计划、项目预算制度	更强调配置效率以及使用定量分析技术。不太关注稳定性	更强调中期环境以及取得资金、人力和物资的平衡	同上	通过使用定量分析技术获得效率提升	在确保适当的管理方面最有效	没有强调这方面	没有特别强调这方面	问责更多在于正确选择政策、项目和工程	没有多少	为提议的政策提供经验支持	很少
零基预算；基本评价；以目标为基础的预算；评估	旨在确保支出增长率的稳定，以及改进资源分配	这组制度可以用于确保资源和支出的平衡。目标是在可用的资源内开展工作	同上	制度提供了消灭不经济项目和工程的方法	没有太强调这方面	很少强调	没有特别强调。在准备行政部门预算时，这些大多在内部使用	没有这种强调	一个评价标准是，在多大程度上，项目在回应客户需求方面成功或失败	它显示了政府退出不经济项目的决心。在政治上，它意味着失去一些地区的支持，并赢得那些希望看见一个有效政府者的支持	很少

续表

制度类型	宏观经济稳定	有效的预算	财政纪律	效率提升	项目和工程管理	财政披露	透明度	问责	客户定位	政治可接受性	公民参与
产出预算	没有强调这方面	寻求建立分配和产出间、而非总资源和支出间的联系	同上	定量表达也意味着要实现的效率水平	在确保实现项目和工程成就上很有用	阐明政府服务的物质方面	除了财政数据，也提供非财政方面的信息	明确提供对结果的问责	产出定位也被期待包含这个维度	当增加了新的问责维度时，支持政治可接受度得到提高的观点	很少
权责发生制预算制度	很少强调这方面	在资产、负债和净值之间提供有效联系	同上	没有具体关注	项目管理者被期望对成本和资源使用有强化意识	体现了资源的有效使用	体现了政府的财政条件	提供另一个问责维度	很少	改善治理	很少
公司实践或管理导向的预算	很少关注这方面	明确了资源、产出和责任间的联系	同上	管理者被迫在既定的成本下提供服务	在资源使用方面允许项目和工程有更大灵活性	设想定期提供信息	通过公布契约性协议提供更大透明度	期待管理者就既定渠道问责	期待管理者市场导向、回应客户需求	给政治层面和管理者间带来新关系	公民委员会监督并提供必要的反馈

第二章　变化中的公共支出管理模式

如果没有共同意愿建立它们，形成服务于共同福祉、对其发展特别重要的制度如何可能？

——卡尔·门格尔

在公共支出管理领域，一些具有广泛重要性的发展在 20 世纪 80 年代和 90 年代间（特别是从 20 世纪 80 年代中期开始）发生（正在继续发生），在某种意义上反映了对 20 世纪 60 年代和 70 年代实践的根本偏离。这些发展大部分发生在一些发达国家，最突出的发展出现在澳大利亚、加拿大、新西兰、英国，以及在较小的程度上的美国。这些国家的经验形成一种公共品，其他发达国家、发展中国家以及前中央计划经济国家可以以这种或那种形式模仿。

这些国家的发展涉及一些领域，这些领域代表着将经济学原理应用到支出管理过程与实践的重要努力。大多数实践反映了变化中的财政问题、信息技术的进步以及管理大型组织的发展。不同于 20 世纪 50 年代及 60 年代的预算改革[比如绩效预算，计划、项目与预算制度（Planning，Programming Budgeting System，PPBS），零基预算制度]，这些发展的根源各不相同，它们并不是任何试图在政府财政管理领域带来革命的独特的一揽子改革方案的一部分，它们的动机与内容都更加实用主义。

一、20 世纪 80 年代的遗产

财政政策或相关改革并不适合被简单地划分成若干十年，或被划分成线性的经验。每个年代有其自身的特征,反映了政府财政的各种趋势,以及改进它们的各种努力。20 世纪 70 年代的经验(以某种方式为 20 世纪 80 年代设定框架)表明,计划项目预算制(Planning-Programming—Budgeting System,简称 PPBS。该制度在 20 世纪 60 年代中期被认为是当时问题的解决办法)并非灵丹妙药。然而,该制度的某些特征被支出机构继承下来。在一些情况下,一些特征继续成为整个政府支出管理制度的重要元素。这些特征中的两个——支出计划与预测,在信息方面(除了美国国防部,后一特征没有得到多少关注,即使在计划项目预算制的顶峰时期也是如此)进行投资——在 20 世纪 70 年代一直受到实质性关注,得到额外的激励及更广泛的应用。

计划项目预算制的一个重要特征是准备多年期预算估计,这样任何旨在加强或放弃某些项目的行动可以得到充分的考虑。此外,人们期待(在许多目的中间),准备多年预算估计使得行政和立法部门的决策者能更好地理解目前政策的持续财政含义,因此表明在多大程度上,可用的资源已经给予当前政策。按照滚动基础准备多年预算成为 20 世纪 70 年代大多数欧洲国家支出管理的突出特征。但是到了 20 世纪 70 年代末,这一制度的两个缺陷破坏了其基本力量。这些缺陷与对未来的支出估计倾向于形成制度化的支出水平这一事实有关。作为一种延伸,当宏观经济调整要求削减支出时,这一事实带来了难以克服的困难。这个十年通胀水平相对较高,如同在英国的情形,按照数量准备多年度支出估计意味着,这些支出水平不得不因为通货膨胀进行调整,而不考虑如何获得资金。因此,本来被人们认为提供灵活性的制度却带来了僵化问题,不得不通过其他途径加以抵消。因此在后期,多年期估计服从于制定整体上限。因此,刚开始被想象为自下而上的过程的制度,却变成了自上而下的过程。在具有高通胀的国家,很少关注滚动支出计划的相关性或有用性,因为每次做年度计划、并确保按计划那样执行预算是一个困难的任务。

这十年也见证了对政府支出管理信息的自动化数据处理的引进及推广应用方面的实质性投资。随着现代技术的成本趋于下降,其在预算过程、编制和合并政府账户、存储和快速恢复财政信息方面的更广泛应用变得较少有争议性,并且实际上开始作为通常特征被人们期待。更重要的是,发展中国家也开始在这一领域进行额外投资,并且开始获得好处。

这十年因为三个其他特征而显得不同寻常。第一，它见证了美国编制立法预算的新时代。1974 年的《国会预算过程法》确定了国会和总统的新角色，开启了两者间被期待反映宏观经济管理新现实的关系模式。很快，意大利做出了类似的努力。1978 年，立法预算编制的新时代在那里开启。第二，随着通胀率的上升，以及按照初始计划执行预算时经历更多的困难，开始施加现金限制，将预算限制在核心预算机构施加的水平。第三，这个十年同样见证了审计机关在改进支出管理方面更有组织的努力。在很长的时间内，审计机关总是热衷于其独立性，其注意力集中于合规审计、财务审计、拨款审计，对于效益审计则态度模棱两可。尽管一些发展中国家努力引进效益审计，用于评估完成的发展项目，但是这些努力微乎其微，在任何情况下都不是他们工作计划中重点关注的部分。

二、20 世纪 80 年代及 90 年代早期的发展

与之前一样，20 世纪 80 年代以及开始于 20 世纪 80 年代末期的发展涉及几个领域。为了分析的方便，这里按照 6 个宽泛而相互联系的种类列举。在分析这些发展时，没有谁能声称做到详尽无遗。相反，这种尝试是为了识别那些标志着离开旧时代的要素，以及那些可能在将来会延续下去的要素(除非被一些意外的因素干扰)。这些种类包括：(1)新管理哲学；(2)商业会计在政府中的推广应用；(3)将市场原则用于预算资源分配及其使用；(4)部门控制改革；(5)赤字削减一揽子计划；(6)更广泛地应用计算机技术。

(一)新管理哲学

主导政府支出管理的传统哲学是，由各机构提供的大多数公共服务不受市场法则及相关的价格机制的日常实践的影响。因此，有必要维持一种不同的财政纪律。这种纪律形成国库控制(或由一个核心机构控制)的一部分，这种控制贯穿整个预算过程不同阶段(从预算编制到预算执行)。这种财政纪律通过控制投入得到保证——由政府各机构雇用人员，并限制购买商品和服务的数量。

这一方法经过了一个渐进的过渡过程，在 20 世纪 80 年代受到了额外刺

激。作为结果，出现了一种新的管理哲学。[1] 在大公司中，建立了自主的部门，这些部门有自己的预算和任务。追随这种例子，这一方法的主要假设是，政府的执行功能应该按照各个单独的机构进行组织，并由首席执行官来管理。[2] 然后，这些机构被给予财政目标或固定预算（具有预算硬约束，基于运营成本简报），这又基于确保提供具有明确质量要求的商品和服务。在使用预算资源时，如果实现特定的目标有必要，各机构的执行官会被赋予管理上的灵活性，如果这是实现确定的目标所必需的话。除非另有规定，通过对安排的资源的有效使用而获得的收益将被保留在该机构，而不用返还给政府的中央或总体统一基金。这种内在的激励机制被设计用于激励各机构持续关注实现经济性的可能性。为了帮助机构内外的决策，安装了适合每个机构需要的管理信息系统。提供管理自由而不进行适当问责，这在一个开放社会中是不允许的。因此各机构被赋予具体的生产力或工作负载目标，以及机构必须生产的产品或服务任务。[3] 此外，各机构被期望通过评价以判断取得的成就及相应的成本，从取得的经验中学习教训。

在澳大利亚、加拿大、新西兰和英国（尽管在结构性内容和应用程度的一些具体特征方面，各国存在差异）的改革中发现的新管理哲学，代表着对过去的偏离。尽管可以将新管理哲学的某些方面视为过去一些改革的顶点，但是根本而言，它不仅在制定一揽子计划，而且在执行这种计划方面都和后者存在差异。除了加拿大，在其他国家，作为这种哲学的结果，建立了大量的机构。从哲学的角度而言，新管理方法很重要，因为它把预算的焦点从投入转向产出，以及如何实现这种产出。它承认，政府的规模已经变得太大了，因而难以集中控制，而以命令为基础的控制对支出机构的财政管理能力具有不利影响，同时无法产生令人满意的结果。此外，它明确考虑了下述事实，即每个机构应该发展其自身的团体文化。在这方面，它承认政府支出管理是一个连续统一

1　新管理哲学也以新公共管理（New Pubic Management，NPM）著称。按照 Hood（1991）的归纳，新公共管理的主要成分包括亲身实践的职业管理、明确的绩效标准及衡量方法，强调产出控制，转向公共部门的单位分解，公共部门中更多的竞争，对私营部门管理风格的强调，对资源使用中更多纪律及节俭的强调。这里将使用不同的标题来探讨其中一些要素。

2　有关在英国创设这种机构并开始这一运动的讨论，参见 Likierman 的论文（1990a 及 1990b）。

3　在就此准备的初始计划中，似乎没有太注意问责方面。参见 Lawson（1992，第 391－392 页）的有趣的内部人描述。

体，在其领域内负责政策制定的机构应该同时负责管理其财政——从制定预算到支付[1]到提供产品与服务。

（二）商业会计的推广应用

有关推广应用商业式会计的倡议得到了额外激励，并且在此领域取得了许多实际进步。迄今为止，关于应用商业式会计的观点主要是取得意识形态基础。20 世纪 80 年代的实践表明，采用复试记账或（更适当地）将单式记账转换为复式记账悄悄地发生了，有关的宣传很少，而采用权责发生制则伴随着更详细的研究和政府报告，同时建立自治委员会以调查和管理政府会计准则。

在许多发展中国家，转向复式记账主要通过由捐赠者或借款人在为项目提供资金时所附带的条件来实现。该条件涉及一些领域，一般设想项目会计及反馈给捐赠者的信息应该基于复式记账标准。随着项目支出的增加，复式记账的传播变得更广泛了。在一些国家，尽管这种会计制度仍限于各项目（在过程中会导致政府的双重制度），重要的事实是，使用单式记账制的领域越来越小。有关政府账目计算机化的努力也有助于这一进程。这方面大部分可用的软件采用总分类账系统，而这又是基于复式记账系统。就权责发生制而言，20 世纪 80 年代的经验和 20 世纪 70 年代有轻微差别，因为此时一些政府（如荷兰及美国政府）将其预算制度从权责发生制及债务制（obligational basis）转为收付实现制，以便于和货币政策及宏观经济管理进行协调。然而到了 20 世纪 80 年代，权责发生制再度兴起，这次是通过坚持按照商业原则和格式准备年度账目实现的。在澳大利亚、新西兰和美国，都建立了会计准则委员会以制定会计准则。根据流行实践，每个机构不得不准备一年一次的资产负债表、资金使用及来源报表、收支报表。[2] 此外，它们需要说明应得收入、债务及或有

1　在英国和其他英联邦国家的传统制度中，部门领导（属于文官）也被看做是部门的总会计师。这样一种安排的目的在于由同一个官员综合考虑政策和财政管理的一体化。在美国式制度中，没有对应的安排，因为美国的政治领导同时也是部门的领导。正是为此目的，以及作为对 18 世纪汉密尔顿在美国建立英式财政控制制度的建议的妥协，美国财政部才负责收支管理，这一特征还会继续流行下去。

2　后文将更详细地讨论这一方面的问题。

债务。人们期望，这有利于为国家的财政状况提供更稳健的判断。[1] 尽管在美国，权责发生制只适用于会计账目；在新西兰，该制度也扩展到预算。这一努力背后的动机在于确保更大的问责。

（三）市场原则的推广应用

如前所述，尽管诸如国防等公共品的提供不受市场原则的支配，在政府消费商品和服务时，以及因形成资本而使用它们时，这些商品和服务的购买大部分在传统上受市场原则支配。因此，它们要受合同及相关程序约束。然而，在20世纪80年代及其后，市场原则以三重方式在政府活动中得到更广泛的应用。

第一，随着私有化原则（该原则在20世纪80年代早期开始流行）的推广，为了削减公共部门的规模，大多数发达国家的政府将服务外包给私营部门。因此，许多到当时为止由政府内部开展的活动通过公开竞标外包出去。在理论上，由于要雇用固定的人员及由此带来的相关利益机构，政府内部开展活动会导致更高的成本。在一些情况下，一些活动（包括建设公路）交给私营部门，由私有投资者来建设，然后由它们再运营一段时间，然后再转交给公共部门继续运营。广泛采用外包在公共就业及施加的财政控制方面具有意料之中的效果。就业机会从政府转移到附属私营企业，这些企业主要提供原来由公共部门提供的服务。在一些情况下，这导致之前区分公共和私营部门的界限变得模糊。由核心预算机构施加的财政控制的性质同样也发生了变化，因为这不再是与另一个政府机构的关系，而是与一个外部机构之间的关系。这意味着，国家不得不从原来神秘的世界中走出，在一个更加开放的气氛中运营，其中竞标过程给公众提供了一个机会，用于弄清政府提供服务的方法。此外，控制必须更加详细，因为必须明确商品和服务的质量和数量，以便为监控和评估提供更可靠的基础。

第二，开始努力打破政府自身内部的垄断，对各个机构提出可测试性的新

1 基于（美国）财务会计准则委员会（一个私营机构，它制定的准则为政府和私营部门所接受）制定的新会计规则，公司必须估算现有及将来的退休员工的医疗保健成本，并将这些成本计入账簿。坚持完全展示债务会带来意外和具有讽刺意味的效应—— 1991年第一季度，IBM将22.6亿美元的整个医疗保健成本计入账簿，这导致其利润和应纳税额的急剧下降。

要求。到当时为止，对于诸如印刷等服务，政府各机构被迫从内部取得。只有当它们无法从内部取得的时候，才可以从外部取得这些服务。[1] 然而在新制度下，预算以更严格的方式分配给各机构，这转而导致各机构在提供给它们的管理灵活性之内厉行节约(cut corners)，只要它们可以做到。因此，那些传统上向其他政府机构出售商品和服务的政府机构，必须通过和私有企业竞争以在市场考验中存活下来。这种市场考验迫使各政府机构反思自身作为生产者和消费者的两个不同角色。[2]

第三，之前不计成本地提供服务的一些政府机构，现在只有当这些服务在外面具有市场时才会增加它们的服务。因此，由于无法获得预算资金，各机构(包括气象和统计组织)开始寻找外部资金支持，在市场上出售它们的服务(尽管是为传统客户提供服务)。这导致对过去做法的基本偏离，市场在之前只是一个抽象概念，现在则成为一个无法忽视的鲜活现实。

(四)部门控制中的改革

一般而言，考察那些适用于政策制定阶段的控制，那些适用于和识别债务及相关支付有关的管理过程的控制，以及那些旨在确保整个政府运作效率的控制。[3] 之所以如此，是因为相信它们具有普遍适用性，而不考虑活动的性质。但是广义而言，设计并演化出许多适用于每个部门的规范，通过应用这些规范，弥补了控制的通用框架的不足。在一些情况下，会涉及反映活动性质的更详细的控制。政府的公共工程或建设机构提供了例证，这些机构和其他机构相比，拥有更具体、更详细的控制措施。

这一领域20世纪80年代的重要发展是，开始关注开发旨在遏制医疗保险成本增加的相关控制。过去40年间，各国政府开始为社会贫困阶层提供广泛的社会保障网。提供的福利既可以是现金形式，也可以按照不同的种类，涉

1　这里提及的商品和服务在政府内部生产，供政府使用。这种商品和服务包括建设和维护办公室、采购、法律和印刷服务等。在应用市场原则的体制下，这种提供更为商业化，同时允许作为客户的各部门变更购买数量及供应商。OECD(1993)探讨了一些国家这方面的经验。

2　在一些情况下，政府利用它们作为商品和服务的主要购买者的角色操纵价格。这种方法更多被看做是一种产业政策，在德国和日本被用于确定应支付给医生的服务费的价格以及医疗产品的价格。

3　有关控制的性质、结构、日常功能及其局限性的详细讨论，参见普列姆昌德(1983，1990，1993)。

及失业保险、疾病与残疾补助、退休金、医疗保险、教育、住房及其他社会服务。[1] 尽管用于这些方面的支出已经占政府支出的相当大的比重，在一些国家，用于医疗保险的支出仍维持高增长，因而受到更多的关注。医疗成本的增加是多种因素共同作用的结果。这些因素包括老年人口的增加（这可能还会维持下去）、技术的集中应用以及欺诈性做法的流行。人们相信，社会保险可以通过对国家健康服务（在该项目下，医疗保险包括大多数药物费用由国家承担）的管理来提供，或者通过保险项目提供福利来提供，或者通过对由私有医院和私人医生提供的福利进行资助来提供。在最后一类交易中，很容易发生道德风险。因为保险公司或政府对患者个人的账单支付全部或一部分，结果病人或提供医疗服务的医生或医院都没有得到有效激励去节省医疗费用。另一方面，他们非常有动机去增加账单的金额。相应的手段包括将无关紧要的程序包含在内，将住院时间延长到超过必要的水平，或者对于治疗的疾病增加用处可疑的药物。[2] 这一现象也以第三方支付问题为大众所知。

在医院私营、但是被迫向那些需要服务的人提供服务的情形下，大多数发达国家流行的做法是，报销实际发生的支出。在其他情形下，医院由政府所有并运营，此时完全由一般收入提供资金。然而在每种情形下，这些服务均由需求驱动，不受成本或预算限制的影响。医生更强调提供适当的医疗服务，并没有被要求实施任何旨在节省预算支出的处理。这并不是说医生会倾向于浪费。相反，成本会被人遗忘在角落里。就此而言，医生的判断不受其影响。

在 20 世纪 70 年代，一方面面临着日益增加的支出，另一方面收入以较慢的速度增长，由于相信只有当接受者意识到这种服务的约束时，需求驱动的社

---

1 对于这些福利及其筹资以及相关问题的综合性探究（以及许多发达国家的经验），参见 Barr (1993)。大多数有关社会服务的讨论一般避免提及用于对一些社会成员进行行为矫正或改造的支出。这些人犯了应受惩罚之罪，正在监狱服刑。在美国，用于每个罪犯的年平均支出据估计超过 20 000 美元。就数量而言，这和美国每年用于每个老年人在看护病房的 30 000 美元支出差不了多少。这些支出的大部分作为医疗保险（medicare）项目的一个组成部分，由美国联邦政府承担。

2 美国的经验表明，医生和医院参与“伪造账单”（为了得到更高的报销金额，开出虚假账单）和“分类定价”（在开账单时，把一个步骤分成两步或三步，以使费用高于单独一步时）。更重要的是，计算机软件制造商向医生和医院出售软件，帮助他们开出最大金额的账单。有关这方面各种让人感兴趣的做法的讨论，参见 Eckholm 编（1993，第 285 页）。

会服务才会削减，大多数政府诉诸于有意的资金供给不足。[1] 然而，这被认为是短期措施，作用有限。因此，有些国家在寻找更具实质性的、结构化的措施。

涉及医疗保险的管理与财务控制方面的措施包括三种类型：(1)加强管理结构；(2)整体预算和支出上限；(3)在提供服务时引入市场原则。

人们意识到，应该将医院同时视为管理中心和成本中心。因此，英国做出的努力（意大利也采用了英国的模式）的目标旨在将每个大医院视为自主决策中心，有其自己的首席执行官。首席执行官向管理委员会或提供资金的部门负责，会得到一个组织良好的财务单位的协助，以便在完全考虑到财务影响的情况下做出财务决策。

各医院被给予整体预算以指导其服务。根据医院处理的不同类型疾病（诊断相关分组，Diagnosis Related Groups，DRG）的详细成本，以及由医生承担的程序的成本，编制出医院的预算。对于后者，采用了在美国被称为基于资源的相对价值量表（Resource-Based Relative Value Scale，RBRV）的分析方法，基于该方法，确定 7 000 种左右治疗程序的报酬金额。在法国、德国、日本[2]、英国和美国等国家，这些方法已经得到执行。此外，为了促进遵守整体预算，起草了合格药物清单，并对药价进行控制（如在法国和德国）。

最后在英国，全科医生（或家庭医生）可以选择向他们的病人推荐费用较低的医院。这转而为医院提供了强有力的刺激以和其他医院竞争，导致每个医院都在努力削减成本。对于管理部门以及整个医疗保险制度的财务状况而言，这种竞争氛围有望取得更持久的益处。总之，这些措施反映了对新管理方法的采用，意味着根本偏离过去的做法。

(五)削减财政赤字一揽子计划

随着赤字的膨胀，发达国家和发展中国家的政府均采取措施以控制其规模。这些措施[3]涉及限制人员编制，削减部门（包括经常在预算执行过程中放

1　然而一些国家并没有考虑其经济形势，这种实践仍然持续。在接受者层面，资金供给不足经常遭遇 4 方面的挑战：(1)加强政治游说，其目标旨在恢复削减的预算；(2)产生欠款，这种欠款最终得由政府买单；(3)服务的非正式定额配给，或者更严格地应用传统的分类原则；(4)在发展中国家，通过直接从捐赠者和政府预算过程外寻求额外帮助。参见第五章。

2　然而在日本，向医生支付的报酬有全国统一的数额，而不考虑地区变化。

3　对于这些措施及其内容和局限性的记录，参见 Premchand（1993，第 53—78 页）。

弃新设立的资本项目)，对于运营及维持性支出持续提供资金不足，冻结工资，以及其他全面性削减。在像美国这样的预算过程由立法部门的主动性支配的国家，制定了包括格莱姆－罗德曼－霍林斯修正案(Gramm Rudman－Hollings)在内的相关法律。[1] 很快，就其对预算赤字的影响而言，即使是这种法律也变得可疑起来。更重要的是，该法律似乎导致广泛的欺诈性预算实践，具有激励胆小行为，以及导致行政和立法机关暗中结盟以绕过施加的支出和赤字上限的后果。[2] 因此，预算过程的可靠性开始受到破坏(虽然表面上得到了加强)，人们开始质疑政府管理财政政策的能力。在美国，大部分非国防、非债务性支出用于应享权益性项目，适当的反应是修改旨在限制受益范围或者获得福利的资格的法律。其结果是，由于改变应享权益性项目基础的决定性政治行动不可行，开始设想对支出施加可强制执行的限制的替代性方案。因此，1991 年的《预算执行法》设想引进“量入为出”过程，基于此，一些类别的支出增加将通过其他类别的支出削减，或者通过动员额外资源实现。作为这种努力的有机组成部分，引入一种详尽的扣押机制。[3] 这些措施与其他一些措施一起，被期待根除持续破坏财政管理过程的可靠性的趋势。

在像瑞典这样的国家，立法机关在预算过程中的角色不如美国那么具有支配性，人们意识到准备预算的传统方式不再适应持续高额赤字的新形势。因此，这些国家决定改变预算过程，将其大致分为三个模块，处于每个模块中的部门每三年接受一次集中审查。因此，在每个三年期之后，政府作为一个整体得到彻底的评价。在其他发达国家，人们开始努力开展财政整顿——评价收支政策的委婉说法。和制度、技术和程序的变化相比，这些努力涉及更多的政策。

即使上述努力一直在持续，人们也广泛意识到，它们还不够满足需求，就其目的而言，还需要更多的措施。这些措施应该致力于根除支出的惯性增长

1　相关的立法被称为《平衡预算与紧急赤字控制法(1985 年)》。该法包含一些条款，其目的在于保证某种事先确定的结果。就此而言，这不同于寻求指导年度预算编制的传统预算过程。也可参见第六章。

2　有关这些方面的讨论，参见 Premchand(1990a)中 Schick 的论文《为什么赤字持续下来?》。其中第 50—51 页的讨论尤为与此相关。

3　由于其他一些因素影响国内经济，因此尽管严格执行这一扣押过程，财政赤字还是持续增长。

趋势，致力于尽量减少在政府采购、人事管理以及使用可用技术等方面存在的广泛的不经济实践。这方面的一个创新（还有待实施）可以在美国（1993 年）的“再造政府”的努力中发现，该努力致力于政府运作方式的转变。

（六）更多地应用计算机技术

对于预算编制方式、监控方式和支付方式而言，计算机以及电信技术的发展具有无法衡量的积极影响。这些发展并非政府任何探索的结果。在某种程度上，应用技术变得更加容易，因为人们认为其较少具有政治色彩，而更多的是技术问题。具体选择哪种技术最好留给官僚机构。

大多数国家（包括地方层面）的预算过程现在都实现了计算机化，各支出机构通过在线或软盘的方式提交预算，而不是提交一册册的纸质稿。此外，以前作为预算有机组成部分提供的有关人员、资产和负债以及其他相关方面的大部分统计信息，支出机构不再提供，因为这些信息已经可以通过计算机获得。类似地，有关财务报告，通过引入在线系统，核心预算机构甚至可以获得正在发生的交易的信息。计算机技术同样便于引进新的、对用户友好的支付系统。在传统上，是通过现金或支票进行支付（或对于跨部门账户而言，是通过账面过账来支付）。然而，通过电子转账，计算机技术已经引进更经济的方式。这些电子转账方式变得很广泛，在前南斯拉夫，接近 80％的支付（包括向政府纳税）是通过该种方式进行。相对于劳神耗时、昂贵的现金支付方式，电子转账更为便宜、快捷，并且留下电子痕迹，便于审计及相关监督。从纳税人的角度来看，电子转账支付方式也被证明有利于将对其的骚扰和腐败的范围降低到最小程度。

此外，在一些国家，通过向选定的官员发行购买卡以使得各部门可以对需要购买的设备进行局部采购，电子方式被用于流程化采购。总之，新技术在推进前述新公共管理哲学的目标方面作用重大。新技术使得核心预算机构以更为量化的方式监控其他机构的行动，同时赋予管理者整体的计划、预算和支付的责任。

三、局限性

上述要素涉及执行的不同阶段，来自不同国家的经验。似乎到现在为止，这些要素最好被视为不同的思考标准，这些标准还有待织成一张具有其自己经纬的网络。但是，即使获得了经验，仍要指出基本模式所具有的一些局限性。

其中一个重要问题和(前述)公司文化对于政府活动的适用性有关。没有人会否认，政府的问责及相关决策不同于私营部门。接下来的问题不在于私营部门实践的完全适用性，而是从这些实践中选择相关要素，并对它们进行改造，以适应于政府部门的要求(比如，如同英国在引入立法，将政府各部门转变为相关机构时所做的那样)。[1] 实际上，似乎私营部门和公共部门间的共同特征正得到更多的承认，具有重大组织差异的领域日渐缩小。[2]

同样需要指出的是，前述改进更多是作为对公共部门本身进行再造的一个有机组成部分，而不是纯粹作为财政控制方面的改进。现在人们意识到，政府的每个行动都会对支出产生即期和中期影响，并同样影响整个政府。这转而要求将支出管理问题视为公共部门本身的一种再造。更具体而言，同样需要检查每一领域，以便识别并处理各种断层线。引入新管理哲学至少需要组织具有某种程度的复杂性，以及具备得到改进的问责技术。这转而以一个国家的管理文化为基础。

然而，如果回想一下 20 世纪 70 年代的话，采用新管理哲学也可能会导致机构的增加。当时，国有企业在财政图景中具有类似的支配性地位。相应地，这使得预算除了向用于个人的应享权益性项目进行转移支付外，还向各个机构进行转移支付。如果将其看做各机构最终向私营部门转移支付的预备阶段，这种分权将具有更大的吸引力。有人会争论说，采取完全商业化态度的机构应该从预算过程中分离出去，并且最终从公共部门分离出去。同时，需要详细说明控制结构，这自然必须从“一臂之距”原则[3](由政府预算提供资金，而在议会确定的整体责任范围内，日常管理留给各机构——这容易使人想起 20

1 见 Lawson(1993)。

2 Hood(1991)对其他批评进行了总结。这些批评的大意是，新管理哲学说得天花乱坠，却没有实质性内容，它会破坏公共服务。

3 一臂之距原则(Arms－length principle，ALP)，从直观的意义上，是指列队时队列中每个人与前后左右的伙伴要保持一臂之距的相同距离。这进而引申为，交易中的各方相互独立、处于同等地位，因而不会出现明显偏离市场价格的交易结果。——译者注世纪40年代末50年代初英国在处理政府和国有企业演化中的关系时使用的莫里森准则)中得出。这一详细框架值得额外注意。

就商业会计而言,这同样也是将商业世界的实践向公共部门组织缓慢传播的一个例子。在采用新管理哲学的过程中,同样需要努力采用会计技术,以确立更精确的成本原则。实际上,如果缺少这种原则,问责在某种程度上将变得空洞。

尽管采用市场及可测试性原则很可能加剧政府各机构间的竞争,却不一定会导致政府支出增长的下降。另一方面,可测试性提供了更有说服力的理由将这些机构私有化。然而,加强控制的情况并不一样,它同时由于解决了的问题和未解决的问题而遭到更广泛的批评。健康控制代表着一个领域,在该领域,控制的人脸(human face of control)部分变得更为重要。如果考虑在需求和财务约束方面进行选择,必须赋予前者优先性。控制框架并不寻求解决迄今为止还没有被社会本身解决的问题。即使作为技术框架,经常被指出的是,整体预算的概念已经成为一种内部松脱了的会计实践,以致于它作为支出上限已经无效。相反,它被看成是每年的例行公事;另一方面,如果得到严格执行,它会成为阻止技术进一步发展的障碍。有人认为,如果医疗护理的提供者在财务上被阻止探索医疗研究新前沿的益处,那么研究的节奏将注定会减慢,即使在短期内也会停下来。由于没有向医疗行业分配更多的资源,社会为此付出了更大的代价。

似乎具有极少效果的控制的另一方面,和腐败的发生率有关。腐败在传统上涉及对规则的技术操纵,或者由内部人挪用公款,现在则和外在于政府的第三方利用规则获得实质性货币收益有关。[1] 为了使腐败的发生率最小,取消了更多的规章,[2]但是经验表明,在规章的数量和腐败发生率之间具有直接

1　比如,欧共体对腐败的定义是这样的:“无论是否有意,腐败涉及私营个人或机构对任何法律规定的任何形式的侵犯,这种侵犯对于共同体的预算具有不利的财政影响。”见欧共体1987年的决算报告。

2　这里的英文原文为“more regulations have been written”,直译为“写(制定)出更多的规章”,但是这样和下文“but experience suggest that there may be a direct relationship between the number of regulations and the incidence of fraud”无法形成转折关系。译者推测,英文原文“written”后面很可能少了“off”。如果加上,则可译为“取消了更多的规章”,可以和下文形成转折关系。此处按照上述推测翻译。——译者注

关系。

人们同样认为，新的控制方法带来的成本不再是一件例行公事。在美国，有关这类成本占医疗服务总支出的份额估计从2%到13%不等。尽管由于在技术一致性等方面存在问题，使得这些估计还远不能令人满意，但不可否认的是，第三方支付以及便于成本计算的信息维护导致日益膨胀的官僚机构的建立。当然，这些成本是否和额外的收益相对称是另一回事，有待评委的裁定。

赤字削减一揽子计划提供了临时的解决方案，但是无论在支出机构还是在更广泛的社会公众那里，该计划都无法激发人们的信心。美国1990年的《预算执行法》在执行时没有引发扣押程序，但是当政府换届时马上被其他法律所取代。俄罗斯虽然使用扣押程序，但并没有效果，因为它在给予国有企业的大量信用面前黯然失色。瑞典的实验还处于襁褓期，由于采用了新程序，不得不采用许多旨在削减用于对福利项目进行支付的额外措施。作为一项技术，其承诺还有待实现。

四、评价

这些改革或技术充分地解决了目前的所有问题吗？如果回答是负面的，什么是仍然有待解决的问题？这方面将在接下来的部分进行考虑。但是尝试性的回答是，这些技术并没有解决目前的问题，接下来的任务在于对问题进行更精确的识别，并且确定执行的优先性。

从评价的更为技术性的角度，需要详细说明5方面的标准：对支出增长率的影响，支出的效率，控制成本的减少，更大的问责，以及（作为内在特征的）传播能力（这样可以考虑将这些技术运用于其他国家的可行性）。对于结果的总结见表2.1。

表2.1　评价支出管理最近的变化

类　别	对支出增长率的影响	支出效率	降低控制成本	更多的问责	内在的传播能力
新公共管理哲学	影响忽略不计	相当大的范围	影响很小	实质性改进	依赖于当地情形及相关的管理文化

续表

类 别	对支出增长率的影响	支出效率	降低控制成本	更多的问责	内在的传播能力
商业型会计特征	影响忽略不计	影响忽略不计	无影响	最重要的特征	可以很容易推广到其他国家
市场原则的应用	取决于这些原则适用的活动领域，可以有实质性影响	提高效率	影响可疑	促进更多的问责	可以推广到其他政府
部门控制	可以在相当大程度让增长率放慢	提高效率	影响可疑	导致更多的问责	可以推广到任何政府
赤字削减一揽子计划	可以让增长率放慢	影响可疑	影响可疑	影响忽略不计	影响可疑
应用计算机技术	—	—	影响可疑	导致更多的问责	可以推广到任何政府

虽然如同预期那样，所有种类的改进对问责都有积极影响，但就其拙劣的执行而言，赤字削减一揽子计划在这方面贡献甚少。就对支出增长率以及支出效率的影响而言，经验提供的是混合图景，因为进步主要发生在应用市场原则、改进部门控制以及赤字削减一揽子计划等领域。更重要的是，如果将表2.1所展示的标准应用于现有制度，它们无论就绝对还是相对层面而言表现都很拙劣。因此，各种新发展为继续前进以及最终形成有效的支出管理制度的稳定框架提供了相当潜力。

然而，预算改革经常和国家或形势的具体情形有关，或者在任何情形下，都是设计用来应对一国的问题的。但是经验表明，它们的对外输出从来不在考虑范围内。需要注意的是，每个国家有其独特的文化、历史和制度因素，即使无法量化，这些都是真实存在的。在公共政策学派中，这些因素被宽泛地称为“管理文化”；或者按照经济学家的用语，是导致有效或无效的因素。

20世纪80年代的经验表明，尽管在应用现代技术方面存在共同点，有两个特征提出了仔细制定改进方案的需要，而且这种方案只适于每个国家的特点。首先，尽管各国政府模仿其他国家在相似情形下所做的，他们经常会马上发现情况所存在的差异之处，而非相似之处。他们倾向于相信，他们的问题是独一无二的，在其他国家行得通的解决办法在他们所处情形下不适用。其次，即使制度的理念得到移植（很少进行调整），（如同意大利在国会预算中的经验、印度在绩效预算中的经验)似乎表明,它们仍然和既有的制度分离开来,因而有待整合。实际上,各国政府运作的方式经常具有本身的特点。因此,并不存在支出管理的欧洲或亚洲方式,虽然总是存在意大利或印度式的支出管理方式。[1] 这两个因素强调,在将新技术的原理应用于一个国家时,需要充分准备,还要特别注意本土化。

五、还没有解决的问题

粗略看一下许多国家的公共支出(不管它们的经济类别),可以发现,支出一直在以不同的速度增长。这反映了人口的老龄化(以及用于老年人口的福利支出),成本高昂的技术的发展(特别在卫生、能源和医疗部门),既得利益者的游说(随着民主以数量的方式增加,既得利益者越来越在经济和财政决策中占据支配性地位),对于许多种支出先天的向往和内在的需求(用于国防、国内安全、社会和经济基础设施等方面的支出),官僚机构自然的、迄今为止尚未得到完全控制的自我膨胀的愿望,每年不计成本和额外收益地寻求和采购管理和司法服务(公共选择学派一直以来、并且将继续分析这一方面),以及其他相关因素。在20世纪剩余时间内以及21世纪早期,这些因素不太可能消失或者变得不太重要。某些支出在一些国家的增长会快于另一些国家,因此需要采用差异化控制措施。如果情况确实如此,似乎前述改进没有完全解决支出增长的一些重要方面。尽管有若干这种领域,这里建议只考虑五个重要领域。它们是:(1)撤销现有项目;(2)强制支出或转移支付相关的问题;(3)地区主义的出现以及对前后一致支出管理框架的需要;(4)规避的过程及导致该问题的各种因素;(5)立法机关和行政机关之间的关系以及谁控制什么。对这些领域的依次列举并不代表任何内在的优先性,更多反映的是分析的方便。最后一方面会在第十六章涉及。

(一)撤销现有项目

近年来,有两个特征似乎主导了政府的财政管理。尽管在某种程度上,这两个特征传统就有,近年来它们的重要性日益得到承认。首先,这涉及未能意

---

1 对管理文化的考察还是相对晚近的事情,还没有发展出可行的分析框架。参见 Pye 和 Putnam 在该领域的探索性工作所提供的优秀例子。

识到由国家提供服务和为此进行支付的需要间的联系;其次,这涉及在项目不再具有任何富有成效的用处之后,未能取消这些项目。作为后一个特征的一个有机组成部分,政府在识别做同样事情的较为便宜的办法方面(哪怕这种选择很明显时)一直以来也很迟钝。[1] 每个项目都有一个确定的客户群,就其本身而言,立法机关不愿放弃已经开展的项目的任何部分。政府的行政机关倾向于维持现状。每年,仅仅因为之前已经存在这些项目,这些经济上并不划算的项目就获得了额外的合法性。

部分由于意识到上述因素,人们开始做出努力,以在预算过程中对上述实践的影响进行清晰思考。因此,开始采用定期废止法(Sunset Laws)、对功能性支出施加上限、对支出进行评价等措施,这些措施会导致立法和行政机关对过去的项目和实践进行更深刻的考察。瑞典政府采用三年期预算的努力也属于这种类型。如前所述,支出上限并不能消除导致项目支出增长的基本或潜在因素。除了澳大利亚和(较小程度上)加拿大,设定支出上限被证明是一种短期的解决方案。

在发展中国家,执行支出削减措施更是问题丛生。发展性项目迄今为止被人们称赞是拯救经济的有效办法,它们不能突然之间被宣称是一种代价高昂的实验,其效益值得怀疑。因此在这种背景下,自我防卫这种自然的官僚主义要素战胜了形势,支出削减只发生在边缘而非实质性领域。然而同时,由于大型国有企业私有化缓解了财政压力,在一些情况下,在传统的项目中,政府维持其财政政策不发生重大变化。调整主要发生在资本性支出和国有企业。

前中央计划经济国家的经验展现的是不同的局面。诸如阿尔及利亚、前苏联加盟共和国以及越南等国发现,很难改变其支出项目。然而,一些国家在私有化方面进步重大。在任何情况下,随着政府预算和国有企业之间的正式财政关系被切断,两者间联系的渠道从之前的预算制度转变成国家的银行制度。在一些国家,特别是在波兰以及最近的俄国,都在做出努力以削减沉重的

1　可以用一个简单的例子对此进行说明。研究表明,在一些国家,使用面值较小的纸币是一种昂贵的方式,较为经济的方式是用使用寿命更长的硬币代替。比如在美国,面值为一美元的纸币使用寿命据估计约两年,而如果采用一美元的硬币,其使用寿命约为30年。尽管具有这种明显的优势,现在没有一美元的硬币流通。在政府中,有若干数量的类似实践还在继续,原因仅在于它们没有得到任何关注。

补贴负担。

上述经验表明，财政制度的改进不能局限于公共部门的再造，或者经常通过税收额外动员资源。在这些情况下，和过去一样，政府将被迫向内看，寻求日常运作活动的经济性。如果只是改变一些项目的关注点，这种经济性注定是有限的。更重要的是，政府将不得不取消一些失去时效的项目，或者，通过前文提及的市场哲学的广泛应用，取消一些被发现是不经济的项目。然而，如果不想重复过去的经历，就有必要对支出管理程序进行实质性加强。在技术层面，有必要使得项目评价在内部进行，并且变成强制性的要求。这种评价如果要变得有效，必须和预算过程联系起来，每个年度预算应该详细指出提议放弃的项目，以及它们对预算的影响。为了恢复信用，这种陈述每年应该得到明确的审计，审计结果应该作为年度预算演说的一个组成部分。同样需要承认的是，仅有政府内部的努力不会产生令人满意的效果，除非得到由媒体、投资者和公众对政府进行的批判性评价作为补充。

（二）强制支出和转移支付

强制支出指的是由法律设定的公式确定其支出水平的项目，其支出不一定受年度拨款和支出过程的约束。这些项目部分涉及对其他层级政府的转移支付。与此相关的问题将在接下来的部分考虑。其他的强制性项目涉及大量的福利，这已经成为福利国家的突出特征，其目标旨在改善各种历史上积累下来的社会不公。强制支出方面的相对缺乏行动部分要归因于立法机关的下述愿望，即通过法治这一不受年度资金可获得性考虑影响的途径提供社会福利。因此，和薪酬及利息支付一起，福利性支出成为从可获得资金中扣除的第一笔费用，而不用考虑其他需求。这转而导致行政机关、特别是预算编制人员的无所谓的态度，因为他们将这一领域视为其创设、甚至管理更多地处于法律监督之下。但是立法和行政机关都不承认公共政策方面的错误。其结果是一系列不同层次的社会福利，以及无关紧要的控制结构，它既无法确保问责，也无法防止肆无忌惮的社会成员所造成的大规模腐败。

由于迄今为止所做努力的作用有限，做出旨在加强制度和运营控制的更为实质性的、更具创造力的努力的压力就更大了。在进行这些努力的时候，需要记住四个方面：

(1)控制系统自然应该涉及所有项目,但是也应该考虑每个项目的独特特征。这种认识使得平衡项目的政策及管理方面成为可能。

(2)管理支付行为的规章框架应该在管理者详细规定细节以确保统一遵守的热情,以及接受方希望拥有更简洁、更具综合性的规章的愿望之间进行平衡。

(3)旨在打击持续性腐败的控制还没有显示出其有效性。尽管双方勾结并不总是能被会计和过程导向的控制发现,似乎对有些项目来说(如食品品券),通过向接受者发行电子卡可以有助于改进管理。电子卡会留下会计痕迹,这有助于更信息化的监控。因此,支出管理中更大的部分应该包含对技术方面快速进步的应用。

(4)政府应该定期公布财政控制的成本及其效果,这既是为了刺激内部行动,也是作为有关政府运作的航标灯。有关强制支付控制制度的成功,部分取决于管理这些控制的开放性。

(三)地区主义的出现

在 20 世纪 80 年代和 90 年代初,许多国家的中央、地区和地方财政关系变得越来越紧张。造成这种紧张关系的原因有多种,除了经济和财政因素,其宪法、法律和政治因素还有待发现。作为次级国家主义标志的区域身份的出现,也是导致这种紧张关系的因素。许多例子能说明这种关系的紧张和脆弱性。在 20 世纪 80 年代,英国的中央和地方财政关系每年至少经历一次法律变化。在所有法律变化中,一个重要考虑是为中央提供更多的保护,以及为地方财政运作提供更多的控制措施。在意大利和西班牙,20 世纪 70 年代和 20 世纪 80 年代分别建立了一级新的区域性政府,收入的集权和支出责任的分权有效地导致地区更加依赖中央。在西班牙的例子中,区域性政府的建立导致一级新政府的出现,无论出于任何动机和目的,这一级政府的运作像是中央政府的缩影,这增加了整体的管理成本。

在意大利,中央政府的宏观经济目标部分是以区域性财政为代价实现的,由于原计划的转移支付没有发生,导致区域性政府欠款数额在增加——这一现象现在称为“隐藏债务”。另外,一些地方已经破产,在一些情形下,它们的债务不得不由中央政府接手。印度实施联邦制已经有六十余年,最近的研究[1]指出,其转移支付系统并未能有效解决各邦的平等或财政平衡问题。在前苏联加盟共和国,最近两年的经验表明,宏观经济稳定目标的实现(如果果真实现了的话),是以区域性政府和地方政府为代价的。最初的宪法倾向于将更多的支出责任转移给各地区,但是却没有相应的收入资源。区域性政府的回应是隐瞒税收,以免其被转移给中央政府。在其他地方(如埃塞俄比亚),宪法赋予各地政府从联盟中脱离的权利,这开辟了一个新时代,就技术层面而言,各地政府在一些方面和中央政府具有同等地位。

上述提及的各国经验,尽管支持了现有关系脆弱性的评价,但其很可能预示着将来的发展,虽然现在还没有呈现出清晰的图景。它们同样表明,在三个领域做出持续的、更为严格的努力的重要性及需要。首先,和过去一样,在收入资源和支出责任之间急需取得更大的一致性。在给下级政府更多安排后者的同时集中前者,将会导致区域性财政紧张,这会超出宏观经济稳定方面所感到的收益。不仅仅应当将转移支付公式视为公平的,而且应该将其视为唯一公平的分配资源的方式。这要求应该根据准司法组织确定的目标准则来分配资源。其次,到目前为止,许多国家的多数区域性政府和地方政府还不具有高度发达的支出管理制度。如果要考虑在这些层级的政府应用前述发展,预算过程需要得到相当大的加强。最后,在分权的背景下追求宏观经济管理目标要求开发更尖端的信息网络,该网络可以向中央政府的决策者提供常规的财政信息。必须将中央政府的角色视为指导性的,它对支出管理制度中需要改进的地方提供方向性和内容性指导。应该提倡平等协作,以代替遵守命令。

(四)规避

在支出管理方面,经验表明,当需要遵守政策目标时,政府会诉诸可疑的会计实践,以达到对政策目标名义上的遵守。因为在公众看来,遵守政策目标有其独特的作用。人们将其视为对政府的财政政策进行评价的一种流行尺度,因此名义上遵守被当作是实质性的遵守。除了前文提及的规避削减赤字一揽子计划的例子,还有两个例子支持这一观点。

---

1 见 Rao 和 Sen(1993)。他们得出结论,“支出水平的不平等并没有显示出任何收敛的迹象”(第 135 页)。

如前所述，一些国家的政府为了不超过设定的借款上限，倾向于积累巨额逾期欠款。因此，尽管从技术上观察到官方承认的公共借款的上限，实际的运作则和这种上限背后的原理刚好相反，尽管这样做并不违法。

像意大利和斯里兰卡这样迥然不同的国家，却有着共同的做法。它们在部门承担支出（虽然还没有发生）时就记录它，然后在政府维护的支出机构的账户上将其记录为存款。在意大利，遵守公共部门借款上限是一个重要的政策目标。当快达到借款上限时，会（以现金形式）减少对支出机构的拨款，然后在账户上将剩余的拨款处理为支出，同时支出机构在财政部国库中的账户则显示为存款。在斯里兰卡，政府的附属存款账户也发挥着类似的功能。在其他国家，存在这种实践的大量变种。不应该将这两个例子视为是罕有的例子，它们相当具有代表性。这些实践意味着对法律的故意规避。更重要的是，这是应付公共问责的表面文章。

在传统上，对这种规避的回应是两方面的。管理者继续相信要施加惩罚，而经济学家倾向于提供激励，以确保更多的遵守。尽管这两种办法都有明显的局限性，未来它们还将发挥作用。但是为了补充这些办法，也有必要向公众提供更多有关政策目标如何实现的信息。

第三章　最近的改革与问题

在每个现代文明社会，由社会通过不同形式捐献筹集的公共资金的支出，触及纳税人最鲜活的利益，需要得到授权进行支出的政府权力机关以最大程度的小心对待。至少在理论上，就像农民播种，在期望和动机上，这些资金的安排可以给播种者带来一百倍的回报。

——莫罕达斯·卡拉姆昌德·甘地，1923

危机的重要性在于，它们提供了一种迹象，调整的时机来了。

——托马斯·塞缪尔·库恩，1962

在许多国家，现在公共支出管理被人们认为处于经济决策的核心。人们认为，需要有负责任、迅速回应和有效的政府，这个政府工作更出色、成本更低。对于上述问题的考虑只是推动对公共支出管理的相关问题进行考察的多个因素之一，实际上属于新的紧急情形。日益增长的财政赤字导致了不安感，认为公共机构支出管理任务已经变得困难而徒劳。前者反映了在处理支出的多个维度时，日益增加的复杂性和困难；后者则反映了解决这些问题的努力的失败，以及此后经常重现相同类型的问题。此外人们意识到，实现预算剩余或者建立审慎的财政秩序不一定等于及时为公众提供高质量服务。

随着这种方法的局限性变得日渐清晰，管理不再具有反应能力。由于和积极主动地考察不确定的未来以及寻求机会有关，现在管理等同于对识别的问题作出回应。公共支出管理中的问题已经到了无法在一个财政年度这么短的时间内快速解决的程度。由于这些以及其他相关原因,政府现在忙于反思其角色和运作的领域——什么是他们应该做的和买单的,什么是他们应该买单但不应该做的,什么是他们既不应该买单也不应该做的。这一实践的一个(重要的)有机组成部分,是识别目前经历的各种问题,以及将来可能出现的各种问题,以便设想系统性的解决方案。但是有人意识到,无法明确知道未来将出现的问题的轮廓及其解决办法。但是就如亚里士多德在《尼各马可伦理学》中写的那样:"从来不期望对任何主题处理的精确性超过该主题本身所允许的范围,乃是训练有素的心灵之标志。"

一、支出管理:历史视角

20世纪下半叶见证了许多国家经济生活中的一些重大事件。许多国家从殖民统治中获得独立,此后,对于这些国家的政府而言,对发展计划的追求成为重要主题。人们意识到,传统形式的预算和支出管理在承担发展任务方面并不够。其结果是,开始组织发展预算或资本预算,建立了诸如计划部门(委员会)等支持性机构。政府承担大量投资,建立了许多国有企业。总体而言,公共部门快速增长,公共支出占GDP的整体比例稳步增长。流行的哲学是,如果社会有需求,这种需求可以由政府来解决。公共支出的增长给人们带来不安感,觉得花费的资金未必意味着选择是明智的,或者资源得到了经济的使用。为了解决这些问题,配备了投资评估技术,政府引入了各种不同版本的绩效预算,项目预算以及计划、项目预算制度。这些预算制度强调应用定量分析技术评估项目,对未来几年做计划,改进预算结构,建立改进后的信息系统以追踪重大投资项目的业务和资金进度。

随着在运用改进后的预算和支出管理技术方面的进步,1973和1978年石油危机后变化了的经济因素表明,需要不同的支出管理策略。人们发现,产生支出文化的供给驱动的发展计划,不具有可持续性。国家角色的膨胀以及福利国家的特征增加了稳步上升的支出压力。许多国有企业的失败,以及补贴的无休止增长使这种局面进一步恶化。人们意识到,与解决可用资源相比,计划、项目和发展预算更适合于资源可以匹配日益增长的支出的时期。为解决这种局面,一些国家的政府尝试引进零基预算的变种形式。当事实证明这还不够时，开始诉诸大规模的削减管理。基于这一经验产生了新的政府管理哲学，这一哲学强调财政紧缩，限制政府的角色，管制改革，政府活动私有化，以及强调将公司实践用于政府部门。作为这种重组的组成部分，支出管理的定位也发生了变化。为了缓解支出增长，自上而下设立了支出上限，并且加强了遵从机制。许多政府冻结了人员配置数量的增长，一些政府积极鼓励增加对自动化技术的应用，以弥补人员配置数量的停止增长或减少。随着发展支出的整体水平下降，对国有企业的补贴和转移支付削减了。由于强调宏观经济稳定，许多政府削减了投资支出，以便使其处于可获得的资源范围内、并且控制政府增加支出的冲动。这种强调开启了一个时代，在这个时代的支出管理中，赤字削减一揽子方案占据支配性地位。

二、支出管理新方法的出现

意识到传统方法的不足，导致出现了前一章讨论的新方法。这些新方法强调绩效、分权、应用市场原则并通过投资开发相关成本有效的信息系统加强问责。以绩效为基础的文化的发展不会自我演化。它要求重构现有的机构，发展适当的制度以实现目标。为了这一目的，新的管理主义设想建立由管理者管理的机构。这种机构可以确保在固定的预算内，提供具有既定质量的物品和服务。人们期望这有助于分权，形成某种程度上更少具有官僚主义色彩的架构，以便有关资源使用和服务提供的决策可以更切中要害。这使得管理者去探索提供服务的各种替代方式，在成本上也更有效。

运用市场原则涉及将支出机构从政府垄断中解放出来，赋予它们基于竞标从最优的可用资源中安排投入的自由。对接受方而言，消费者同样可以选择得到适合于其要求的服务。在这两种情况下，导致人们多年以来接受并容忍低下的服务标准的传统垄断结构，为供求双方进行选择提供了空间。

然而，分权不应以政府的战略政策为代价，管理者的管理自由对于急需的问责而言也不构成例外。因此，制定战略性宏观经济政策的责任仍然是核心机构的责任。但是，作为管理自主权的代价，各运营机构被期望具体设定目标和绩效指标，以便于年中监控和年末评价。就此目的而言，信息技术的发展得到了相当程度的强调。

支出管理只是公共部门管理方法主要要素中的一种。为了提供更适当的视角，表 3.1 总结了主要策略的一些特征。

表 3.1　　公共部门改进管理的方法

类　别	大致内容
	一般问题
1. 改进政策开发	一系列的行动和思想关注政策建议；建立政策评价机制
2. 组织重构	通过对各部门核心事务的适当关注，各项措施减少政府承担的角色。这些措施包括创建小的、任务导向的、财务自足的机构，这些机构会被安排具体执行的任务。目的在于提供分权的同时加强问责。该类别还包括组织再造，这种再造涉及反思和重新设计工作流程。
3. 重组工作架构	这涉及削减行政层级，并用更扁平化、更精干、更灵活的工作架构取代它。在一些情况下，为了补充上述措施，会将雇员组织成自我管理工作团队，并给其安排指定责任。
4. 组织文化再定位	某种程度上这更加抽象和雄心勃勃。该方法通过详细规定标准、提供信息、开放及客户选择、礼貌地提供服务以及物有所值(value for money)促进顾客导向的组织文化。它寻求由客户驱动公共服务。
5. 人力资源管理再定位	从以生涯为基础提供服务转变为以合同为基础提供服务(相关的管理架构参见前面第 3 类)；以市场为基础的薪酬制度；对于有功绩的服务提供奖励；加强反腐败活动。
6. 商业化及市场测试	在可行的情况下，政府各机构被期望以自己的方式实现商业化。市场测试涉及提供服务时进行内部和外部竞争性投标，以促进形成公平竞争的环境。在一些情况下，会将服务外包。
	财政管理
7. 绩效及以产出为基础的预算	在许多情况下，涉及彻底检查现有的预算过程，以便预算以产出和绩效为基础。会详细说明战略性目标，也会指出预期产出和结果。在外包的情况下，会更详细地说明要取得的成果。
8. 以活动为基础的定价	政府正在探索权责发生制的会计制度及衡量活动成本的方式(包括资本费用)，以便于削减成本及各单位之间的良性竞争。它同样促进对资产价值形成更明确的意识。
	技术应用
9. 应用信息技术	政府正在开展大量的投资，以更改原有的手工系统。这有望改进服务提供，增加生产力，并在一定期限内削减成本。

三、接下来的问题

但是前述的讨论表明，尽管存在时间差，问题正得到解决。随着对假设或声称的成功(这两者在基础层面上不同于现实)的希望的增加，似乎出现了新问题(对运营制度具有实质性影响)。同样表明的是，宏观经济政策的充分性本身无法保证它们能完全得到执行。实际上，有些微观因素处于目的和现实之间。虽然不同国家的这些微观因素千差万别，然而却深深地嵌入各国的组织过程。因此，详细分析其优势、劣势、机会及威胁是适当的。对这种分析的总结见表3.2。但是，需要详细考虑四方面的重要相关问题。

表3.2　　支出管理：综合评价其优势、劣势、机会及威胁

优　势	劣　势	机　会	威　胁
• 在大多数国家，组织良好的预算办公室。 • 与经济分析及政策更密切地整合在一起。 • 对于检查预算要求及政策分析，确立了惯例。 • 加强应用信息技术。 • 通情达理的职业人员。 • 在大多数情况下，可以获得综合性案例及行政惯例。 • 逐步开发绩效指标。 • 过去对变化中的需求的反应是混合的——一半是满的，一半是空的。 • 采用新的管理哲学表明对过去实践的显著偏离。它仍有待包括西欧在内的大多数国家接受。 • 接受了赤字管理要求不同方法的事实，这些方法包括学习私营部门的经验，在私营部门和非政府组织之间建立新的联系。	• 强调例行公事，忽视政策问题及对资源的整体使用。 • 对支出机构缺乏指导。预算还有待满足对行动进行计划的期望。 • 许多预算组织的分析能力很拙劣，在数据方面对支出机构相当依赖。 • 没有用于调整的前瞻计划。 • 削减支出的管理被证明是一次昂贵的失败，对制度具有持久的破坏作用。追求被动回应的方法。 • 较少依赖于成本数据。支出的传统范式对预算方法具有持续影响。 • 与预算外的财政支出联系不足。在一些情形下，预算覆盖面相对较小。 • 许多包含在预算内的支出由过去的立法决定。 • 稳定的规避已经成为一种坚决的破坏，侵蚀了制度的可靠性。 • 对变化的零碎反应有其自身的不利影响。 • 组织悖论或反常行为一直占主导地位，导致核心预算机构和支出机构之间，以及核心预算机构之间的日常紧张关系。 • 缺乏处理日益增长的支出的多样化制度。一成不变的方法。	• 逐步再开放经济、控制体制的自由化、从以前受益的水平阶段性撤离以及处理财政赤字的坚强决心提供了再造制度的重大机会。 • 根据私营部门以活动为基础确定成本的实践采用部门成本控制，提供了再造支出机构预算计划与控制系统的急需的机会。 • 信息技术的革新允许一些创新，比如外包一些预算活动，这在过去是不可想象的。 • 由区域性组织提倡的策略得到广泛接受。诸如辅助性援助、《马斯特里赫特条约》中的赤字和债务条款等，就为采取旨在加强预算组织的措施提供改进的环境而言，将会带来有益影响。	• 缺乏协调行动以解决劣势将导致公众对预算能力的态度急剧下滑。 • 政府处理新问题的能力的下降将侵蚀其优势。 • 经济的自由化降低了政府可获得的自由度以及政策机动性。这种威胁需要得到科学的解决，需要重新考察政府预算的整体关注点。 • 信息技术提供了新边界，但是由于缺乏内在的复苏机制，对新技术的投资不会有什么结果。 • 缺乏解决组织悖论或新出现任务的努力，会加重问题的严重程度及复杂性。随着时间的流逝，这些问题会变得越来越棘手。

(一)决策方法

政策制定代表着政府支出管理中最重要的部分。它为过程控制设定基调。一般而言,也弥补了过程控制的缺点。执行中或者过程中的控制大多和确保遵守规章制度有关。这些规章制度旨在维持财政纪律。在一些情况下,控制会寻求取得支出的经济性。但是这些经济性无法和政策选择及相关项目本身所带来的节省相比。有效应用过程控制很难补偿政策本身所带来的损失。

最好将许多发展中国家的决策看作是共享决策。在其中,提供双边援助的国际金融机构及捐赠者倾向于扮演和其贡献不成比例的角色。在外援规模大的地方,共享决策的领域也相应较大。多年以来,这种共享决策导致支出管理中的双头政治,因为有一些领域处于政府的直接控制之下,有一些领域则处于共享状态。共享领域倾向于有其自身的优先性,经常也有其自身的支出管理支持系统。除了实施控制时的碎片化,这种共享决策似乎有碍于形成支出管理的整体视角。此外,援助支付的经常性或停或走的方式,增加了决策的不确定性程度。

决策也受到由供给驱动的计划支出的不利影响。计划项目有自身的标准和尺度,和资源的可获得性没有一丁点关系。一旦被纳入发展计划,项目会取得新的合法性,导致支出的不可阻挡的增长。此外,大多数项目的成本估算还远未达到令人满意的水平,从实际支出经常是初始估算的两倍(如果不是更多的话)这一事实来看,这很明显。随着更多的项目通过低估成本进入项目,变得需要通过摊薄的方式在包含于计划中的所有项目间分配资源。尽管这使得既得利益者的游说暂时无法接近,它具有使得执行时间表交错安排,以及延缓预期收益的效果。

近年来,支出结构也一直在变化。支出的更大部分用于支付利息,以及向个人、国有及私营企业、其他各级政府进行转移支付。这种转移支付大多数由法律确定,有些则由供给驱动。在每种情况下,如果不修改法律或者转移支付计划的设计,年度内的灵活性很小。但是到目前为止,对于这些方面必不可少的政策分析,特别是转移支付计划对支出管理意味着什么,还没有得到关注。

许多核心机构没有支出概况的信息,因此对导致支出增长的因素的理解并不全面。此外,他们也缺乏项目成本方面的信息。[1] 由于缺乏焦点,重新设计服务提供方式同样变得困难。但是最重要的是,对需求和支付能力的数据进行识别、衡量以及传播。关于资源的可获得性,支出机构没有得到足够的指导。因此,他们并不关注修正优先性。而在可用资源减少的情况下,这是必须做的事情。

(二)控制的神话

一般的印象是,核心预算机构具有强大的控制力,以应对每一种局面及意外情形。但是实际上,这些权力被广泛分享,在许多情形下则被规避。人事问题由文职部门根据标准(而非按照自愿可获得性)来决定。预算投入的供给由核心采购机构管理,补贴则由准独立委员会管理,发展支出则由捐赠者管理。诸如国防等一些领域具有高于一切的考虑,其程序也不同于其他领域。当这些途径提供的总数意味着比支付得起的数额更高的支出水平,在分配资源时会对各机构的预算进行随意的削减。

在支出机构看来,这些削减是临时性的,就此而论,没有对任何预算计划进行调整。另一方面,为了克服核心预算机构施加的削减,各机构通过聘用顾问以克服人员短缺,租赁而不是购买设备,对业务活动提供资金不足以期望会有补充拨款,利用通胀估计,以"真正有需要"的名义保护以前的预算分配。为了避免灾难性结果,积累欠账,或者游说可以由直接捐赠者转账提供资金的预算外资金。所有这些因素累加的结果是,最终,控制结构似乎就像"皇帝的新装"那样无效。

(三)制度化的不信任

在传统上,财政部门在支出管理的所有阶段(从预算编制到支付,到编制与合并账目)占据支配性地位。在某个阶段,这反映了一种内部的殖民主义。这种殖民主义仍然是不友好的,甚至经常是敌对的。不过,对支出机构的思想进行殖民还从来没有发生过。多年来,至少由于四个因素,这些方法逐步被破坏。首先,发展计划的增加以及与此相关的年度和中期计划的制定,导致在政

1　这些方面表明实现资源配置效率目标的困难。经济学家倾向于假设在投入、产出和结果间具有不变的关系。实际上则远远不同,主要原因在于,在大多数情况下,支出管理系统本身都还没有掌握这三者之间的关系。

府中确立新的权力中心。其次，中央控制存在失灵。大多数控制具有一刀切的方法，由于缺少支出管理哲学，实施控制变得琐碎而庸俗。再次，新的管理方法的出现，意味着强调分权的重要性以及任务之间更多的一致性，意味着强调责任和财政权力。最后，捐赠者的方法，以及他们经常对建立预算外资金（这更符合捐赠者有关发展的具有种族优越感的设计）的坚持，也破坏了财政部门的角色。

但是出现新的、适应形势变化的财政部门还有待成为现实。同时，以前的控制体制，伴随它们的所有的系统性和运营性失灵，延续了下来。其结果是，不信任继续成为支出管理的显著特征。

（四）合同管理

发展支出的增加也导致每年购买商品和服务的合同大量增加。采购的种类包括：粮食，石油、油料与润滑剂（Petroleum，Oil and Lubricant，POL）产品，国防项目（从便宜的到最贵的都有）。尽管合同增加了，经验表明，这些领域的财政控制特别易于被操纵。总之，需要改进的有很多。这一领域遇到的问题如下：

· 采购程序经常集权化。尽管对于投标过程规定了详细的程序，经验表明它们过于详尽，耗费了大量的时间。

· 无论就涵盖范围还是及时性而言，政府可获得的有关成本的信息都很不足。

· 公共工程的设计经常在合同颁布以后变更。

· 由于获得地址（acquisition of site）方面的实质性滞后，预算中已安排了大量资金，但是这些资金在最开始若干年仍然没有花掉。

· 部分由于价格因素，部分由于价格变化，项目成本经常不同于初始估计。

· 为了支持承包商，价格波动补贴经常调整，在合同是基于成本加成的基础上时尤其如此。在政府合同是基于政府加成，或者购买是基于生产者的净回报率的基础上时，承包商很少有激励节约成本。

· 承包商经常得到由政府提供的现金预付款，在过了相当长一段时间后，这种预付款可以从归于承包商的付款中收回。尽管预算分配的资金经常少于要求的数额,项目的生命周期却获得了延长,初始的预付款沉淀了下来。

- 过了一定的阶段以后,项目的执行率倾向于由承包商推动,经常会高于当年预算分配的金额。
- 当为了让支出处于年度预算分配额之内而缩减时间表或降低质量时,会发生实质性的"用户成本"。
- 通过延长项目时间可以满足预算严肃性的要求。但是项目的最终支出往往变得更加昂贵。

上述各项内在的特征表明,在政府支出管理的经济和组织议程之间很少具有一致性。

四、前面的任务

广义而言,支出管理目标的结构是通用的。具体见表 3.3。

表 3.3　　公共支出管理目标

有效政府	在详细规定的时间表和成本安排范围内提供服务。 实现资源配置和技术效率。 确保预算动机和结果的一致性。 匹配支出和资源。 给执行机构提供管理灵活性。
回应型政府	实现宏观经济稳定。 对变化的经济形势作出反应。 对客户/消费者变化中的需求作出反应。 为客户/消费者提供选择。 推动用使用文化(utilization culture)取代支出文化。
责任政府	对结果负责。 提供有关政府财政状况的精确信息。 决策过程透明化。

尽管其中一些目标具有连续性,有些目标则是新的,反映了变化的现实。它们作为整体为支出管理提供了庞大的日程表。问题在于,现有的支出管理机制是否可以实现这些目标。在大多数情况下,包括那些近年来做出重大努力的国家,可以预见答案是不能。回忆一下前面的讨论,导致这种情况的原因有三个。首先,对于变化中的需求的回应经常是局部的、点对点的,而且经常会有延迟。其次,在一些情况下,由于忽视易于推动执行的微观因素,甚至从局部性改革中都无法期望获得微不足道的结果。最后,发达国家使用的新方

法还无法在发展中国家找到市场。

但是清楚的是，当环境发生变化、显圣物(hierophany)不再有效时，必须发展出新的方法。具体地，关于支出管理，新方法强调积极主动的策略，涉及基于具体目标的整体支出上限、涉及要实现的结果、涉及把许多活动外包以实现运营的经济性。这些方法的一个重要元素和供求双方的联系有关，它在所有的支出交易中占据支配性地位。因此，各部门或机构向部长或立法机关(由它拨付必需的金额)提供服务或成果。两者间的联系通过绩效协议提供，该协议详细规定目标、用于购买投入用品的预算分配金额、预期成果，如果合适的话还包括成本、质量和时间表。监控绩效成为年中的关键任务。将这些原则运用于政府将导致政府从直接提供者(就像迄今为止所做的那样)转变为预算资金的提供者、预算活动的安排者和监督者。[1]

表 3.4 详细说明了支出管理的这些变化中的角色意味着什么，表中识别的问题将在下文进一步讨论。支出管理的整体架构将依赖于政府交易的结构。总之，这些说明了支出的未来构成，以及其中涉及的组织任务。

表 3.4　　　　支出管理中变化了的任务

领　域	职　能	经济任务	组织任务	问　题
资源配置	预算活动安排者	・决定什么是政府应该做、也应该买单的，什么是应该买单但不用自己做的，什么是既不用做也不用买单的。 ・通过分包及内部市场机制，决定承担任务的最好方式。	・决定谁应该承担什么 ——直接提供 ——拥有自主权的机构 ——其他级别的政府 ——非政府组织	・确保连续提供资金 ・设定目标 ・供求关系 ・影子政府 ・第三方政府 ・绩效控制与绩效协议
	预算资金提供者	・决定总支出及其分配 ・识别宏观经济目标和服务提供间的联系	・详细规定以信息为基础的组织过程，以便于发挥宏观经济角色 ・详细规定实现目标的管理策略	・在拨款时，在支付条款中包含借款条款 ・避免道德风险问题的控制 ・避免腐败问题的支付控制
	直接提供	・详细确定供求关系 ・假冒伪劣市场问题	・确定积极主动的组织责 ・设定监控指标	・控制文化与管理文化 ・决策透明度

1　这些术语来自 Diliu,Jr. ,Garney 和 Kerrl(1993,第 32 页)。

续表

领　域	职　能	经济任务	组织任务	问　题
资源使用	直接提供	·确保预算结果与预算估计保持一致 ·当需要时，调整政策	·在既定的成本内提供服务 ·确保服务质量	·开发绩效指标 ·提高运营效率
	管理者与监督者	·遵守预算目标	·在既定的成本内提供服务 ·在既定的框架内推进当地自主安排的活动	·开发绩效指标 ·建立并使用报告系统
资源使用会计	直接提供	·对资产、负债和资源使用开发可靠的数据	·制定政府会计准则	·确定会计基础和会计准则
	管理者和监督者	·资源使用模式的数据	·发展标准化会计	·在使用会计准则时的透明度 ·审计的适用性

五、系统性因素：问题与方法

（一）改变管理文化

多年来积累起来的管理文化并不是那么容易发生快速和程序化的变化。相反，当制度发生变化时，它们自己会开始演变。作为制度性巨变的一部分，程序性和操作性变化成为根深蒂固的习惯，个别回应反映了新要求。寻求改进的管理文化植根于信任及管理责任的具体设置。这意味着其后的支出管理原则将基于信任，在其中，会给个人或组织安排任务及责任。他们将负责提供成果，同时小心翼翼地避免引起额外的责任。在核心机构与信息机构之间，存在改进对话和沟通机制的内在需求。这些机构因此会强调信息技术投资的必要性。

（二）政策制定

政策制定是一个巨大的领域。[1] 这里只考虑支出管理方面。

已经被普遍接受的是，所有支出机构必须准备整体计划，以便确定追求的

1　管理分析倾向于清晰区分政策和管理。将政策限于确定核心价值。在政策框架内，管理者拥有决策自由，帮助他们实现既定的目标。但是公共选择学派并不承认这种区别，因为它会导致把政治领导人和行政管理阶层区分开来。按照该学派的思想，政治在决策中具有支配性地位，管理者是政治家的代理人。这里讨论决策更为实用主义，只关注支出管理中的决策过程。笔者承认，所有的决策都有政治方面，不会完全根据技术考虑做出。这里关注的是作为政策制定一部分的技术方面的因素。

目标以及要提供的服务。准备这些计划意味着积极主动的支出管理方法，以便和支出管理相关的工具可以完全用于执行这一整体计划。它们也意味着将政府看作一个整体的全局视野，这必须转化为政府的积极主动的支出管理战略。这一任务由核心预算机构承担。这使得它们展望形势，并为此做好准备，而不是事后作出回应。

如前所述，不解决对政府的成本这一基本问题的控制，对于减缓支出增长率没有多大影响。但是总体而言，政府的成本数据特别缺乏。追求削减成本要求通过适当估计确定项目和建设工程的成本。如果项目被外包出去，或者如果社会支出的大部分是通过非政府组织或其他层级政府展开，形成精确的成本估计就变得更加必要。更具体而言，对于医疗、教育以及其他易于比别的部分更快增长的项目，有必要确定成本。就建设项目而言，传统上会区分事前设计阶段和建设阶段。在设计阶段详细考察众多的替代方案是适当的，这会把建设阶段经常发生的变化降低到最低程度。作为必然的结果，合同必须建立在完整的成本或价格的基础上，而不是建立在成本加成的基础上。政策分析以及迄今为止预算编制阶段使用的相关控制，由增(减)分析、核实立法机关对项目的授权以及其他法律方面构成。但是，在解决政府应该做什么、政府应该为什么提供资金、政府应该将什么留给竞争性私营部门等宽泛的问题时，这种方法明显不够。

政府项目已经变得如此复杂，任何设计及交付方面的重要调整会耗费一年多时间。因此，政府被期望估计现有政策的持续财政要求，以便确定有关未来资源使用的初步方案。为此目的，一些政府引入中期支出计划。这一实践后来成为完全滚动的支出计划，在该计划下，对接下来两年或三年内现有政策的连续财政影响进行估计。人们期望，这一实践会详细说明不同项目的构成，以及起作用的供求因素，因此成为对管理者和公众都有用的财政指南。作为这一方法的延伸，也开始准备连续水平预算(continuation level budget)。在这种预算中，接下来一个财政年度的基础，不仅包括本年的支出数量，还包括涉及通胀效应、对于工作量增加的补贴、生活成本调整以及任何其他为了延续目前的服务水平所要求的支出等因素所进行的调整。

在大多数情况下，上述方法仍然是许多国家的共同实践。在一些国家，实

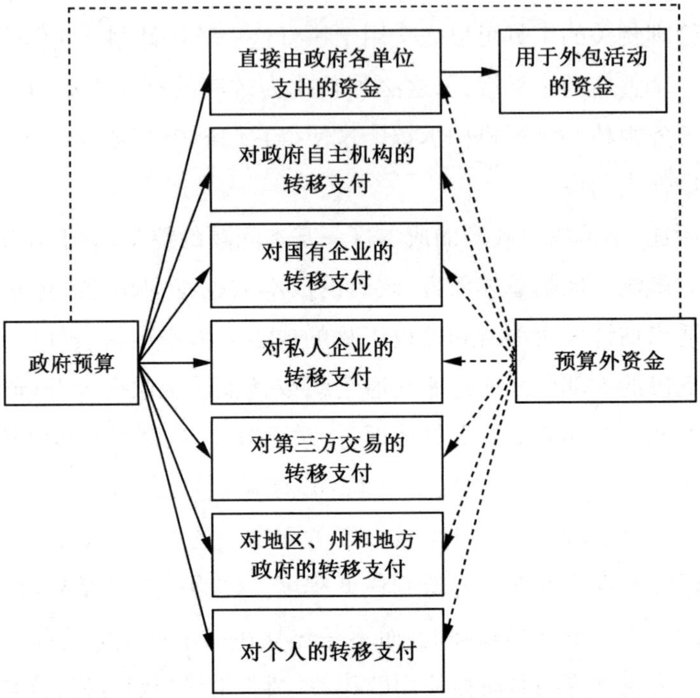

图 3.1　政府交易的结构

践限于投资支出或计划支出。经验也表明，在这些系统性改进得到执行的地方，支出机构倾向于将对未来的支出估计视为提供资金的最低水平，而核心预算机构倾向于认为对未来的支出估计更接近整体支出上限。连续预算成本倾向于消化掉支出的增长。在收入增长低于支出增长的情况下，这被视为收入短缺。因此，小心制定支出预测方法变得很有必要，确定基础及任何调整的性质也同样如此。

(三)过程因素

需要复兴预算过程，以处理下述重要任务：

(1)追求支出的经济性；

(2)发展产出导向；

(3)清楚识别收入约束；

(4)执行预算纪律，确保绩效。

1. 支出的经济性

在大多数国家，预算按照自下而上的方式组织，涉及加总各个机构提出的支出增长。如前所述，这导致这样的管理文化，这种管理文化关注确保更高的预算分配数额，并将它们在预算年度内花完。尽管总是需要更多的资源，需要通过意识到资源是有限的，并且有替代性选择来缓解这种需要。因此，预算过程应该强调追求经济性，在现有的立法经常限制年度预算灵活性的环境下尤其如此。对经济性的追求需要变成连续性的实践，需要强调对现有立法、工程和项目进行日常评价，以便在既定的资源下可以改进服务的提供。为此目的，核心预算机构在经过和支出机构磋商的情况下，必须识别可以发现经济性的领域，并且开发旨在对其进行驾驭的联合战略。这种实践需要成为预算过程的有机组成部分，在必要的情况下，需要重构预算周期本身。

2. 产出导向

目前的方法满足于投入导向，需要对其进行拓展，以包含产出或绩效导向。支出机构的整体计划寻求确定什么是机构预期实现的，以及为此目的需要的资源。在很大程度上，绩效是有关过去的一个指标，需要使用许多技能，以作为资源配置的基础。支出和产出间的关系并不总是线性的，一般表明的是一种希望而非精确性。产出可以是和目标相联系，或者和责任相联系。在每种情况下，需要考虑每个组织需要的产出指标、这些指标的数量、生成它们的成本、某一级组织的指标和另一级组织的指标联系的方式。一些尝试引进绩效指标的发展中国家的经验表明，一些问题有效减少了这些指标的影响。在一些国家，绩效预算系统除了作为运营工具，还被作为公众的补充信息来源。这些方面强调了下述做法的重要性，即制定完成产出导向及支持性基础设施时间表的重要性。在处理这些任务时，尽量减少易于额外增加预算刚性的管理因素的重要性同样很有必要。这些与用于建设额外资金案例的预算规范有关，与在一些国家发现的计划与非计划区分的实际应用有关。这些规范是若干年前制定的，易于导致供给驱动的支出增长。计划和非计划的区分导致下述本来可以避免的神话，即包含计划本身就是给予较高程度优先性的正当理由，而许多非计划支出是不必要的甚至是浪费的。迄今为止，追求这一神话的预算过程现在不得不通过有效运用给定的资源来解决完成结果这一更迫切的、更大的现实。产出导向并不意味着必须提供必备的资源，而不考虑可获得性。相反，产出导向应该便于制定更相关的战略，这些战略旨在在资源减少的背景下优化产出。

3. 识别资源约束

在许多国家，与收支估计相关的预算过程大部分作为平行活动来组织，只有快到预算年末时才放在一起或交叉进行。这种分离大多是基于收入提案的机密性。但是，与动员国内外借款资源相比，通过税收动员额外资源的角色变得越来越不重要。由于支出现在是在中期框架或者滚动的基础上规划的，同时编制详细的资源规划才是适当的，以便在预算过程的不同时间点，可以建立适当的桥梁。更重要的是，需要将这些资源假设或预测转换为可以细分为项目和工程上限的整体上限。这些上限能使人意识到资源约束。更重要的是，它允许预算参与者调整支出策略，在更灵活使用资源的同时，完全遵守总体约束。为了让它们更具有灵活性，需要重新考虑上述提及的规范及相关区别。作为管理工具，预算需要避免内在的僵化。

4. 执行财政纪律

要使预算结果更接近成功实现宏观经济稳定的目的与成就，需要解决附属于预算执行过程的一些问题。这些问题包括预算批准后的预算授权的长期拖延，这导致支出机构不确定性的后延；坚持一些程序性的手续，这些手续大多和手头的任务以及变化的要求不相关；坚持预算资金在预算年度内清零，这导致突击花钱，其目的仅在于把拨款花掉。更重要的是，现金发放被用作支出控制的最终形式和武器，因为资金支付被控制在可用现金资源的范围内。不考虑这个系统所使用的标签，有必要解决这些问题。因此目的，使用了三种方法。

第一，存在建立更有组织的现金管理形式的普遍需要。但是，这不是资源定量配给的替代品，而是一种技术，通过对收支进行系统和常规性预测，在借款和预算执行计划之间确立了牢固的联系。每个机构准备自己的预测，然后合并形成整个政府的预测。然后这些预测被用于安排分时间段的支付授权，对借款也做出支持性安排，以便确保流动性。

第二，采用分时间段授权方法同时伴随着对支出机构更自由的授权安排。

经常地，是采取运营成本(用于补偿职工薪金及其他管理费用)上限的形式，各机构被赋予使用资源的灵活性。这使得它们可以根据需要使用资源，同时处于上限的框架范围内。

第三，一些政府采用延长授权制，即使在预算年度结束后，这种制度都可以使得预算资金持续可用。其他政府则发展出在财政年度结束时，评价支出进展的制度，有选择地允许发展项目的继续存在。[1] 这些方法为现在的实践提供替代选择。对应用计算机技术的强调也便于对黄色区域(yellow zone)的日常监控，对支出机构及核心预算机构而言尤其如此。

(四)控制因素

支出控制制度多年来得到了发展。控制制度就像一只旅行箱，每种内容表明了起作用的不同技术以及不同的经验。因此，在国防部门观察到的一个问题以及在那里演化出来的应对措施，也许并不适用于诸如医疗服务部门，反之亦然。尽管不同部门有不同的应用形式，仍存在一些普遍原则，这些原则支配着支出控制制度的方法和环境。

这些原则大部分是从私营部门改造过来的，在建立具有具体任务、资源、管理灵活性及问责框架的小型机构的过程中得以演进。然而，这些原则以及相关的管理哲学即使在其应用于私营部门时，也极具争议。尽管对这些原则的讨论很有必要，更重要的是考虑相关问题及其应用，尤其是，是否意识到政府的独特性，并对这些原则进行相应的修改。不能将惯例误作效率，而是需要进行分析。

在将这些原则应用于政府时，需要考虑四个领域：(1)是控制文化，还是管理文化；(2)创立机构——影子政府；(3)供需双方关系；(4)控制和第三方政府。

1. 控制和管理文化

如前所述，迄今为止存在着的并以多种方式得以延续的支出管理制度，建立在制度性不信任的基础上，在取得令人满意的结果方面，它离成功还很远。然而，新的管理方法锚定于管理信任及灵活性，虽然其问责得到了强化。这意

1　在一个国家，也允许经常项目继续存在。这马上导致在当年拨款外，平行预算的出现。

味着新的管理哲学建立在绩效基础上，在这种环境下，最高管理层会通过数字进行控制。在控制措施成为管理的宗教信仰之处，组织中的最高层将会“除了实施财务控制以外什么也不做，这让其他所有人变得疯狂”。对某些人而言，这种情境使人回想起和中央计划经济相伴的由数字支配的集中管理。财政部门被赋予新权力，以经济管理和监督的名义，扩展它们的监督权。一些经验佐证了这些信念。[1]

在其他地方，经验表明，许多政府部门的基层负责人并不乐意接受新的授权。他们声称，还没有准备好管理自己的资金。这说明了多年来发生的对财政管理能力的破坏，这要归因于核心预算机构的集中和支配性影响。集中管理已经达到其极限。但是支出机构管理能力的增加并不容易，因为他们不断发现存在依赖综合症。

2. 创立机构——是影子政府吗？

新管理哲学主张赋予管理者制度性的自主权，同样寻求建立独立机构，以使用可用资源来承担具体活动。尽管这种方法有一些优点，然而其应用仍然存在一些问题，这些问题需要得到解决。首先，如果这些机构被期待在财政上依靠自己，然后可以自己决定谁可以做什么，那么让它们和政府脱离关系是合适的。如果另一方面，它们被期待部分依赖于政府的转移支付，那么就有必要确定商业及非商业目标，以及相应的回报率。其次，即使在新管理哲学出现以前，许多政府就已经建立了自主机构（不同于国有企业），这些机构大部分依赖政府财政，同时追求自主以及独立于政府的各种目标。经常的情况是，对于政府中的机构的活动及其财务状况，所拥有的信息很少。这导致人们认为存在不受政府控制的影子政府，并因此出现了立法机关。最后，对这些机构的立法问责离令人满意还有很大差距。

3. 供需关系

支出管理新方法的一个组成部分，是对于供需关系的明确规定。因此，立法机关从政府购买产品。而在政府内部，由部长从部门购买产品，由部门从各机构购买产品，由各机构从承包商购买产品。在每种情况下，作为提供资金的

1　各国经验的详细研究，参见 Jenkins(1996)。

回报，存在确定产出的动机（结果或效果被认为有点遥远，在产出和结果之间也可能不存在明确的因果关系）。这些产出以绩效协议或合同的形式确定下来，这会巩固产出和结果之间的关系。

将上述原则应用于政府，要求清晰考虑适用于政府的独特特征。除了普遍意识到的衡量政府产出的困难，经验表明，这种产出在预算年度开始时经常被有意低估，以便在预算年末显示出更高的效率。尽管开发出许多指标，经常难以判断质量，质量和预算支出间的关系较意识到的要远为模糊。此外，政府可能无法提供稳定的外部环境，这种环境隐含于预算战略中。在开放经济体中，许多外在因素不受通常处于资金接受方的政府的直接控制。当假定的资源无法使用，产出的规模也会减小。同时，有必要意识到的是，对于各机构而言，新的联系提供了新的管理维度，使得它们对资源具有自觉意识，同时变得目标导向。它也有助于降低管理成本。新方法要求公务员拥有新技能，因为他们将不得不制定目标、产出措施及各种指标，对环境及政策发展保持敏感。

4. 控制和第三方政府

支出管理新方法的另一个要素，与由政府预算提供资金有关，与由第三方州政府、地方政府、银行、医院、制造商及非政府组织等负责提供的服务有关。因此，医疗服务可以由私营医疗机构提供给顾客，然后由政府向顾客提供补偿。这种做法是基于下述哲学，即政府交易通常比较昂贵，而相同的服务可以由非政府机构以较低的费率提供。

近年来，第三方交易一直在增加。经验表明，未来这些将进一步增长。第三方交易的主要优点在于，它带来了市场化的独特机会，通过竞争性过程，使其变得可行。这在保留公有制的同时，寻求市场结果。对于支出管理制度而言，这提出了新要求。随着这些交易的增长，它们将要求更大程度的监控，以及针对黄色预警区的控制系统。此外，通过买卖双方可能存在的勾结（政府不会马上发现），出现了道德风险问题。因此，支出管理机制不得不发展出更为差异化、更少具有侵入性、并且不昂贵的控制系统。

（五）公私合营

新支出管理制度的一个较不清楚但得到普遍承认的要素，是对公私合营作为向社会提供服务的一种方式的日益强调。尽管在公共和私营部门之间一直存在(并将持续下去)不同形式的合作(毕竟,政府消费或使用的包括国防需要在内的许多东西,是由私营部门生产的),新的重点有四个方面的来源:

第一,为了政府能对人民的要求做出更及时的回应,为了政府更加有效运作,需要对其进行重建,需要更加强调管理和协作,同时服务的实际提供应由私营营利性及非营利性机构来完成。在本质上,这一观点将生产职能分配给私营部门,而将分配和稳定职能分配给政府。第二,这意味着,公民服务不能完全留给市场或者国家命令,志愿者机构、自助团体、社会运动以及其他组织的参与对于现代社会的成功运行具有决定性作用。这扩展了私营部门概念的范围,使其包含除工商企业外的其他形式的组织。第三,一方面,持续的财政赤字以及与此相连的社会服务资金不足,另一方面,为了回应日益增长的需求而产生的提供这些服务的需要,使得政府部门通过建设、运营、转让及相关安排追求与私营部门进行新的财务合作。[1] 第四,经验表明,需要进行合作类型的安排,以在供求双方之间形成新的合作关系,以便在提供更高质量服务的同时,削减成本。

因此,可以想象的是,公私合营的领域相当大。但是在实践中,它局限于一些重大资本项目。然而经验已经产生了一些平衡(balanced)的判断。一些人认为它是一项重要改革,而其他人则认为,它还是无法免受腐败的影响。实际上,基于这些安排,私营部门利用了提供服务的机会,同时将所有权及资产运营的风险留给了政府。有人指出,公私合营同样带来了透明和问责问题。

随着将来发展出更多的公私合营,上述各种批评可能会加剧。这些对于支出管理提出了新要求,因为与以前相比,这需要多得多的差异化管理,对于提高财政部门的能力而言也具有清晰的要求。

(六)微观方面

1. 人员

作为新管理政策的一部分,需要给各部门首席执行官越来越多的灵活性,以便他可以选择职员和薪水范围,以及在预算上限内确定人力资源和计算机设备的比例。除了和行政部门的未来形式和内容有关的问题外,将这些原则

1　这包括设计、建设、筹资与运营(DBFO);设计、建设、管理与筹资(DCMF);建设、拥有与运营(BOO)以及建设、拥有、运营与转让(BOOT)。

应用于政府提出了一些新问题。财政现实不断变化的环境已经迫使许多政府削减人员成本,这些成本总是代表着政府支出的最可见和实质性部分。旨在削减人员成本的措施涵盖了很广的范围,包括冻结薪水、冻结招收人员、详细规定在一段时间内如何削减成本,评估空缺职位,引进新型报酬系统,以及提前退休计划。这意味着,当太多人被解雇时,除了对士气的巨大不利影响,机构的核心能力也会受到严重破坏,进而导致公司厌食症(corporate anorexia)的发生。[1] 当不确定性占据支配地位,变化的节奏会受到影响,组织平衡会受到破坏。

在政府中,对于新管理制度的至少三个特征的应用形成了重要选择。首先,对于精简机构的需要不得不得到调和,这是通过意识到对创新型人才的需要得以实现的,这些人才具有高度的职业竞争力,可以承担支出管理制度各种各样的任务。其次,为了变得更具回应性,政府在对其最珍贵(经常具有高度的讽刺意味)的财产——人进行管理时,必须更具灵活性。最后,在未来的组织中,对官僚职业不会有需要。在开展任务时,没必要把整个团队集中在一个地方。但是对于政府需要其服务的职业人员而言,需要有一条职业道路,以确保其稳定向上发展。对于进行这些选择而产生的冲突,要进行回答并不容易。尽管这些问题是就广义而言的,它们对于设计支出管理制度具有影响。

对于支出管理制度而言,挑战在于保留其职业人员,加强他们承担的义务,培养其合作精神使其成为工作的支配性特征。这要求更加关注支出管理过程,以便组织结构及对人力资源的使用可以形成合力。在缺少一个旨在利用人员和过程优势的清晰战略的情况下,新管理文化仍然只是一个有待实现的希望。

2. 承包

新管理哲学相当强调外包或承包。这种强调是恰当的,因为竞争性投标和竞争性投标与承包(Competitive Tendering and Contracting,CTC)会成为支出管理的有机组成部分。如果得到明智而审慎地执行,对于提供质量服务和实现成本削减而言,CTC 将提供相当大的潜力。

---

1 公司厌食症,是指因紧缩开支而过分减少有创造力人才的商业病。——译者注

在将CTC应用于政府时，需要清楚识别三个要素。首先，政府的合同说明书提供了巨大的多样性，各个机构的要求和消费模式互不不同。其次，对于合同的每个部分，有必要积累成本信息。对于由公共和私营部门共同使用的物品，这种信息应该具有适当的基准。最后，需要调整支出管理系统以适应合同管理的复杂性。作为这种努力的有机组成部分，需要加强黄区控制，避免服务供应的不连续性。

契约政府的发展需要更有组织的努力，以加强合同管理系统，将上述三个要素形成最低限度的程序。此外，对于确保对承包的日益依赖不会产生更多的腐败机会，存在经常性需求。

六、前进之路

不可否认，需要改进政府的支出管理系统。但是令人不安的现实是，需要解决一些宪法及程序性问题（这些是微观因素）。

对于这些国家而言，第一步是对现有制度及支出管理系统进行批判性评价。对许多国家而言，进行内部检查并承认失败或不足，会带来政治风险。这种风险部分与同其相伴的愿景抵消。在进行评估之后，接下来是制定战略。该战略也许要花很长时间得到执行。实际上，改进支出管理之路也许是革命性的。尽管后来者不会以相同方式开展革命，可以通过减少一些步骤获得巨大突破，但是运动中的渐进主义不可避免。

战略必须是真实可信的，反映国家自己的经验和渴望。制度发展的长期经验表明，没有植根于当地环境或没有充分本土化的理念和制度，其寿命很短。对真实性的需要再怎么强调也不为过。尽管需求和挑战可以列长长的一个清单，但是其中可行的一定只形成一个短的清单。这一短清单一定有其平衡点，具有内在的一致性。如果过度强调某一方面、而排斥其他方面，会导致不均衡进而成为问题。这一平衡与形势有关，无法根据国际经验预测。

被提议的改进一揽子计划是否应该提上政治议程以推动更广泛的辩论及一致，是否应该更多地在行政领域（这和政治舞台一样充满争议性）处理，这都取决于每个国家的选择。国际经验表明，通过委员会（committee）、特别委员会（commission）、特别小组或特别工作小组等特别方式，改革的动议得到处理。它们的成果提供了急需的起点。但是它们需要得到公众的支持以付诸行动。没有这种支持，公众将一直保持怀疑态度。这说明了建立磋商和谈判机制的必要性。

为了将故事改编成受国际金融公司欢迎的形式，改进之路就像驾驶一辆两匹马拉的马车。一匹马叫做政治目标，轻浮善变；另一匹马叫做经济学，缓慢而稳定。它们必须拉着马车沿着支出管理改革之路行驶，这条路高低不平、遍布卵石。这辆马车装满佳酿，但是两匹马却向不同的方向拉。马车里装的各瓶酒分别是经济、效率、效果、提供服务的改进和宏观经济稳定，这些美酒只有当马车抵达目的地才能享受。谈判之路要求充满技巧的驾驭，因为其中存在冲突和既得利益。有时候，让轻浮的马领先向前猛冲是有道理的，然后可能要一次次地在路上放弃。有时候，用鞭子将领头马赶拢，以使其跟随更稳定的伙伴是可能的。许多驾驶者简单地放弃了，松散地驾着马，然后从车上跳下来，沿着小路返回，希望从剩下还没有碎掉的酒瓶中寻求安慰。人们希望，随着意识的提高和技能的加强，可以抵达目的地并且酒瓶都完好无损，或者无论如何，少碎点。

第四章　公私合营：一个有待分析的领域

经验提示人们：密切的政商关系非常重要。然而，只有当政府和企业都高度发达并且具备竞争力时，这些才会起作用。否则，这只会导致任人唯亲和腐败，而不是政策和发展。

——彼得·F.德鲁克

在过去20年间，社会、国家和经济之间的相互关系发生了重大变化。这些变化对公共机构支出管理的方法和过程具有实质性影响。尽管对政府支出增长及抑制这种增长的需要的关注一直存在，但是过去这些年来，这些问题的解决方式大不相同。尽管诸如战争和相关政治现象等因素对支出增长有影响，这期间的进展并没有完全解决其他产生的重大问题。政府能有效提供服务吗？它们怎样才能变得对不断变化的社会需求更具回应能力？某些公共服务可以由其他形式的组织提供吗？自20世纪70年代末开始，这些问题及相应的分析将公共选择理论推向前台，并使其支配着相关的讨论。在各种理论中，这一理论提出，政府各机构有膨胀倾向的原因，不在于回应日益增长的公共需求，而是他们增加雇员的个别效用的日常努力的延伸。因而不可避免的是，各机构较少关注提供服务的效率或满足社会需求的效率。该理论也意味着，因此之故，政府组织总是存在相当程度的松懈，各机构可以在不影响提供服务的质量和数量的情况下削减规模。财政现实使得政府寻找并动员所有可用的、并能削减财政赤字的所有可用手段。

一、最近的趋势

研究表明，存在三种与这里的讨论相关的方法。第一，为了使政府变得对人民更具回应能力、更有效，需要对它们进行组织，以更多关注服务管理与协调。同时，服务的实际提供则由私营盈利或非盈利机构来负责。

第二，人们意识到，不能将公民服务的提供完全留给市场，或者完全留给国家，志愿者协会和政治组织的参与对于现代社会成功发挥作用而言至关重要。这种参与意味着福利国家的重大转向。而在这之前，福利国家在政府哲学中还占据着支配性地位。迄今为止的信念是，公共部门一直是负责提供社会福利或为其提供资金的主要部门，也许是唯一的部门。尽管这方面的经验还不是结论性的，还有许多有待解决的领域，不得不承认的是，近年来，在一些发展中国家，在之前并没有从政府服务中受益的社会部门，社会参与已经被证明特别有用。它们的角色，远远超出使人们意识到可以获得政府服务的范畴——它们可以修改服务的设计，以满足社会中某个具体部门的需要；它们可以确保这些服务确实到了公众（在设计服务时，准备提供的对象）那里。每个国家必须发现其自身平稳发挥作用的水平，这取决于管理文化的传统，以及公共与私营部门之间相互信任的水平。

第三，政府财政管理方法也发生了重要变化，这反映了新的财政现实。公共支出与财政赤字的连年增长，表明控制系统存在漏洞，以及集中控制的失效。经验表明，财政部门过度忙于建立多层次的程序控制，这对于限制公务员的创造力的影响，要大于对支出的影响。一般而言，已有经验表明，削减支出的战术性办法是无效的。意识到这些方面导致支出管理模式的变化。表 4.1 总结了这些变化。如该表所示，传统的渐进主义方法已让位于新的管理主义和新的战略方法，这涉及技术和组织方面的重大变化。新方法意识到，分权虽然不完全是不可避免，但却是必要的。与以前相比，公共支出管理的方法需要更为多样化。因此，整体支出上限、运用市场测试、打破内部垄断、强调成本覆盖等，就很重要了。这种管理主义的基石，是创立小型机构（如果合适的话，公众可以参与）、具体说明任务、坚持绩效标准以及对结果的更多问责。更多应用信息技术绝对必要。这些方面合在一起，意味着和以前相比，以一种更有组织的形式追求绩效预算。

表 4.1　　抑制支出增长:不同方法所包含的要素

渐进主义方法		管理主义		战略方法	
技术性要素	组织性要素	技术性要素	组织性要素	技术性要素	组织性要素
·百分比削减	核心机构经常干预	·明确说明成本	·识别组织有关采购和外包的弱点并改进它们	·再造政府目标	·任命高层次委员会以便于咨询和提供建议,由此确保较广泛的一致
·在预算的边缘部分修修剪剪	·财务控制集中化	·明确说明服务的质量和数量	·创立具有明确任务、明确提供资源和服务的机构	·通过撤销或者降低选定活动的规模修正优先性	·在之前阶段得到确保的组织改进,为较平稳地执行战略变化打下基础
·推迟支出	·集中支付	·明确说明问责标准	·建立评估单位以查明经验教训	·识别重要的泄露中心(财政补贴、应享权益支出、医疗部门等),并制定削减成本战略	·将私营部门的创造力和经验应用于政府
·推迟支付		·对各类支出指出整体上限 ·强调更多的成本补偿 ·应用市场测试 ·打破内部垄断	·更多地应用信息技术 ·更强调分权	·强调将服务的提供外包给私营部门 ·探索通过合营及其他形式与私营部门合作,以便减轻公共资源的压力	

二、公共交易的结构

从远古时代开始,政府一直从公众那里购买产品和服务。随着政府角色的扩展,它们承担了许多新的任务和职能,除了来自于政府内部的资源,政府购买的服务和产品的范围逐年在增长。[1] 较低级次政府的购买的资金来源可以通过中央或联邦转移支付加以管理。在发展中国家,由捐赠者提供的资源被类似地用于购买非政府部门的产品和服务。

1　这里的购买包括租借。有关租借的讨论参见 Bodsma(1995)。

由于更加强调效率以及要求更高水平的服务,政府削价出售了其室内运营业务,更多地依赖于私营部门以满足其需要。[1] 相应地,这意味着政府用于直接提供服务的支出份额的快速下降。因此,比如在美国,1994 年联邦政府直接提供服务的支出只占政府总支出的 4%。[其余包括对个人的转移支付(58%),国债利息(15%),与私营企业签订的合同(13%),军火(5%),向州和地方政府的拨款(5%)]。尽管无法获得其他国家的可比数据,这里可以假设美国的经验不是唯一的并且有其合理性。这种直接提供服务支出下降的趋势也部分反映了第三方交易的增长。作为应享权益性项目及相关福利项目的一部分,诸如婴儿看护、医疗服务等由不属于政府的个人或组织直接提供。在这些情形下,供应商以及使用服务的客户都不和政府接触,尽管政府是资金提供者。图 4.1 和 4.2 说明了这种关系。在一些情形下,服务不是由个人提供,而是由志愿者或其他非政府组织提供。

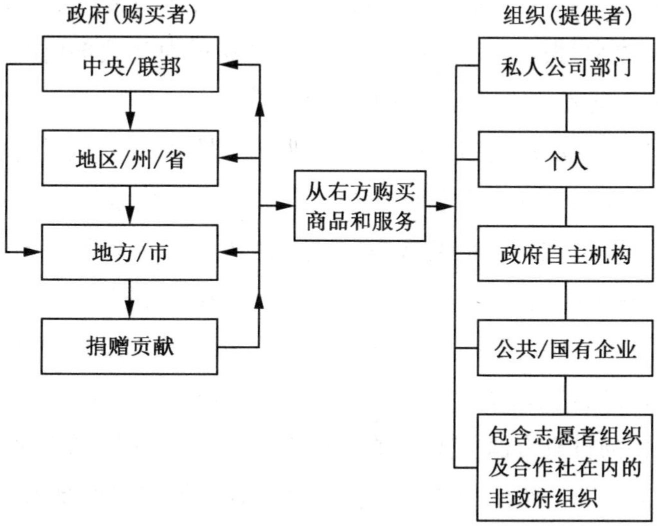

图 4.1　买卖交易的结构

1　有关可以为政府做些什么的举例说明,参见 Goldsmith(1997),他反思了其作为美国印第安纳州印第安纳波利斯市市长的经验。

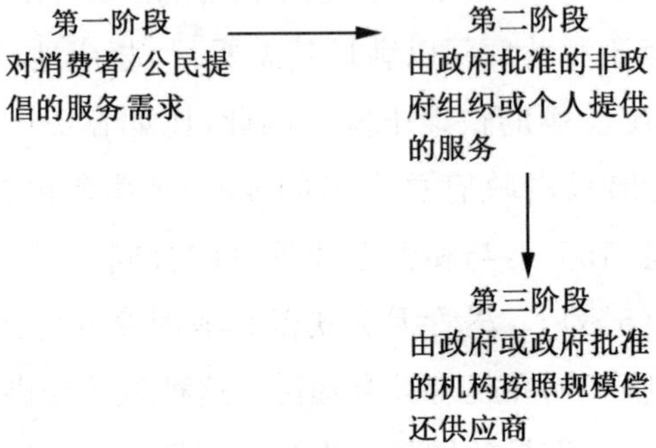

图 4.2　第三方交易

在一些业务中，政府是由私营部门提供服务的唯一消费者。在美国，许多国防产业基地的产品只向政府提供。私营部门生产的电卖给国有的电网。在这些情形下，私营部门和公共部门之间的区别变得模糊不清。传统的基于所有制的政府—非政府二分法，在详细说明存在于其他层级的复杂买卖关系时，作用有限。[1] 这些部门的消费者只有政府，将其视为公共部门的附属机构更为适当，它们比通常假设的更少具有公司性质。

还有其他一些活动是为了政府开展的或由其付款的，但是这些活动的开展处于其直接控制之外。这方面传统的筹资方法，是由政府向机构提供补助，这些机构属于广义政府的范畴或在其范围之外。购买和补助的主要区别在于，前者是一种市场交易行为，买卖双方具有清晰的合同义务；而补助则更不正式，意味着在补助款接受者和发放者之间是一种保持距离型（arms-length）的关系，尽管补助款本身包含在预算中，因而得到国会的拨款。然而，许多补助款接受机构的自有资源很少，依赖于政府的转移支付存活下来。这正是发展中国家许多非政府组织的情形。它们对政府的依赖程度是如此势不可挡，除开法定地位，它们和政府在所有目的上没什么区别。再一次，财务责任的模糊不清对于政府—非政府的二分法的有效性提出了许多问题。

1　Mintzberg(1996)还认为，政府—非政府二分法也无法完全反映现实。他的担心和将共同所有组织排除在外有关。

三、政府的五种角色

如前所述，政府和私营部门的合作涉及广泛的领域。政府的活动既可以是契约性的，因为政府会为了自身的使用购买服务；也可以是对一些活动选择性提供资金，这些活动的目的旨在向社会提供服务。这种活动还包括向提供公共服务的组织提供补助。或者政府也可以作为协调者，详细说明不同的参与形式，欢迎私营机构参与。此外，国家也可以亲自向公众提供服务，尽管在一些国家，其规模在下降。最后，它还承担监管者的角色，寻求提升经济的竞争力。因此，政府可以作为产品和服务的提供者、购买者、资金提供者、协调者以及监管者发挥其作用。

表 4.2 详细说明了政府在财政管理周期各阶段所承担的上述角色和开展的活动。就财政管理的角度而言，公共权力机关作为监管者的角色重要性较小，尽管这对公共生活本身的整体质量影响巨大。作为监管者，政府对于设定一些最低标准感兴趣。这些标准包括内部控制、要求会计实践遵循国际上接受的原则，并对从公共机构获取资源的组织进行信用评级。这些标准既适用于公司，也适用于非政府组织。

表 4.2　　　　公私合营：[1]财政管理周期

活　动	公共部门作为服务提供者	公共部门作为服务购买者	公共部门作为资金提供者	公共部门作为协调者	公共部门作为监管者
1. 事前计划编制，包括确定目标、成本、估算及相关细节	作为服务的完全提供者，这是公共机构的内部活动。	当公共机构为了内部使用购买服务时，它也负责事前计划编制。计划编制工作由公共机构承担。	此时，服务由政府提供资金，但由私营机构向社会提供。	这里的创新同样在于，政府标出欢迎私营部门参与的领域，及其参与的形式、内容及相关问题。	在环境或其他社会及道德考虑据于支配地位的情形下，需事先批准私营部门的计划。但这需要通过限制管制来缓和。
2. 制定年度或多年预算	内部活动的参数由法律、传统和制度确定。	内部活动	尽管预算会由私营机构编制，但需要提供资金的公共机构事先审批。比如在一些发达国家，提供由政府支付资金的服务的医院，会被要求向政府提交其预算。	预算是私营机构的内部活动。在面临合营时，经常会成立一个公司，双方会派出董事。在这些情形下，私营机构和政府保持合理距离。	除非破产或者财务重组，不需要政府的批准。

1　这里“私营”是指盈利性机构、非盈利性机构及合作社。

续表

活　动	公共部门作为服务提供者	公共部门作为服务购买者	公共部门作为资金提供者	公共部门作为协调者	公共部门作为监管者
3. 确定外包领域及其财政含义	内部活动，当服务由内部提供时，尤其如此	内部活动。合同必须详细说明绩效标准、成本及保证含义（warranty implication）	需要更详细地起草合同，详细说明公私双方各自的责任。这还包括激励与惩罚措施。监控框架有赖合同详细设定	合同是公司要承担的责任	除非为确保充分竞争，以及严格坚持设定的道德标准，否则政府不介入。需要进行有选择的监控，以确保投标及相关决策的透明
4. 预算执行					
(1)发放资金	内部活动	内部活动	公共机构必须确保资金对服务提供者经常可用。应该进行监控，以确保对资金接受者不存在资金积累	公司自己筹资。资金发放程序只适用于公共机构所占有股份的那部分或者得到预算支持的那部分	不适用
(2)详细说明成本	内部活动，但是很少完全详细说明成本	详细说明购买设备的成本。然而，重大项目表明，政府这方面的财政管理过程存在重要缺陷	这一领域取得了重大进步，特别是在医疗卫生领域。在发达国家，不能超出设定的成本。由资金提供机构进行的成本监控只是为了了解趋势及未来的调整	公司的责任。	不适用
(3)包括服务质量在内的绩效指标	尽管这本来是为了提供内部效率，但是一般不开展	作为合同的一部分详细说明	一些发达国家的经验表明，这些得到了越来越多的使用。监控框架关注这些方面，需要开发这些指标以确保遵循这些指标，并且预期合同失效所带来的破坏	作为独立机构，人们期待它定期发布有关进展及财务方面的信息	监管机构必须指出会计和绩效标准，并确保这些标准得到遵守
(4)借款权及发债工具	政府的内部活动	内部活动	资金提供机构的内部活动。合同不能给政府带来额外的债务	需要有保护措施以确保政府不存在或有负债。政府的事先批复需要指出抵押品在哪里	对于从公共部门借款，需要确立标准。在这种环境下，信息应该可获得
5. 年底评估	尽管是固有的责任，这并没有开展	评估了合同绩效	现在评估由资金提供机构开展。在一些地区（如英国），普通公民也被任命为评估委员会成员。但是对于大部分地区而言，有待做的要远远超过迄今已经实现的	这方面的评估还处于初始阶段	需要确立标准，以保护公民的利益。进展很缓慢

然而，从财政管理的角度而言，就即时相关性而言，政府扮演的其他四个角色更重要。在政府采购之前，需要准备合同，详细说明质量、数量、价格以及

对违约的惩罚措施。对他们而言,监控服务于双重目的——对预算执行的不同阶段进行日常跟踪,以及评估提供的服务在多大程度上满足了政府的需要(这根据职能和季节的不同而存在差异)。

公共权力机构同样也向社会提供服务。通过公共权力机构的内部设施,对这些服务提供资金、进行管理并向社会提供这些服务。在许多国家,这些服务包括教育和医疗。将其中某些职能进行转移意味着,这些服务此后将由公共权力机构或私营组织提供资金,或者也会涉及联合筹资。这两种角色代表着对公共财政管理传统的重大偏离。在这种程度上,也许需要一个新的起点来调整支出管理制度,使其适应这方面出现的新问题。

在公共部门作为服务的购买者和提供者的不同环境下,支出管理的目的在某些方面并不一样,然而和传统方法还是有许多共同点。共同的要素和预算执行的强制性及避免超支有关,同时要确保维持服务的质量和数量。区别主要与以下三个方面有关:第一,过度依赖承包商提供服务可能会导致服务提供的意外中断,因为承包商可能不具备必要的财务支持,可能是劳工冲突的牺牲品,或者会有其他一些考虑,包括通过威胁中断提供服务来谈判得到一个较高的价格。这些因素要求支出控制的基础应该更为广泛,应该超越传统领域将其作为预算执行的一部分。第二,经验表明,在由政府预算提供资金的第三方交易中,经常存在道德风险问题。医疗补助计划及医疗保险或相关医疗服务的支付金额经常偏高,因为这些服务的提供者在其中具有重大利益,以及有从交易中获利的潜力。因此,会预定更多的检测,也会采用不必要以及昂贵的医疗程序。资金提供机构远离服务提供者的现实,会导致服务提供者提供的服务要少于其财务上应负的责任。在设计支出控制机制时,应该考虑这一点。第三,在建立了单独的机构负责推进公私合营或者负责提供服务并且被赋予了财务自主权的地方,存在不同的可能性,因为政府会为那个机构的借款活动提供抵押品。这种抵押品导致产生或有负债,这种或有负债趋向于与机构数量及其开展的市场借贷行为成直接的比例关系。从货币政策的角度来看,有必要协调借款行为,以便市场不会同时充斥着各种债券,因而导致更高的借贷成本。从财务管理的角度来看,需要监控那些抵押品,以便可以预期或有负债,并对提供资金做出适当安排。

这些支出管理的目的重视普遍支出管理的需要，同时重视与传统方法的区别。

四、预算工具

日常财政管理中出现的问题，取决于预算工具的性质。预算工具的范围很广，它们产生于上述方法。这些预算工具可以划分为两个大组——补助和合同支付。表 4.3 展示了每组中的工具及其性质和适用性。每种工具的影响会随着接受者组织形式的不同而不同。然而广义而言，补助适用于非政府组织，而合同支付适用于公司以及其他和政府具有买卖关系的组织。

表 4.3　　公私合营：预算工具的角色

预算工具	评　价
补　助	
由预算支持的补助	这个术语指的是广义的从一级政府向另一级政府或者非政府组织的转移支付。政府进行转移支付的目的，纯粹是为了弥补接受者的预算赤字。
有条件/具体/定向转移支付	规定了使用政府资金的具体条件。财政年度中资金的发放取决于是否符合条件。近年来，一些政府开发出绩效协议。这些协议具体规定了质量条件，在使用这些转移支付时，需遵守这些条件。
无条件/一般性成块转移支付	这些转移支付具有提高接受组织财政条件的宽泛目的。
配套转移支付	政府的资金可用的条件是，它们的资金得到其他机构特定捐赠的配套，或者得到接受资金的组织的配套。
制度支持	这些转移支付在性质上属于一般转移支付。在一些国家，在意识到具体转移支付会在减少接受资金的组织的职能自主权的同时，会增加整体的管理成本后，政府回归到这种类型的财政支持。
资本转移支付	为了获得不同类型的资产，政府也可以提供转移支付。在一些发展中国家，这些转移支付一直在实行，尽管它们在发达经济体较少发生。
合同支付	
事先支付	补助及相关预算工具和合同支付的主要区别在于，前者政府具有自由裁量权，而后者，当对一个合同做出坚定承诺时，在性质上属于强制性交易。合同给予市场或买卖双方的相互交易以合法地位。

续表

预算工具	评　价
事先支付	合同一般提供事先支付，以便缓解承包商所需的营运资本所带来的问题。在一些情况下，这种工具同样用于作为产业政策的一部分，以鼓励市场中的新参与者。
按进度分期付款	在和建设相关的合同中，或者是提供需要建造的项目中，政府也提供了按进度分期付款的制度。从权责发生制的角度而言，并没有提供产品或服务。就其本身而论，使用了建设交付(constructive delivery)的概念，或者是假设如此筹资的部分产品被视为已经交付给政府。
完全/最终支付	一般地，合同规定，在满足所有条件后、并且保证期结束后，支付剩余部分资金。同时，会评估质量问题或者其他合同失灵，可能会通过仲裁程序主张追索权。
返还	服务可以由个人(如医生)为政府提供。对于不同的服务，制定不同的酬金，服务提供者因其提供的服务获得返还补偿款。这些服务也可以由非政府组织提供。
支付和资本相关的成本	在一些情形下，政府会假设一个资产或资本的回报率，据此进行补偿以提供回报。这类支付涉及的活动范围包括纯粹的商业交易，比如报纸出版、肥料生产、发电及提供医疗服务。此外，政府也可以部分返还因建设医院发生的借款所产生的利息成本、工厂和设备的折旧，以及财产税。
借款运作	政府可以直接从其预算资源借款，或者由其所有的金融机构借款，或者作为渠道，从国际/地区金融机构或捐赠者处借款。借款也可以扩展到承包商/公司/非政府组织。借款期限及金额可以在编制年度预算过程中自由决定。
担保	当承包商及相关机构从独立金融机构贷款时，政府也可以给它们提供担保。作为贷款协议中的一部分，确定违约责任。在一些情况下，接受贷款机构应付担保费。
税式支出	除了直接支付和返还，政府也向个人和组织提供间接支付。这些包括特殊的税收免除、扣除、免税额(exclusion)及税收抵免。这些优惠部分由确定了合格标准的法律赋予，部分取决于政府的特殊对待。

就政府的角度而言，提供补助带来与之相应的出资及服务的实际提供问题。在许多情况下，由非政府组织动员资源很难，因为它们依赖于私人捐赠。当这些资金无法用于满足补助提供者设定的水平时，这些机构不得不放弃补助。这转而会危及这个组织提供的服务，它的财务健康就更不用说了。大多数组织在财务上如此脆弱，以致于它们从已有的金融机构那里没有获得任何

信用上的便利。就服务而言，由政府设定的绩效标准也许要求额外花费基础设施支出，并雇用专业工作人员。这些要求从政府的角度来看是合法的，在接受补助的机构看来则很麻烦。在后者看来，经常有问题的是实际执行过程(有许多经验证据的支持)，而非补助设计。补助款经常无法及时发放，因而削弱了接受者本就脆弱的财务结构。它意味着，这种发放取决于政府的流动性，而非资金接受者的需要。[1]

在发展中国家以及前计划经济国家，对签订合同的服务经常延迟支付，当存在自己确定或者经与国际金融机构磋商后联合确定的信用上限时，尤其如此。为了在技术上遵守上限，一些支付延后了，产生拖欠问题。但是，在结账时如果存在延期付款，合同会规定支付利息。这转而导致支出增长的压力增加，以及不经济交易的永久化。这一图景的另一面，是合同增加了预算的僵化程度。此外，在许多情形下，承包商会比预期更快地履行订单，这导致支出及财政赤字高于预算值。[2]

鉴于缺乏透明度，以及对政府预算的不均衡及无法预测的影响，这里值得考虑两个其他工具。在许多国家，政府将钱借给私营机构，或者为这些机构向国际金融机构贷款提供渠道。贷款条件并不总是事先确定，在许多情形下，随意允许到期还款延期及利息的资本化。这意味着，以促进经济发展的名义，该工具可用于政治赞助。预算文件中没有完全涵盖这些条款，因此无法在相关的立法讨论中予以估计。对于公司和非公司私营机构从公众或者其他来源获得的贷款，政府也提供担保。在 20 世纪 70 年代末 80 年代初，提供担保是一些政府的日常工作，对于担保或其对或有融资的信用出租，几乎没有任何集中的信息库。随着违法犯罪的上升以及假设政府具有偿还责任，许多国家建立了集中清算担保制度，并制定了相关制度安排以分担风险。近年来，在吸引外资时(特别是在基础设施部门)，担保开始发挥突出角色。这些担保按照金额确定一个回报率，因而使得投资者不受市场风险影响。履行这些担保涉及未

1　这一现象不仅限于发展中国家。Smith 和 Lipsky(1993)提供了充分的证据表明，这也是美国(特别是州政府)同样存在的问题(第 150 页起)。

2　这一特征在发达国家和发展中国家都存在。撒切尔女士(1995，第 125 页)注意到，在 20 世纪 80 年代，由于供应商比预期更快履行政府订单，英国国防部的现金支出超出其上限。

来通过公共财源付款。

现在，公共部门和私营部门间的财务关系的演化涉及一些具体安排。比如：建设、融资、运营；设计、建设、管理、融资；建设、所有、运营；建设、所有、运营、转让。所有这些安排对政府财政都有不同程度的影响。在这些情况下，政府的公共支出管理有责任确保公共利益。

五、支出管理的含义

随着交易范围的扩展，它们对于支出管理的含义也在增加。在此背景下，第一个问题是，公共支出管理是否有能力处理表 1.2 描述的不同角色和阶段所产生的问题，以及在使用表 1.3 中的各种工具时所产生的问题。可获得的证据表明，答案仍然有待形成。

（一）一般影响

20 世纪 60 年代的经验表明，当政府开始帮助提供社会服务的非政府组织融资时，无论何时，这种介入对于政府和接受者而言，往往都变成持久的了。这部分是因为，人们开始将非政府组织视为提供社会服务的主要途径，而由于同样的理由，对于非政府组织而言，政府财政已经成为其收入的主要来源。非政府组织往往和政府及捐赠者发展成共生关系。这导致了下述情形，即在组织上，非政府机构不得不发展出一些制度及运营程序（尽管这一领域的进步远非令人满意），这些制度及程序旨在确保外部及内部问责，更接近政府的运营实践。当政府意识到其过时的制度所带来的持久破坏力，并开展一些创新以实现其制度的现代化、引进公司部门的一些实践时，通过适应政府的官僚程序并不能给非政府组织带来帮助。

（二）政府决策的影响

一般而言，人们意识到，政府和私营部门间的关系并不总是那么和谐。这并不纯粹是因为买卖关系的内在张力导致两者间的关系不是那么和谐，而且是因为下述事实，即在组织上，政府无法获得其所需要的所有信息；实际上，政策漏洞很大。政府和服务提供者建立契约关系，在这么做时，它们主要是受服务动机引导。提供者的动机并不同，在许多情况下，这种动机是财务上的。[1] 在任何情况下，政策执行者从政府变为外部机构。在既有的监控状态下，对于政府而言，很难知道政策执行中的日常障碍，也很难确定预期的服务是否到达目标群体。这些情况下的信息由在延续现有关系（长久以来，这种关系产生市场收益）时具有既得利益的机构提供。

合同关系是否导致决策分权？再一次地，这里的政策基本由政府决定，分权的是其执行。在这种情况下，由政府提供服务和由非政府机构提供服务的区别在纸面上似乎很大，但是实际上很小。合同关系会导致更低的交易成本吗？在原则上，合同关系证明更有益。就像后文将阐明的那样，合同的成功取决于服务的成本，以及对服务质量的明确说明。在这两个方面，经验并没有表明，公共权力机关的支出管理是恰当的。合同安排减轻了政府预算的负担吗？在原则上，在通过竞争大量获益，以及私营资本在参与提供服务的同时承担相关风险的情况下，会减轻政府预算的负担。合同如果得到明智而审慎的管理，将会带来预算收益。[2] 然而，这很大程度上取决于竞争的水平和性质，这是人们期待政府作为监管者去推进的。

六、技术问题

（一）成本

支出管理最重要的参照，是工程、项目或行动的成本。一旦估计了总成本及可变成本，支出机构会充分理解导致成本变化的因素，以及如何通过安排不同的技术对它们进行控制。但是实际上，这同样也是公共支出管理的阿喀琉斯之踵。大多数政府没有持续更新的成本数据，大多数政府同样也没有配备可以生成有关成本的有意义的数据的会计制度。一般而言，政府一直使用收付实现制的会计制度，这种制度在提供必需的政策信息方面具有局限性。

---

1 美国在艾森豪威尔、肯尼迪及约翰逊时代的经验支持这种观点。在艾森豪威尔时代，曾经设想了与私营部门的合作关系，但当时普遍的观点是，这会导致私营部门将收益放入囊中、而公共部门承担风险。在此背景下，这种关系进展不大。在肯尼迪和约翰逊时代，做出了一些努力，比如提供 1% 的抵押贷款，以及大量的减税。这使得公司没有什么动机把管理搞好，因为它们并没有投入任何自己的资源就拥有了所有的资金。

2 参见 Domberger 和 Hall（1996）对这方面相反经验的讨论。

（二）欺诈

许多国家的经验表明，在有大规模服务外包以及政府采购的地方，欺诈无处不在。对于国防、建设、医疗及社会服务部门而言，预付款、超额付款和假账都是司空见惯的事情。在所有这些领域，近年来交易金额在增加，官方对防止欺诈性交易的实质性加强还有待证明。一些国家（如美国）引进了质量控制系统，这种系统旨在“修正项目管理中导致错误支付的错误，以及减少浪费的程度”。作为这种努力的一部分，确立了作为错误容忍水平的目标错误率，当超过这些水平时，会进行处罚。考底利耶[1] 2 000 多年前做出的评论，是对目前情形的恰当描述。他说：“就像不可能知道在水中游动的鱼何时喝水一样，也不可能知道掌管公款的政府公务员何时挪用这些钱。”这种描述现在也适用于政府公务员，以及为公共机构提供服务的非政府部门的人们。

（三）风险分担

公私合营的范围越来越广，并通过许多途径与公共预算赤字的增加有关。随着政府感受到提供日渐膨胀的服务的更大压力，政府正在寻求私营部门参与到投资及运营领域。由于意识到，在保持距离的关系中所经历的许多问题可以通过建立合作关系得以避免，这一方法似乎得到额外的推动。这意味着，在减少详细说明产出及结果的过程中的交易成本方面，它也证明是有用的。另一方面，批评者认为，基于这些安排，私营部门利用了机会、而将风险留给了政府。当回报得到担保时，尤其如此。更重要的是，在这些情形下，支出管理的地点从政府变成私营部门。就大多数目的而言，人们现在将前者视为蹒跚而行的巨人。在这种公私合营领域，很少有均衡的判断。现在，支出管理部门被要求评估风险，并评估其对政府机构准备做的事情和预算运作的潜在影响。在过去，这一任务经常由财政部门给出答案。很明显，这种回应更具组织性。

（四）内部控制

无论是外包给企业还是非营利部门，外包的成功大部分取决于接受者使用内部控制的方式。在这方面，人们注意到，尽管企业部门由国际上普遍接受的原则和标准治理，但是对于非政府机构，不存在类似的规定。随着这些机构

1　考底利耶（Kautilya，公元前 370—公元前 283），古印度政治家，著有《政事论》。——译者注

成为为政府提供服务的重要工具，有必要确保它们也配备了足够的制度，以遵循披露、分析、传播、标准化及处罚的要求。[1] 但是同时，尽管一再要求审计和问责，对于许多这种机构的会计实践，却知之甚少。就像赫茨林格（Herzlinger）写的那样，“不像公开交易公司，非营利机构及政府的表现隐藏在神秘面纱的后面，只有当喧嚣弥天的灾难发生时，这层面纱才会揭开。”[2] 如果这是美国这个世界上最发达国家的情形，发展中国家以及前中央计划经济国家的情形则更多地只能想象而非描述。这代表了一个还有待开始的领域。

（五）控制成本

无论何时，当意识到公共支出管理体制装备不良，因而无法有效管理其承担的新任务时，不变的要求总是建立额外的控制点、更多的人员、更多的监控权以及更多的应用技术。传统制度大多被设计用于应对以下情形，即大部分服务由政府机构自己提供。在将筹集资金的工作从提供服务中分离出来后，对支出管理提出了新的定位。现在，需要更多的签订合同的技能。类似地，需要在会计制度中开发成本测算及相关的监控制度。这一定需要更多的费用，因而控制的成本会增加。但是，需要给这些成本确定限额。

（六）监控

上述所有任务意味着，政府内部监控过程的膨胀。但是，不应该将对于范围广大的框架的强调，视为对设计过于详细、过于具体的监控形式和程序的公开要求。对于臂距原则的应用意味着，应该赋予被监控的机构管理权威及责任，在过程中，公共机构应该变得更加值得信任以及更少进行干扰。但是，经验表明，制度经常过于详尽，在短期内要求产生更多的信息给产生信息的一方带来大量的工作。此外，监控框架往往过于一般化，寻求统一的应用，而实际的需求是一个本地化的报告系统，该系统反映报告机构的工作现实。经验同样表明，监控系统经常强调财务方面，却忽视业务方面与财务方面的联系。在大多数情况下，报告更多的是对事件的记录，这种记录缺乏衡量标准。报告通常会姗姗来迟，因而其用处大打折扣。

1　参见 Herzlinger(1996)以及她的文章里面从杰出政治家和管理专家（包括彼得・德鲁克）那里引用的大量通信。参见《哈佛商业评论》(1996 年 5—6 月，第 164—171 页)。

2　Herzlinger(1996)第 98 页。

监控框架应该关注两个问题。首先,当服务由独立机构提供而不考虑其所有权时,存在信息的获取问题。这个问题经常由法律确定,而且经常地(如果经验能提供什么指导的话),政府或公共机构及其审计机构没有要求信息的权利。但是在美国,根据法律及传统,会计总署[1]可以合法获取承包商的会计记录。考虑到资金完全来自政府预算,这种获取很自然。然而在其他地方,情况并不确定,或许有必要提供这种信息的获取途径。

其次,上述方面也表明,不应将监控框架看作出资机构和服务提供者之间的有限双边交易。相反,应将其视为公众、政府及私营机构之间的三边关系。这意味着有两方面值得更详细地关注:(1)明确规定并提高有关私营机构商业活动的标准是必要的步骤,不应将其视为机构内部有效的财务及管理制度的替代物。公众及政府必须有机会自己确认,这些制度是充分的。(2)报告框架需要清晰识别不同公共部门(即媒体、证券交易者、公众、立法机关及其他团体)的不同要求。经验表明,在收集信息时,尽管这些团体有一些共同的核心要素,它们还是存在各自不同的要求。

(七)评估

人们普遍意识到,尽管评估作为财政管理工具已经有超过30年的历史,其应用总体上有限。其结果是,人们仍然将它视为尚处于形成或初期阶段。

就像人们普遍承认的那样,评估不同于监控,因为后者关注工程及项目的运营,而前者关注运营的影响及结果。[2] 但是,在公私合营的环境下,需要评估系统解决额外的问题,比如以下各方面:

·评估必须提供证据,这是其固有负担。与由国家直接提供相比,私人提供确实是更好的替代方式。

·评估还应该表明,在选择和管理工程时,不存在不道德行为;而且这些工程和项目没有作为以公众利益为代价创立的赞助领域并成为政府的替代物,但是却处于制度监控的范围外。

1　现已改称政府问责署(Government Accountability Office,GAO)。2004年7月7日,美国国会通过"GAO人力资源改革法案"第8款,从当天起,沿用了83年的"美国会计总署"(U. S. General Accounting Office)的机构名称,正式改名为"美国政府问责署"(U. S. Government Accountability Office)。巧妙的是,这前后两块牌子的英文缩写都是"GAO"。——译者注

2　普列姆昌德(1993,第204—205页)对这些及相关方面进行了更详细的讨论。

- 这对公众而言，是物有所值的。
- 通过评估所获得的经验教训可用于改进服务的提供。

这些目的反映了基础广泛的关注，就此而言，给评估带来额外的任务。但是，在处理这些意图时，经验表明，需要更关注如下问题。

有待解决的一个棘手问题和评估责任的定位有关。在做出最后选择时，必须确保在每种情况下，具有决策的公开性，公众可以获得机构的记录。另一个重要问题和评估自身的设计有关。发达国家的经验清楚表明，评估的设计经常是有争议的问题，因为它往往反映了那些设计调查者的偏见。如果评估要成为一种可用的管理工具、要被公众所接受，那么需要明确注意其存在的各种困难。

七、结论

前述讨论（为方便起见，由表 4.4 总结）表明，为了满足新需求，必须改进支出管理制度。需要记住的是，在承担不同任务时，如同达尔文说的那样："不是最强壮也不是最聪明的物种生存下来，而是最能适应变化的物种能生存下来"。公共权力机构的挑战在于调整其管理制度、决策方法及日常工作，以适应变化中的模式与现实。

表 4.4　　公私合营：对公共支出管理的影响

领　域	影　响
资源配置	影响取决于私营部门的安排形式。如果将私营部门视为服务或商品的提供者（作为对招标的回应），人们会期待政府至少对合同的成本有完整的估计。如果将私营部门视为合作者，政府需要确信风险含义，以及用于已完成项目的持续维护支出。
确定责任	需要详细确定各方责任。
预算决策	将私营部门的角色设定为合作者将一直是政府核心政策的一部分。将一些部门及一些工程移交给私营部门，这会成为国家计划或类似的宏观经济框架的一部分。 关于单个合同，政府相关机构将会根据内部信息系统及由承包商提供的报告来决定下年支出。编制需求驱动的应享权益支出的年度预算估计往往很难，即使小小一个错误也会增加预算平衡的脆弱性。签订合同最重要的考虑是成本，以及风险的财务含义。在这些很难获得信息的地方，授予合同的机构会依赖承包商获得信息，尽管存在法律规定，后者有很多机会操纵合同。在一些情形下，由于它们，会对承包商有利。 进一步地，在政府按照回报率给承包商提供担保的地方，后者节约成本的动机很小。

续表

领　域	影　响
预算执行	如同大多数合同那样,预付款会导致政府资金流动性紧张。政府内部需要日常监控,以便监督提供服务的进展以及质量的提高。经常而言,承包商会努力加快工程进度,以便可以将资本转移到其他运营中。这会增加政府的流动性紧张,如果付款金额很高,这种加速完成工程项目会对预算赤字规模带来短期不利影响。 在这个阶段的公共支出管理中,绩效监控是关键要素。作为这种努力的有机组成部分,在诸如福利或应享权益项目管理等重要领域,质量控制制度是必要的。
资源使用与评估	对提供的服务进行评估很重要,这不仅仅是为了确定是否履行合同责任,更重要的是,探索以成本更为有效的方式提供服务。
资源使用会计	局限于现金流(从政府流向承包商)的记录制度有明显的缺陷。因此,会计系统应该也有权责发生制的记录,以便记录资产和负债,并监控成本。

第五章　预算中的偏差、提供资金不足及资金管理

如果目的是重要的,达到目的的手段也重要。

——斯大林

政府财政管理的目标具有普遍性,普遍适用于所有季节。对财政管理过程具有普遍影响的三个问题与编制预算时的偏差、制定和执行年度预算时分配资源的方法以及政府资金的管理("现金管理"更为人所知)有关。尽管这些话题经常单独讨论,由于它们是织成整个网络共用的线,这里放在一起讨论。

一、预算偏差:问题与解决办法

一个大的财政管理问题总是与编制预算时的偏差(无论是否故意)有关。作为许多政府年度拨款审计的一部分,会比较预算结果与预算估计数,会对一些估计的无价值或者徒劳进行评价。然而,在最近,预算估计中被断言的偏差已经成为具有公共重要性的问题。这意味着,政府不希望被看作坏消息的信使,因为坏消息的效果会超越股市、利率,最终会影响到投票箱。由于预算有自己的公告效应,它也可以用来作为好消息的前兆。有人提出,为此目的,应在预算估计中努力加入乐观的偏差。

(一)预算估计的性质

预算是政府的政策工具。它涉及各种财政活动,包括征税、支出,借贷,买卖等。它涉及未来——不是很遥远的那种,而是马上到来的明年;同样地,和未来学一样,它是基于当下有关未来的知识。预算也是政府制定支出计划的

工具，这种计划是为了追求政府公开宣布的政策。政府的预算估计方法反映了它的政治哲学，它由对国家经济需要的明确承认来调和。政府的活动千差万别，很难用单个短语来描绘。政府活动丰富而广泛的多样性使得准备预算估计的问题更加复杂。一些活动是需求驱动的；一些则是供给导向的；一些严重依赖进口，一些则依赖国内制造。一些活动对利率敏感，而另一些则是政治冒险。每个估计涉及对各规定变量的计算，以及有关它们未来行为的假设。按照性质，这些变量可以被宽泛地分为经济、技术、政策及政治变量。最终的估计代表了对多个变量的综合。表 5.1、表 5.2 详细说明了如何将这些变量应用到预算收支分类中。对许多收入类别的估计是基于诸如 GDP 增长率、通货膨胀率、汇率及失业率等经济因素。技术方面取决于和纳税人及其收入档次、合法及非法避税等有关的数据库。但是预测一直既是一门科学也是一门艺术，经验具有决定性影响。政策性因素与行政立法机关会做出的变化有关。政治变量表明各部门及执政党的可行选择。表 5.1 表明，有一些收入类别完全取决于管理活动。就此而言，在很大程度上取决于政府的自由裁量。比如，由私有化产生的收入取决于要对什么进行私有化、何时开始私有化。外援一直是许多国家收入结构中的重要组成部分，它取决于捐赠者做出的决策，并使负责制定预算的政府处于资金接收方的境地。

类似的因素也在支出方发挥作用(表 5.2)。特别重要的是应享权益支出及补贴，这两者都是根据需求确定的，受到价格因素的影响。紧急减免取决于天气状况，尽管一直努力在以科学的方式预测天气，还是有一些“如果”或“但是”因素影响预测。资本支出的大部分取决于经济景气状况，政府不得不承担起水泵起动泵(pump primer)的角色。

表 5.1　　编制预算：收入——综合多种因素

类　别	经　济	技　术	政　策	政　治
税收收入				
所得及利润税	• GDP 增长率 • 失业 • 应纳税收入 • 通胀 • 利率	• 收款人数据 • 管理能力 • 筹集资金时欠款的积累 • 避税 • 申诉案例 • 技术水平	• 被提议的税率及免税的变化 • 覆盖面变	• 取决于政治承诺，征收新税或者决定不额外征税会具有决定性影响 • 将收入权下放给省或地方政府可能带来的变化

续表

类　别	经　济	技　术	政　策	政　治
财产税	· GDP 增长率 · 通胀 · 利率	· 同上	· 同上	
净财富税	· 同上	· 同上	· 同上	
产品及服务税	· 同上	· 同上	· 同上	· 同上
国际贸易税	· 同上	· 同上	· 同上	· 同上
非税收入				
私有化收入	· 市场弹性	· 在具体部门分享价值的趋势	· 公告时机的选择	· 在税收停滞、或决定不征收新税的环境下，会证明是一种方便的工具
分红	· GDP 增长率 · 通胀	· 有关国企以及分红支付情况的数据库	· 在一些时期，政府具有要求额外支付（包括来自央行）的影响力	· 会受到有关私有化节奏的决定的影响 · 有关管制价格的决定会有重要影响
收费、罚金	· GDP 增长率 · 通胀		· 费率的可能修正	· 在无法再提高税收时，会诉诸修改使用者收费
其他				
借款偿还	· 从政府借款者的经济状况	· 逾期率	· 债务减免或延期偿还会对这类收入结果产生重要影响	· 就拓展针对低收入群体的财政平民化范围而言，提供了潜在工具
利息	· 通胀 · 利率	· 同上	· 同上	· 同上
外援		· 按照现有承诺接受援助 · 按照新承诺接受援助	· 确保高水准援助的方法	· 严重依赖捐赠途径
国内借款	· 通胀 · 利率	· 经常作为余额进行估计 · 从公众处借款额是外援余额（在发展中国家）和专属基金余额的净值	· 为鼓励储蓄，会做出税收让步，这会侵蚀税基	· 决定不收税会导致对这类收入的更大依赖
国外借款	· 通胀 · 利率	· 从国际金融机构借款 · 从市场借款		· 在一些情形下，会给决策者提供简便易行的选择

表 5.2　　编制预算:支出——综合多种因素

类　别	经　济	技　术	政　策	政　治
经常性支出				
个人薪水及相关福利	· 通胀 · 非国防活动规模的增长 · 安全部门的增加	· 有关雇员数量、职位空缺等的数据库 · 旨在减少幽灵员工(ghost employees,即吃空饷——译者注)发生率的措施的充分性	· 修改支付规模 · 增加福利范围	· 财政平民化的一个工具 · 经济强制会要求诸如来自福利的强制性储蓄等规避机制
购买商品和服务	· 通胀 · 利率 · 汇率	· 有关现有消费水平的数据库 · 有关新完工项目的额外维护支出	· 保护措施 · 限制购买新设备	· 政治途径会决定服务外包的程度
债务服务	· 通胀 · 利率	· 发行新债的数量具有高度变动性 · 有关隐性债务的数据库	· 规定法定债务上限会减少行政机关的政策可操作性	· 捐赠者提供的优惠贷款或者债务减免会改变这方面的预算结果
养老金	· 通胀	· 领养老金者的数据库 · 幽灵领养老金者问题	· 在指数化养老金的背景下,可能没有政策选择	· 构成财政平民化整体所必须的部分
应享权益支出	· 通胀 · 失业	· 福利范围及其筹资方法 · 由于一些福利通过第三方安排提供,精确的估计经常很难	· 加强或限制支付的措施	· 变化需要立法,但这经常很困难
补助金	· 通胀 · GDP 增长率	· 有关商品的数据库——它们的价格及消费模式 · 估计具有高度变动性	· 补助的商品范围既会增加、也会减少	· 构成财政平民化整体所必须的部分
救济金和资助款(Grants-in-Aid)	· 通胀	· 与这些转移支付有关的条件的数据库		
紧急减免支出	· 自然气候	· 由于预测困难,为此目的维持一个准备金;当准备金耗尽,需要额外注入资金	· 会颠覆预算估计所基于的脆弱的经济平衡	· 不提供减免所带来的政治成本经常高于预算成本

续表

类　别	经　济	技　术	政　策	政　治
资本性支出				
购买工厂和设备	·GDP增长 ·通胀 ·汇率	·坚决在财政年度开始时签约 ·在年中签约 ·自动调整条款的影响	·旨在刺激经济的新购买	·反周期政策具有广泛的政治支持 ·会作为发展计划的一部分规定下来
包括基础设施开发在内的建设	·同上	·同上	·同上	·同上
包括财务投资在内的资本转移支付	·GDP增长 ·通胀	·接受资本转移支付的企业及其财务状况数据库	·由于现有门槛的修改，一些转移支付会给新机构	·就政治角度而言，提倡补助性贷款 ·会成为发展计划的一部分

（二）心态与粉饰

预算的编制同样会受到负责编制预算的官员的心态的影响。这些心态指的不是负责编制预算的官员的乐观、客观或悲观的观点，而是指运营环境。[1]比如，由于两方面原因，负责收入估计的机构通常倾向于低估收入。首先，他们喜欢留有一些余地或缓冲，这典型地让他们低估收入。其次，从绩效的角度来看，如果最终的预算结果高于估计值，很可能让他们处于积极境地。在核心机构工作的预算者也会倾向于低估收入，因为它为可能的超支提供缓冲余地。然而，宏观决策者的心态不一样。对其而言，收入估计应该反映雄心勃勃的目标，引导收入机关作出额外的努力。捐赠者设定的条件会把更大的动员国内资源的努力作为额外援助的前提条件。在像印度这样的联邦制国家，为了主张更高的支出计划，以一种不是那么巧妙的方式修正收入估计。

在支出方，经常性支出经常被低估，资本性支出经常被高估。这种估计反映了起作用的不同心态。这主要是因为，无论资源形势如何，经常性支出都会得到资金支持。经常性支出的一些成分，特别是补助金以及其他平民性措施，会被低估以得到快速批准。然而，资本性支出会被高估，即使以前几年的绩效很差也是如此，因为其中有大量的政治收益。它们被期望反映国家的发展想

1　治疗(doctoring)以一系列方式得到观察。其中一些在决定遵循与欧盟有关的马斯特里赫特标准时进入公众的视野。一些国家对经济假设进行富有艺术性的操纵，而其他一些国家对央行资产重新进行评估，以寻求对政府收入做出更大的贡献。

象力。在明确表达这种想象力时，有形的发展标志易于得到许多政治支持。

预算估计反映了这些多元的心态，最终的妥协是这些心态的不同组合的展示。需要承认的是，在一些情形下，数据库使得合理的预测也变得有问题。由于覆盖面以及技术原因，有关 GDP 的数据经常修正，这转而会导致预算估计的意外粉饰。同样地，一些数据，比如外援收入，只能由那些参加谈判的人来估计。在任何情形下，都不存在得到认可的方法，这种方法可用预算估计。

(三)诚实及其验证

因此，在预算过程的不同阶段，似乎有不同的利益与因素会影响到预算编制。进一步地，就这里发现的预算偏差而言，就政府在对下年的财政展望中经常易于比经济事实、天气或政治预测所保证的情形更乐观这个意义而言，这种偏差大多取决于环境。如何解决这种偏差呢？一种方法是在编制预算时坚持诚实。然而，这种坚持具有不幸的效果，它会把制度问题转变为道德问题。在这种背景下，值得一提的是，1995 年诺兰公共标准委员会(英国)系统阐述"公共生活的七条原则"，将其作为提供公共服务者的准则。这些原则——无私、正直、客观、应负责任、开放、诚实及领导力——涉及追求公共利益的政治及公共官员的行为。如果这些原则及相关的标准得到遵守，公共生活也许就没有什么问题了。在这样一个完美世界里，预算估计的偏差不太可能发生。诚实与否可以通过两种方法进行估计——由公众对估计进行审查，在年末按照实际结果对估计进行评估。如前所述，后一种实践现在在原则上体现于年度拨款审计中。而前者则带来更多的问题。跨国经验表明，就广义而言，为此目的，有四种方法得到使用。对这些方法的讨论见下文。

1. 透明度与立法评价

在不同的制度中，立法机关承担的任务及角色并不一样。在一些国家，立法机关扮演的是支配性角色；在另一些国家，承担的则是很被动的角色。一些国家的立法机关只有有限的讨论预算的功能，而其他一些国家的立法机关具有通过年度拨款控制用途的权力。在立法机关有拨款权的地方，政党纪律及党鞭的相关实践意味着，修改由政府提交的预算只有改变执政党的风险。在其他情形下，立法机关具有修改整个或部分预算估计的权力。即使在政党纪律得到遵守的情况下，顾问或常设委员会会对预算估计进行评价，但不认为需要修改预算估计，而只是确定预算估计的基础。在存在强大的游说力量的情况下，或者存在“猪肉桶”政治或互投赞成票的情况下，在得到政府同意后，会对预算估计进行一些修改。

这种方法的主要假设是，只有政府掌握全部事实，只有政府有责任调和特殊利益和公共利益。立法机关成员更有激励追求其选区的地方利益，在对这些利益及国家利益进行调和时，处于更不利的地位。人们预期预算估计是透明的，这样感兴趣者可以清楚了解作为预算估计基础加以考虑的宏观经济及技术因素。在许多情形下，预算演讲及相关文件为这些方面提供了许多解释材料。然而应该注意的是，即使在最好的情况下，这些细节会涉及主要特征，而不是各种估计的基础。这种方法对政府寄托了很大的信任。

2. 清楚的内部验证及透明度

最近新西兰政府使用的方法是上述方法的一种变种。政府意识到，与环境相关的心态会影响估计方式，对选定种类的支出而言尤其如此。因此，与由国内收入部管理的收入有关的预算估计，作为预算文件的一部分提交，同时提交的还有财政部做出的修改以及对为何进行这种修改的说明。该程序限于税收，其他收支类别并没有采用这种程序。对于这些收支类别而言，财政部和相关机构对预算估计有联合责任。国内收入部的首席执行官具有法定独立性，但是该部的目标建立在政府整体目标及战略的基础上。正是在该领域，基于更广泛的背景，部长可以(实际上也是这么做的)修改预算估计。对于立法机关和公众而言，两种估计的差异很明显，对于收入估计中存在偏差的因素，他们可以形成自己的观点。这种对变化的解释不会拓展到支出估计，因为由支出部门提供的估计总是高于得到批准因而纳入预算的数值。在这些情况下，支出部门高估的方式与核心预算机构对资源的估计保持一致，这一直是预算中的神秘部分。

3. 外部验证

另一个重要的发展发生在 1997 年对预算估计的审查中。1997 年，接管英国权力的工党政府要求主计审计长，“通过对采用的经济增长、失业及利率假设进行评价，对用于预测源自私有化及‘花钱是为了储蓄’(spend to save)支出措施的收入的惯例进行评价”，彻底背离原来的实践“以帮助政府准备其财政预测”。[1] 这次磋商背后的意图是，意识到“对财政的可靠预测需要基于透明及广被接受为合理的假设”。[2] 这种方法的新颖之处在于，确保了估计的合法性，尽管这种估计无论如何一直都是透明的。财政部采用了作为与审计机关磋商结果的参考条款。审计机关没有被要求评估预测过程，而是对假设进行评价。这些假设以不可避免的不确定性为财政计划提供了可靠而谨慎的基础。由于这种涉及审计机关的程序（不是作为立法机关授权的程序而是作为非正式磋商过程）在不远的将来可能延续，详细分析第一次经验是适当的。审计机关评价的话题与长期GDP增长的假设，私有化收入，国内收入部、海关及其他部门发起的旨在提高资金筹集能力的“花钱是为了储蓄”内部改进措施等方面有关。

利用审计机关来增加政府预测的可信度带来一些新问题，随着过程中经验的进一步积累，这些新问题可能会得到解决。首先，不像经济学家和预算编制者，与关注未来相比，审计机关更关注过去无可否认的现实。其次，有关经济或预算假设，审计机关并没有任何专业知识，专长也少得多。在这件事情上，审计机关会对国际金融机构、区域机构、大学及私营咨询公司所做的预测进行比较。因此，它是在对公众及立法机关作出的关键的、有资料依据的判断所形成的可获得资料进行核对。最后，得到评价的预算估计只是预算中的一小部分，尽管这部分很关键。这种不彻底的评价不太可能帮助公众理解该估计方法。如果政府的可信度是建立在透明度和合理政策的基础上，那么最好的办法也许是让它们靠自己而无需法定机构鉴证的帮助。

澳大利亚试图引进英国经验的一个变种。《预算诚信章程法案》（The Charter of Budget Honesty Bill）[3]（本书写作时，还没有成为法律[4]）规定，除了包含预算展望报告的常规预算文件，与新西兰《财政责任法》一样，政府被要求提交选前报告，该报告包含有关任何在大选中要求公布的政策的成本的资料。此外，政府被要求每5年提交一次财政代际账目。尽管该法案没有规定

1　英国(1997)，第1页。

2　同上，第1页。

3　见澳大利亚，1996.

4　该法案于1998年3月由澳大利亚议会通过。——译者注

审计长的明确介入，按照人们的理解，会要求审计机关每3年对财政展望报告、选举政策成本以及代际报告评价一次。

4. 建立独立机构

美国的实践一直不同于前述方法，因为从1974年起，它建立了单独的国会预算办公室（Congressional Budget Office，CBO），这使得国会可以对预算有一个总体印象，可以做出有关支出和税收水平以及赤字规模的决策。CBO得到授权，一年两次预测经济趋势及其对财政政策的潜在影响；通过监测国会根据国会预算决议中规定的预算上限及目标作出的有关单个授权、拨款及收入法案的行动的结果，记录国会的活动。它也对国会提议的所有法案进行成本预测（5年估算）。它准备年度报告，并在2月月中之前将其提交给国会预算委员会（也就是说，在总统提交政府预算草案之后很短的时间以内）。该报告展示不同的支出和收入水平及其对经济增长的影响。

与总统预算一样，对预算估计的分析建立在大量相关数据以及对可靠的统计技术进行选择的基础上。[1] 与总统预算中包含的估计相比，由于CBO一般提供不同的估计，按照以前的经验，就会产生哪个估计更精确的问题。比如对赤字规模的预测，可获得的数据表明，两类估计（CBO和总统预算）在1993—1996年间都与实际值有很大的差异。[2] 这种差异归因于政策、经济和技术差异，这同样强调了下述事实，即当预测是在财政年度开始前约9个月做出的，就注定会有估计误差，尽管误差程度每年不同。一般的结论是“尽管幅度很轻微，与总统预算相比，在几个对预测预算很重要的经济指标上面，CBO的预测更接近实际值”。[3]

（四）结论

前面的讨论表明，在编制预算估计的过程中，存在相当大的复杂性。不可否认，心态会有影响，但是这些心态随环境而变，而不是无法克服的根深蒂固的困扰。强调对数据改进、使用得到验证的统计技术、在要求时进行修改、确

1 有关使用的方法和技术的详细概览，参见《经济与预算展望》（1996年8月）附录A，第17—25页。

2 见CBO(ii)，1997。

3 见CBO(i)，1997的附录C“分析国会预算估计”，第83—89页。

保透明度以便人们清楚方法等这些关键点应该是恰当的。运作的透明及数据的完整提供本身就可以得到立法机关及公众的客观评价。由没有过去记录的机关来对预算估计进行鉴证的努力并不会增加估计的价值。除非立法程序在其他方面需要,估计的不精确性也不应导致独立机构的建立。这种机构代价高昂,不代表一种净附加值。预算是政府的政策工具,只要政府对其负责,政府应该有制定预算的无限自由。

二、提供资金不足:一个错误的选择

支出管理过程经常受到可以避免的紧张和扭曲的影响,这不是因为任何有意的恶意,而是因为良好的动机或看起来是良好的动机,以及特别的解决办法。这样的一个领域是以稳定宏观经济的名义,对项目和工程提供的资金不足。在发展中国家,出现提供资金不足的机率相当高,在某种程度上,同样的问题也出现于发达国家。为了理解提供资金不足意味着什么,以及其对预算过程的影响,需要从 3 个方面进行分析:作为一种政策的提供资金不足,预算编制阶段的提供资金不足,预算执行阶段的提供资金不足。

(一)政策工具

有许多服务同时由政府和公司或私营部门提供。这包括诸如教育及卫生福利这样的优值品(merit goods)。尽管私营部门提供这些服务涉及付费,而公共部门则大多免费提供或者提供时由使用者付一点使用费(这在性质上更像是象征性付费,而不是对成本的补偿)。当采用使用者付费时,是期望这种支付会引起使用者的财务意识,因而促使使用者会倾向于较少使用该服务。在这种背景下,使用者付费更多地是被看作一种缓解需求的工具,而不是筹集收入的措施。然而在大多数情况下,采用使用者付费对需求并没有多大的抑制效果。作为使用者付费的一个变种,大多数情况下,与这种付费一起一些政府也尝试为一些服务提供较少的资金。当额外设施的新投资较少,或者现有设施的维护费用不足,或者服务供应安排已经维持了较长时间、因而变得过时时,那些可以负担得起这些服务的人注定要进行一次抉择,从政府供给转变为通过非政府渠道供给。可获得的证据(大多数是趣闻轶事型的、不完全是经验性的)表明,尽管需求模式存在边际变化,但这种变化经常不够显著,无法为持续降低预算支出提供辩护。此外,对那些在削减劳动力或处置生产性资产方面灵活性较少的政府而言,削减预算资金分配有削减运营成本的效果。同样值得注意的是,在发达国家的大部分政府支出用于需求导向的支付(如应享权益支出)时,提供资金不足会加重公共服务提供的扭曲。这些方面表明,提供资金不足作为减少或改变需求模式的工具,并不是高度成功的。

(二)预算编制阶段的提供资金不足

在预算编制阶段,一些支出类别相对比较顺利。这些支出类别经常与那些在政治上比较敏感的事情有关,或者与具有很强经验基础的事情有关,或者与那些从专项拨款收入或者外援上得到资金保证的事情有关。与取得合法性的项目相比,政治上稍微中立或者没有支持性立法过程的项目的资金易于碰到较多困难。这些调整经常会在预算过程的倒数第二个阶段做出,最通常的调整形式是临时性普遍削减预算资金,这种削减会影响到大多数支出类别。在发达国家,应享权益支出不存在类似的限制。

预算编制阶段的提供资金不足的产生,大多数是与期望或基数预测相比,而不是削减现有水平。就此而言,提供资金不足提出了使资源和期望相匹配的问题。然而,在严重的经济危机时期,为了避免让已经很困难的财政形势恶化,即使是有关必需品的基数估计也会被削减。

(三)预算执行阶段的提供资金不足

在执行过程中,资源短缺(收入少于估计值)的类似问题会再次浮出水面,要求根本偏离初始方案。在这些情况下,政府经常诉诸提供资金不足,也就是说,与经过批准的预算相比,提供较少的现金资源。最通常地,资本项目支出(特别是新项目)易于被削减,这不是优先性计划(鉴于这些工程作为发展的有形象征的重要性,大多数预算以对这些工程的强调开始)的结果,而大多数是其他部门违约及缺乏灵活性的结果。在一些情形下,危机是如此严重,以致会削减经常性项目支出,这反映了提供资金不足的问题。在这些情形下,那些已经得到较高支出水平承诺的项目将不得不满足于削减后的支出。

在此过程中,会产生漏斗效应,资源开始大量调整到正在进行的项目和工程(见图 5.1)。

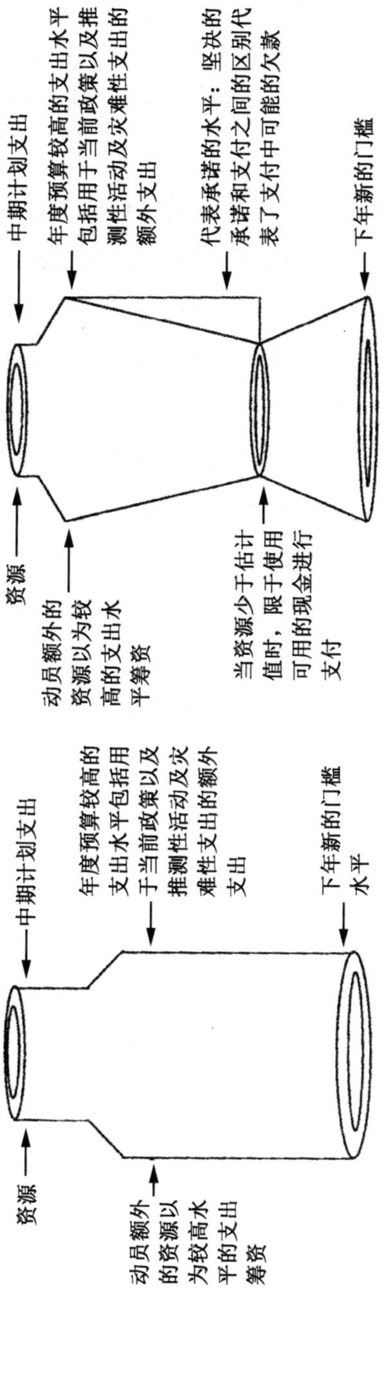

图5.1　预算执行，漏斗效应的说明

然而,提供资金不足和支出不足不一样。后者大多是无计划的;前者则是深思熟虑的政策的一部分。政策的任何变化——由立法机关批准通过的政策——应该同样得到立法机关的注意。然而大多数情况下,提供资金不足经常偷偷地发生而不会公开,经常没有得到立法机关的批准。

(四)忍受提供资金不足

尽管存在上述所有问题,提供资金不足已经成为普遍现象,虽然没有得到明确许可,却仍然在实践着。对支出机构而言,提供资金不足产生了一个关键困境,作为预算编制阶段的一部分,这个困境并没有得到解决。对这些支出机构而言,困境在于,任何服务的大量削减会引起严重的反响。同时,要完全得到其预算分配资金同样很困难。在大多数情况下,提供资金不足反映了预算制定后产生的不确定性。这使得各机构寻找短期解决办法。在提供资金不足可能持续一段时间的地方,政府会选择将一些服务(比如福利领域的一些服务)出售给公共部门或者非政府组织。[1]

就短期而言,许多国家的经验显示了下述各种广泛办法——对优先性的选择性再安排,采用使用者收费,逐渐积累支付欠款,与捐赠者商量额外援助(包括分类援助)。优先性的短期变化涉及快速识别马上可以得到执行的领域和具有执行便利性的领域,最重要的是,那些不会危及未来预算分配的领域。在这个方面,通常发现的措施是削减差旅支出,削减对文具及其他经常性消费的购买,延迟购买办公设备等。如果提供资金不足成为日常特征,就要求更强有力的措施。

在一些情况下,特别是在医疗、教育及福利领域,支出机构会采用使用者付费(病人登记、学校里购买书本等)的措施,这些收益会留在支出机构;或者,受益者会被要求承担成本,同时受益者的出资不会进入政府账户。当医生开处方时,以及当病人自己去买药(这些药迄今为止由医院提供)时,后者出现了。作为这种努力的一部分,分诊的方法会得到更严格执行,可获得设施会只限于提供给那些更强烈要求者。当征收使用费时,它们易于成为政府一般基金的一部分。在一些非洲国家,政府鼓励医院保留使用费收入,以在提供服务

1　这方面英国的经验,参见 Knapp(1986)。

时提高管理灵活性。使用费的延续在很大程度上取决于阻力的存在；如果缺乏这种阻力，则取决于消费者。

经验表明，更温和的选择是逐渐积累支付欠款。这是指这样一种实践，即支出机构按照预算中初始设想的那样一直发出合同或开展购买，然后延迟支付，新资金的可用性则待定。这意味着支出机构整体缺少调整，以及采用“一切照常”的办法。这种实践违反了财政纪律，其受托信任寄托于政府。

在一些发展中国家，外援在政府收入中占据支配性地位，支出机构也会直接找捐赠者，要求按照特别安排提供关键设备（如药品和医疗设备）。这些谈判会绕开核心协调机构，不太经常出现的是，交易会如此开展，以致于交易不反映在政府账目上。

提供资金不足是一个严重的问题，需要在发展出任何策略的同时得到处理。不可否认的是，在提供资金不足反映了资源的中期短缺的地方，各种方法必须考虑支出的结构性变化。然而短期而言，需要将财政危机的紧迫性作为核心预算机构及支出机构风险管理的一部分，并因而发展出补救性措施。在形成这些措施时，确定风险的持续时间很重要。

三、资金管理

政府或商业公司部门的资金管理有一个突出目标，就是减少实体使用的资金或现金数量，同时对其满足财务责任时的活动范围或风险暴露不会有不利影响。资金是有成本和替代性用途的，因此不应处于流动状态，而无法获得其应得的收益。尽管这个概念在政府及商业部门同样古老，政府资金管理在过去尚未得到重大关注。实际上，许多有关政府资金管理的讨论关注的是立法控制，以及建立诸如财政部主计长（Paymaster General）或总审计长这样的独立职位，他们会对政府支付所需的资金流进行管理。平稳执行的责任由代表立法机关的独立机构来承担。[1] 许多这种努力开始关注法律工具（如授权令）以及管理过程，而非政府资金流管理的实际技术。在一些国家（比如美国），项目或工程立法经常规定执行拨款的阶段划分。但是这些努力只涉及预

1　在印度尝试建立这样一个机构（该机构在印度独立后不久制定的宪法中得到清楚规定）的有趣的案例研究，见普列姆昌德（1966）。

算的选定部分,对于政府资金资源的整体管理很少有公开讨论。就下述意义而言,内在的忽略反映了一种矛盾,即尽管该主题具有固有的重要性,公共讨论本身对日常资金管理的影响似乎很小。然而在过去 20 年,一些国家已经发生了变化。对于其他迄今为止在此领域出现良性忽略的国家而言,注定也会发生变化。

(一)术语及其区别

有几个术语用来表示政府资金管理过程。这些术语包括"现金管理""国库管理"(treasury management)"流动性管理"。这里倾向于使用"资金管理"来指称筹集税收及相关收入、政府支付,以及通过国内外贷款项目动员资源的整个过程。该过程涉及的一个重要部分,与执行贷款项目以及使用剩余资金进行投资有关。并非一年从头到尾都有剩余资金。实际上,收入超出支出的机会很少。这种过渡活动需要通过使用剩余资金进行投资,或减少公共借贷的规模来小心利用。大多数经常使用外援的国家发现,总是有外援资金没有得到使用。在大多数情况下,外援使用的速度低于收到外援的速度。外援余额被用于作为短期资源,从市场上借款的数量经常是外援的净值。使用"现金管理"这一术语无法完全概括这些方面的情况。在传统用法中,术语"现金管理"表示税收、非税收入及支出的流动。其范围经常被认为与预算范围相关,在预算外账目占据支配性地位的情况下,预算本身会显得有些有限。

国库管理有不止一种含义。一方面,它是指财政部门的日常管理。在许多国家,财政部门还是被称为国库这一传统名字。在公司领域,特别是在使用多种货币进行交易因而有多个货币余额的跨国公司,对这些货币的管理,包括短期内为了投机性目的使用这些货币进行投资,在宽泛的意义上使用"金库管理"(treasury management)一词来表达。一般而言,政府使用国内货币管理其资金。如果需要从国外采购设备或物品,它们通过常规的银行渠道获得外汇。政府预算使用每个国家国内的货币编制并执行,因此需要与该术语在公司部门使用时的较广的含义区分开来。同时,人们注意到,有预算剩余的一些国家,会转而把这些资金在国外投资,就像一些石油生产国家那样。

"流动性管理"这一术语及其职能通常与中央银行有关。流动性管理的范围要大得多,因为它关注整个经济,而这里考虑的资金管理只限于各级政府,不管它是中央、区域、州、省或是地方政府。对经济进行流动性管理是中央银行的责任。这里定义的资金管理的任务只限于政府。

资金管理的范围有些难以定义，但是易于描述。为此目的，资金包括所有流入政府的资金，以及由政府所有的账户或基金(如偿债基金)里面可用的其他流动资金余额。这些资金流的来源既有预算内也有预算外。预算及预算外账户的区别只有很少的功能上的重要性。资金是指政府整体的货币流入；唯一的区别在于这些资金是对政府形成的负债，还是免费的。来自税收和非税来源的资金流形成第二类区别。政府还有其他以债务形式持有的资金，比如福利基金、承包商保证金等。这些资金政府短期内可用，形成有效借款。此外，政府也会有为特定目的使用的外援余额。直到它们最终使用为止，它们也提供短期资源，只是不用将其看做借款。政府资金管理的一个目的，是决定向公众借款的数量。该问题的答案取决于总支出(需要支付的资金)的大小，再减去政府拥有的预期税收及非税收入，以及其他流动性余额。该金额不同于预算中的财政赤字。除了范围差异，赤字对应的是整个财政年度，而资金管理涉及财政年度中每星期和每个月的差额。此外，预算还包括一些不用涉及现金支付而是通过账簿或会计调整来展开的交易。资金管理不包括这些交易，因为它们易于导致高估所需资金。如这里所描述的那样，资金管理更像公司部门估计营运资本需求，进而决定从银行系统借款的数量。就像将进一步详述的那样，对资金管理的需求主要产生于进出政府的资金，在各星期往往会变化。

(二)是什么以及不是什么

政府开展资金管理，是为了保证预算的平稳执行，同时避免源自资源停止流动以及较之需要的数目借更多的钱所带来的不经济交易。它是这样一个过程——便于预支所需资金以及做出必要的安排以获得所需资金。在做出这些安排时，需要考虑政府交易对于经济的影响。当市场较弱时，政府进入市场筹集资金时，就挤出其他借款者而言，会产生不安的或其他类似的影响。借款金额的大小以及政府进场的时间会对市场带来影响，而政府资金管理的目的则是为了增进秩序。

资金管理并不是(也不应如此考虑)为与财政管理相关的问题提供灵丹妙

药。换言之,预算需要按下述方法编制,即避免使用常见的可获得的现金来确定预算执行的过程和内容。相反,在编制预算时,应该预期并详细算出资金流入和流出的潜在联系,以便这两者之间可以维持平衡。不应该将资金管理视为削减预算支出的机制。资金管理由预算产生,而非决定预算。使用资金管理方法来改变预算过程,相当于秘密预算,有悖于立法机关及人民的目的。更重要的是,它是对预算过程本身的否定。

(三)忽视的原因

问题可以这样提出,即资金管理虽然具有无可争议和固有的用处,为什么以前没有得到普及,或者得到广泛实践。[1] 相对忽视的主要原因可以在下述普遍的观点中发现,即资金管理是中央银行的责任。中央银行通常是政府维持其账户的地方,政府的所有收入流入这些账户,而支付则是流出这些账户。就其本身而论,中央银行在对资金流的起伏及被管理的债务等方面很有见识,因而地位独特。中央银行接近市场,因此在理论上对于在什么时候可以公开发行政府借款具有更明智的判断。在一些国家,政府在中央银行实际发行很久以后才知道公开发行的消息。有些人将这视为中央银行抢劫政府职能。但是它们在流动性管理的卓越贡献帮助其巩固了地位。这转而导致人们认为,资金管理是中央银行而非财政部的责任。

在政府内部,资金管理一般被视为财政部责任范围的一部分,实际上是核心任务中不可或缺的一部分。支出机构更关注支付,而不是资源的动员。即使各机构收取少量费用,这些收集的资金也会成为政府统一的一般账户的一部分。主要的收税工作处于财政部本身的直接监管下。此外,在碎片化组织情况下,会出现取决于环境的心态的影响。有一些其他因素使得这种缺乏凝聚力变成政府运作的持续性特征。在政府预算以及收付实现制的相关账目中,利息和债务偿还作为单一的统一分类(或者按照会计术语,独立的部分)出现,而不是被分解到各机构。这种安排的一个不幸的后果是,对用于为各部门的项目和工程提供资金的借款的利息成本,这些部门没有责任进行调查。各

---

1 有关该主题的文献的缺乏证明了对其的相对忽视。相关的国家研究以及美国各州政府的经验,参见 Knoop(1996)及 Hackbart 和 Ramsey(1993)。一般的讨论见 De Zoysa(1990)。对于乌干达较晚近的案例研究,参见 Henstridge(1997)。

部门同样忽视收入流。因此,它们没有任何迫不得已的必要性去确保不存在资源的停止流动。一些政府部门还从事不正当的财政行为,因为在财政年度末尾,它们突击花钱,以便避免这些预算拨款失效。然而,在采用权责发生制之后,利息成本有望按照各个部门列示。

(四)实践中的资金管理

对资金管理的忽视导致各种不经济的实践。在大多数情况下,在实践中发现的是,总的财政情况——收入、支出、赤字水平——由核心预算机构及中央银行监控。当资源少于支付需要时,由中央银行给予信用。对预算而言,所有的信用安排都包含了成本,但是它为决策者提供了即时温和的选择。然而问题在于,即使政府有流动资源,它也会借款。在一些国家,政府借款不是为预算赤字提供资金,而是为中央银行的公开市场操作提供补充。在其他地方,政府借款主要是因为不完全知道它们有什么资源。

在一些有少量资金管理制度的国家,问题来自缺少适当的遵循行为。在这些情况下,支出机构被要求提交年度现金需求预测。这些预测被期待反映支出的任何季节性,以及承诺和支付间的滞后。然而实际上,每个月所谓的预测往往是总预算金额直接除以 12。在其他一些例子里,由于其自身内部程序,政府的现金资源会处于严重紧张状态。在大多数发展中国家,使用外援会涉及首先由政府使用自有资源支出然后由捐赠者报销。然而在绝大多数情况下,支出的热情很少与确保必需记录的努力以及贯彻捐赠者所提出的快速结算的要求的努力相匹配。在其他一些情况下,由于为了延迟支付、资本化利息及重新谈判分期偿还安排而导致谈判延期,有关从政府补助金中筹集分红及偿还贷款的预算假设会改变。这也增加了相对于预算需求的现金短缺。

(五)对资金管理的需要

忽视政府资金管理,被描绘成缺乏战略、直接导致不经济及无效交易的各种迥然不同的实践的存在意味着,需要更具前瞻性的战略。这样一种战略乍看上去应该寻求在预算及其筹资之间建立桥梁,并建立平稳的途径以确保遵循预算目标。在很大程度上,通过应用可以快速检索资金流数据的计算机技术,很便于在政府中建立这样一套制度。

(六)运作资金管理制度

作为第一步,资金管理制度涉及准备包含在预算及相关账目(各种交易由此得到开展)中的收支的预测。这些预测排除所有账目或非货币调整,分别从收入和支出方面进行准备。这两方面反映了基本过程,由此资金管理得以开展。对收入的预测需要考虑税收支付的时间,以及银行系统将它们归集于政府账户所需的在途时间。图 5.2 展示了税收支付涉及的各阶段。诸如从中央银行或国有企业获得的分红这样一些支付,会在财政年度末尾支付。一些支付,比如收费或关税,甚至在交易发生时就做出。在所有这些情形中,会以不同可能性产生三类浮动期。这三类分别是:处理浮动期——为了把从纳税人那里收来的钱存起来,由收入筹集机构花的时间;邮递浮动期——在发出支票到政府机构实际收到那笔钱之间所花费的时间;结算浮动期——为了结算来自其他银行或中央银行的资金,银行系统所花费的时间。邮递及结算浮动期也会影响政府做出的支付。广义而言,许多预算分析者倾向于假设,收入一方的浮动期和政府支付一方的浮动期存在着某种自我平衡。然而,由于不同政府的实际情形往往不同,需要对这个假设进行经验检验。

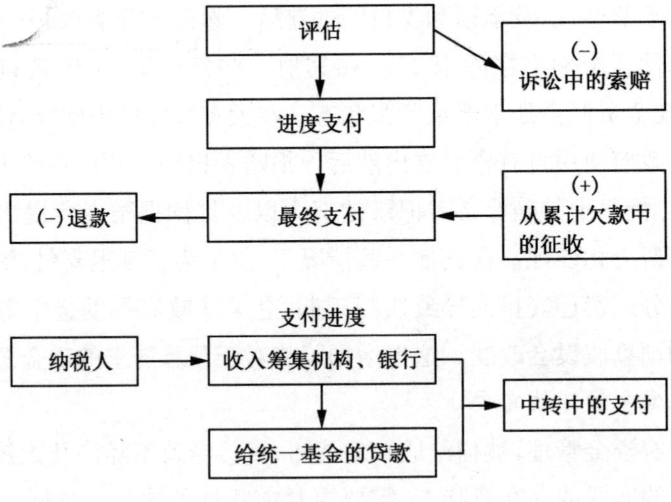

图 5.2　收入

如前所述,在很大程度上,一些政府依赖于外援收入。然而,外援是个宽泛的概念。它涉及几个要素,每个会对资金管理带来不同影响。比如,如果外援以进口支持项目出现,对预算的直接影响是通过收关税。类似地,任何得到的补助形成预算的额外资源，但它们的实际可用性更多取决于捐赠者的决心。在其他情况下，当供应商直接由捐赠者付款时，没有交易会进入政府预算。采用的偿付办法会涉及接受援助政府的现金资源紧张，但是它可以得到的缓解取决于和捐赠者做出的安排的性质。

诸如州、省或地方政府等次一级政府的收入资源模式，会不同于中央或联邦政府。在这一级政府，对于共享或转移支付收入、一般性补助以及各种具体补助的依赖会相当高。在这些情况下，更多取决于进行这些转移支付时，其中所做的安排。其中有些是一年一次；有些是分成几个阶段，而诸如共享收入的一些收入，则是按月分配。

对于支出方，也需要做出类似的预测。每个机构会有不同于其他机构的支出模式，预测时应该捕捉这些不同的特征。然而，对于一些选定的支出模块的模式，可以进行一些普遍化处理。关于个人薪水的支出在整个年度倾向于保持稳定。在政府为公共分配系统购买粮食或其他商品的地方，支出易于不平均，更多取决于下订单的时间，以及订单时间和支付时间之间相隔的时间。债务服务易于波动，经常会严重影响整个资金管理过程。此外，在涉及国外支付的地方，汇率可能具有决定性影响，在编制预算估计时即使再多的努力也无法实现精确，这本身可能很有用。如前所述，在大多数国家，债务管理的职能集中于财政部。尽管有这种集中，许多国家的经验表明，这方面的实际支出易于和预算估计存在差异。类似的困难出现在和应享权益支出有关的支付。由该项目提供资金的有关福利是需求导向型的，这使得制定预算估计很困难。过去一些年来英国和美国的经验表明，实际支出结果总是一成不变地不同于预算估计数。在一些年份，差额会相当大。有关补贴、补助金、资本性转移支付以及对国有企业的贷款等支付，取决于各种法律，以及针对相关目的规定的程序。建设性支出具有可识别的季节性，以及按照工程进度确定支付时间表的特征。这些对于收支的预测更多具有预算估计试算表实践的性质，这些试算表按月显示资金流入和流出。需要为每个机构准备这种预测。要让每个机构都具有参与者的感觉。作为参与者，它们为自己的财政行为负责。同时，核心预算机构应该准备自己的预算估计。在此基础上，制定整体的预算估计，并将其和年度借款计划相联系。预测同样应该提供合理的风险覆盖。

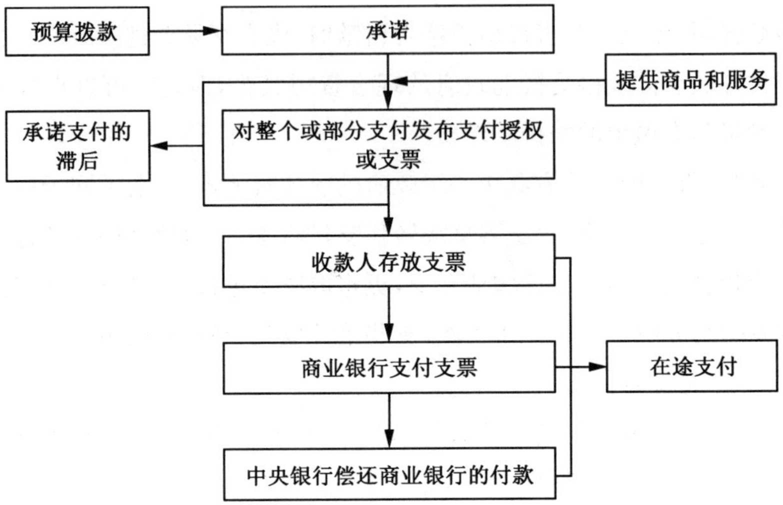

图 5.3　支出

然而，必须将预测转换成日常任务和管理程序。在预测的基础上，应该采用预算授权发布（按月或者按季）制度。该制度使得核心预算机构可以提供与需求及资源更一致的支出授权。支出机构将被迫把支出控制在上限以内，为了执行这种遵从，诸如国库一线部门（treasury outpost）或银行会接到有关支出上限的通知，这样就不会发生超额支付的情形。因此对资金管理而言，监控是必要的伴随物。在这些情况下，债务管理变得相对容易。

（七）资产组合管理

很可能的是（实际上在一些国家很正常），在财政年度的一些期间，政府会有临时性盈余。有些政府，特别是涉及石油生产的那些国家的政府，会有常规预算盈余。需要仔细评价这些过剩，以便可以设计适当的投资策略。按照定义，无法将短期盈余投资于中长期政府票据或商业票据。使用这种短期盈余进行投资的主要关切，是购买的资产换成现金的自由度。因此，中央政府通常会将其短期盈余投资于国有企业或其他类似的机会，而州政府会投资于其他州或者中央政府发行的债券。这些投资标的可以确保它们获得确定的收益，大部分都是无风险的，可以在任何时候换成现金。

对于那些有常规预算盈余的政府而言，机会大不一样。然而，在大多数石油生产国，盈余归于政府预算的数量没有多少，而是更多地归于管理石油收入的伞形结构投资公司。石油使用费是付给那些公司，然后当需要的时候，由那些公司发放资金，以满足政府预算的财务需要。长期盈余投资相关的风险与投资机会的范围一样广泛而千差万别。它们可以被投资于由其他政府发行的无风险票据，或者被用来获得物质资产，或者购买其他金融资产。在每种情况下，政府管理者必须承担起资产组合经理的角色，把他们的投资从一种类型转变成另一种，以确保最高的回报，同时被赋予必备的流动性。

就像前面的讨论所展示的那样，资金管理是个复杂过程，最好能被整合进政府财政管理的日常工作。它涉及准备预测，估计风险(那些有较高水平的以外币计量的债务的国家，风险会相应较高)，以及对进展的日常监控。如果这些方法得到明断而审慎的执行，将有助于节约，最低限度会导致对不经济的制度及技术的规避。资金管理也有政治赞助的潜力。通过日常的立法监督及相关社会控制的实施，这种潜力需要得到约束。

第二编

比较研究

第六章　美国、澳大利亚、新西兰及英国预算管理比较调查

经验是理念的世界。

——迈克尔·奥克肖特[1]，《经验及其模式》(1933 年)

对预算制度与实践的比较研究一方面有助于我们理解经济政策之间的关系，另一方面有助于我们理解支持这些经济政策的组织的日常工作事项。考虑到预算在目前的社会环境下的广泛结果，对于不同预算制度进行比较的需求就显得不证自明了。目前正在进行中的经济和金融市场全球化则为比较研究提供了额外的动力。全球化过程对于国内问题的管理具有一些潜在含义。这种重大的国内问题包括政府预算制度的设计，以及政府如何处理财政赤字管理问题。尽管比较研究这一主题很重要，对该主题的关注一直以来却处于

1　迈克尔·奥克肖特(Michael Oakeshott，1901—1990)英国哲学家、政治思想家。《经验及其模式》为其代表作之一。——译者注

零散状态。[1]

比较研究碰到了两类问题。第一个问题涉及在各国发生的变化的性质。过去三十年,欧洲各国的预算制度发生了重大变化。更多的变化反映的是《马斯特里赫特条约》相关安排的要求。因此,任何对于各国预算制度的描述都有不够精确的风险,因为这些国家的预算制度最近可能会有一些发展,而外界还来不及完全了解这些发展。在对美国进行研究时,也出现了类似的问题,只不过表现方式不同。最近许多的立法与各部门财务报告及政府绩效有关,这些立法所带来的益处只会在未来显现出来。当这些立法条文得到完全执行,美国和本章涉及的其他国家(人们认为这些国家处于预算变革的前沿)之间的差异也许会显得微不足道。

第二个问题涉及在理论和实践之间的选择问题。人们经常会认为,如果没有理论的支撑,大量的对实践的描述用处会很小。尽管这一观点尚有争议,但在情感与事实层面,这一章涉及的讨论范围无论多大都是适度的。本章在第一个例子中,将描述这些年来,美国政府预算领域产生的许多发展如何影响了其他国家的预算制度。

始自20世纪50年代早期的预算改革首先都是在美国尝试,这些改革包括绩效预算、项目预算、计划项目预算、目标管理、结果管理、零基预算、项目评估等。许多发达国家和发展中国家追随美国预算改革的脚步,做出相似的努力,当然结果大不相同。尽管处于冷战状态,甚至苏联也带着相当的兴趣追踪美国的计划项目预算制度,将其进行适当改进用于国防部的内部计划。这些技术得到了相对快速的传播和接受,语言、习惯以及广受讨论的管理文化都不

1　这方面的文献并不多,其中许多并不对普通大众开放。该领域的开拓性努力来自Sundelson(1938),他对不同国家的预算法进行了详细研究。接下来的是第二次世界大战后联合国(1953,1966a和b)的研究。尽管联合国研究的主要目标在于满足发展中国家的需要,但是在初始阶段,他们也包含对一些工业化国家的研究。此后,OECD进行了两次研究(1987,1995),对其成员国的预算制度进行了描述。联合国则在1991和1992年发布了一些研究报告,主要涉及发展中国家。除此以外,还有一些相当的研究。比较重要的包括Premchand(1983)、Premchand和Burkhead(1983)、Dean和Pugh(1989)、Premchand(1990,1993a)及Leeuw、Rist和Sonnichson(1994)。对于欧盟各国,Von Hagen(1992)对预算制度进行了简单描述。最近,作为国际金融组织努力的结果,对预算制度及财政结果的关注越来越多。相应的文献包括Alesina(1996)、Von Hagen和Harden(1996)以及Campos和Pradhan(1996)。

是障碍。许多近年来已经转型为民主制的国家，开始引进基于美国经验的预算制度与实践。苏联 1990 年的《预算过程法》以及以前属于计划经济的东欧国家颁布的一些法律，都是从美国那里获得灵感。在一些情形下，甚至法律用语本身都是如此。许多国家只是简单地把英语的名词直接引用到他们本国的语言中。比如，在俄语中，“sequestration”(扣押、封存)一词即来自英文。类似的吸收也发生在其他国家。拉美的一些国家在 20 世纪 80 年代实现民主化，他们将目光投向美国的法律制度，以便他们自己的制度的功能可以得到适当的加强。即使在那些没有明显采用美国政府预算实践的国家，在美国发展起来的相关学术理论对于其中一些国家(特别是新西兰和英国)的预算改革也具有实质性影响。尽管不同的理论相互之间并不一致、存在不可协调的差异，公共选择理论、委托—代理理论、交易成本分析等理论对于那些置身于预算改革中的人们带来许多影响。

一、国家实践

就像约翰·杰伊[1] 1777 年所写的那样：“美国人是首先得到上帝眷顾的人民，他们得到考虑并选择其政府形式(他们将在其中生活)的机会”。作为这种选择的一部分，相当多的努力用于设计财政管理制度。如前所述，美国经验在总的预算制度上打下了不可磨灭的印记。

对于不同国家预算制度特征的广泛考察表明，总共有五种反映变化的制度安排。第一组包括美国、意大利以及在某种程度上 1991 年后的俄罗斯联邦。这些国家的制度安排显示立法机关所具有的支配性影响，它们具有拒绝行政机关预算建议的权力，并得到授权起草自己的预算法案，预算法案之后会提交总统批准或否决。立法机关这种突出的角色经常会导致行政和立法机关间的预算冲突与僵局。这里需要提一下俄国的一个突出特征。在 1992 年后，预算外资金快速增长，这些收入在 1992 年占 GDP 的 18%[奥斯伦德(Aslund，1995，第 192 页)]。这些资金表面上的目的在于最小化立法机关的

1　约翰·杰伊(John Jay，1745—1829)，美国政治家、外交家和法学家，1789 年到 1795 年出任美国首席大法官。与亚历山大·汉密尔顿和詹姆斯·麦迪逊一起撰写了著名的《联邦党人文集》(或译《联邦论》)。——译者注

作用,减少财政部的财政权力和灵活性。

第二组包括英国和英联邦成员国(包括澳大利亚、新西兰及一些发展中的亚洲、非洲和加勒比海国家)。在这些国家,编制和执行预算的主要责任在于行政机关,立法机关的角色是批准政府的预算提案。立法机关对预算拥有驳回或修正(不具有增加支出的修正权)的权力,但是这类行为通常被视为是对政府投反对票,此时政府将被迫辞职。然而总体上,党鞭和相应的纪律会阻止这种投票。

第三组国家包括法国及其他国家,这些国家的立法机关扮演了不同的角色,因为它的注意力集中在新的预算提案和支出,而已有的支出则按常规的方式进行批准。类似地,在日本,立法机关更多的注意力集中于新的支出。一直到 1965 年,日本在安排预算时都要求实现预算平衡。然而,与法律规定相比,对这一要求的解释更为实用主义,因为它只是要求收入(receipt)和支出平衡。因此,前者包括举债获得的收入(proceed)。在法国,立法机关不能增加支出或削减收入。

第四组国家包括这样一些国家,这些国家的中期财政计划在整体预算决策中发挥着重要作用,尽管立法机关审批的预算是年度预算。在德国,财政计划不仅仅是基线预测(baseline projection),因为它还是一个框架,地方政府和德国联邦支出部门基于该框架准备年度预算。在瑞典,立法机关对三年期预算进行审批,每个政府部门每三年要提交一个深度预算评价。在大部分北欧国家,投资预算的审批针对的是整个项目存续期间。在日本,也能看到类似的程序。

第五组国家包括这样一些国家,这些国家或者没有立法机关,或者即使有的话,除了辩论外,权力很少。在中东的一些国家,预算以皇家命令的形式批准,公众几乎不了解这些预算。此外,一些政策指令以命令的形式发布。在一些前计划经济国家,这种实践重新出现。[奥斯伦德(1995:138)注意到,在俄罗斯联邦,1993 年发布了 48 000 条命令。其中的一些明显包含财务规章。]

二、独特的特征

在美国的预算实践中,有三大特征被其他国家在不同程度上仿效。在将来会以意想不到的方式发生进步的领域，这三个特征是标志性的。就此而言，这些特征一直是和美国联系在一起的独特特征。首先，美国的预算制度反映了经济概念和预算的紧密结合。在预期经济增长率基础上做出的假设非常重要，一旦它们得到接受，对预算估计的批准或多或少就成了例行公事。许多工业化国家做出了类似努力，但还需要做更多。美国的预算更多地代表着经济学家而不是传统的预算编制者的计算。实际上，保罗·阿普比（Paul Appleby，1957）所描绘的传统的预算编制者在美国已经灭绝了，他们已让位于经济学家。其次，作为年度预算的一部分，由美国政府提供的预算文件的数量庞大，提供了许多细节信息，这是一个标准，其他国家正努力达到。美国政府提供的预算文件是如此的详尽，以至于使用者经常查找直接感兴趣的部分，而忽视剩余的较大部分。尽管特殊利益者总是强烈要求更多决策相关的信息，需要承认的是，美国政府所提供的预算文件代表着这方面的顶尖水平。最后，和其他国家（瑞士除外）相比，美国的预算涉及更多的公民参与。在进入国会阶段以前，许多重要的提案经常通过由民众组织特别动议、全民公投或民意调查的形式进行辩论、甚至投票。这种由有见识的公民参与的过程，实际上缩小了人民和政府之间的鸿沟。随着电子通讯技术的进一步发展，以及居民可以通过电子媒体了解预算信息，在一个公民的电子参与年代，可以很好地达到这样一个阶段，在其中，预算批准成为每年的惯例。[关于这些可能性的有趣讨论，参见格鲁斯曼（Grossman，1995）。少数国家正在进行这种类型的公民参与。]从政治角度而言，人们认为，美国模式具有强烈的“猪肉桶”决策及部门利益占支配地位的倾向。这一观点也反映了美国的官僚机构不如诸如法国、德国或日本等国家这么强大。就此，福斯特和普洛登（Foster and Plowden，1996：36）设想了五种模式。除了美国模式，他们考虑了非洲、意大利、日本及威斯敏斯特（英国）模式。根据他们的研究，在非洲模式中，公共决策可以交易。在意大利模式中，就公共服务提供的角度而言，它受到腐败的支配。在日本，官僚机构很强大，因其干预主义及公正的框架而闻名。他们认为，在威斯敏斯特模式下，各部门的权力在近年来趋于增长，由于缺乏成文宪法，对于政策及决策进行更多政治操纵的可能性增加了。就其依赖于有选择的特征、沉迷于夸张的过度简化及概括的倾向而言，任何这种分类都是有其局限性的。

三、变化中的财政趋势及新管理哲学

近年来,特别是20世纪70年代以来,由于财政趋势的变化,在发达国家及其他国家发生了一些预算改革。在过去20年间,一些发达国家和发展中国家面临的最重要的问题,是不断增长的财政赤字。财政赤字增长的原因在于公共支出的增长。由OECD进行的调查显示,在1960年,OECD各国公共支出占GDP的比例为28.5%;在1994年前,这一比例已经达到41.4%(OECD,1987、1995)。这一趋势导致了财政政策及公共管理哲学的变化。公共管理的新哲学的理论渊源主要来自于管理思想理论、委托—代理理论及交易成本理论。这些理论从三大方面对既有的公共部门管理进行攻击。第一个方面旨在政府的重组或重构,包括3部分:(1)缩小规模;(2)建立小而紧凑的单位(部门),其主要职责在于执行政策;(3)通过使官僚结构下移以及更多地应用信息技术,改变工作流程。第二方面旨在在管理上提供更大的灵活性,以及提供一个支持性的激励结构。基于防止管理者过度追求自利(这对于政府而言代价高昂)的观点,在给予行政部门更大自由的同时,寻求通过一系列措施使其承担更多的责任。作为问责框架的一部分,各部门管理者需要签署服务供应合同以及绩效保证书。这些做法的整体目标,一方面是寻求巩固预算拨款和其产出之间的联系,另一方面是寻求巩固公共服务购买者和提供者之间的联系。第三方面设想竞争(政府内部的市场)的发展,以及更多的公共服务外包。其潜在预期是,竞争可以刺激各部门偏离传统惯性,使它们在以经济的方式提供和交付服务方面显示出更大的热情。在澳大利亚、新西兰(唯一将其预算制度彻底转变成新模式的国家)、英国和美国,这些成分被转换成具体的预算及支出管理的要素。表6.1描绘了应用这些不同的元素后形成的政府预算框架。作为上述方法的结果,以及与之相随的经济上的增长、削减支出项目的迫切努力、在政府交易中严格追求经济性,在1993年前,新西兰赢得了赤字之战。近几年来,美国赤字的水平在逐渐下降,类似的现象也可以在澳大利亚观察到。

表 6.1　　政府预算新兴框架

任　务	注意力中心	工　具	财政部的角色	各机构的角色
资源分配	责任设定、提供资源	宏观经济计划；预算上限设定	这些任务由财政部，或类似于财政部的机构（如美国的 OMB）承担	
		设定了目标的整体计划		由各机构承担任务
		绩效指标	由财政部或 OMB 提供整体协调	
资源使用	取得已经声明过的成果	买卖合同	由财政部或 OMB 提供指南	由各部门安排
		服务保证书；提供激励		由各部门确保
		日常监控		设计这些监控以适应每个部门的个别要求
资源使用会计	责任	权责发生制会计与财务报告制度	由财政部或 OMB 提供整体指南	由各部门使用内部控制措施

有必要一直记在脑子里的是，公共支出的结构一直在变化。因为这对政府预算的内容与过程有相当大的影响。一个概括性回顾表明，目前经常性转移支付和偿还债务利息已经成为支出的主要部分。比如在美国，债务利息在 19 世纪末、20 世纪初约占总支出的 1%，到 1994 年则达到总支出的 15%。在早期，社会福利项目并不存在，现在则构成美国联邦支出中数额最大的项目。这些支出代表着相应类别的公众权益，在编制年度预算时已成为刚性支出，因为这些支出由法律决定。另外一个重要特点值得注意。在支出中，许多是由代理机构或第三方引起，而很少是直接由中央/联邦政府各部门引起。比如在新西兰，在 1995 年 6 月前，给非政府部门的相关机构拨款占了预算的 84%。在美国 1994 财年的预算中，用于直接由联邦政府部门交付服务的支出只约占预算的 4%。其他的支出包括向个人的支付（58%）、国债利息（15%）、与私营公司签订的服务与商品购买合同（13%）、军火（5%）以及向州和地方政府的转移支付（5%）[有关美国的部分参见凯特尔、英格拉姆、桑德斯和荷马（Kettle，Ingraham，Sanders and Hormer，1996），有关新西兰的部分参见新西兰主计长兼审计长（Controller and Auditor General，1996）]。需要指出的是，由于在预

算及其账户中的分类具有某种局限性，这些数据并不总是可以从预算账户中汇总出来。变化中的支出图景表明，中央或联邦政府已经成为资金的支付中心，而服务的实际提供则由政府下属各机构以及非营利性志愿组织或合作性部门负责。

四、预算改革

四个国家预算改革的经验在表 6.1 和 6.2 中通过不同的结构性组件得到展示。在考虑澳大利亚、新西兰、英国的改革经验与美国的经验的相关性之前，可以简单概括一下改革的焦点，以及改革的一揽子方案的主要成分。

表 6.2　　澳大利亚、新西兰、英国及美国预算制度

类　别	澳大利亚	新西兰	英　国	美　国
Ⅰ. 预算政策目标				
	财政政策实施的框架在预算立法（有待颁布，和《财政诚实宪章》相关）中详细说明。立法要求财政战略基于健全的财政管理。作为这种努力的完整部分，至少每五年一次，出版代际报告以评估当前政策的可持续性。立法是政策目的的声明，并没有确立可以通过司法程序执行的权利或义务。在年度预算中对政策进行声明。总体而言，这些政策旨在提高国家的竞争力，促进经济增长。目标中包含不允许收入、支出和债务超过 GDP 既定比例的内容。在 20 世纪 90 年代早期，由于经济衰退，公债规模增长。政府承诺进行财政整顿和保持低通胀率。	1994 年的《财政责任法》要求政府依据下述原则确立短期和长期财政目标：通过经常性预算剩余将政府债务保持在审慎水平；审慎维持适当债务水平；政府净资产水平；审慎管理包含年金债务在内的财政风险；追求支出政策和稳定、可预测的税率的一致性。	在年度预算演讲中陈述政策。近年来，经济增长的放缓使得财政整顿过程复杂化。公共部门借债需求占 GDP 的比例一直高于 1995－1996 财年估计的水平。政策目的在于降低上述水平并维持稳定。	预算战略需遵从《预算执行法（1990 年）》，现在已经扩展到 1998 年及其后。目前的战略是在 2002 财年前达到预算平衡。行政部门的预算提案需要得到国会的批准。《预算执行法》中有一些条款，其目标在于确保财政赤字维持在预测的水平。自 1992 年以来，政府总的债务水平已经下降，近年预算还有盈余。

续表

类　别	澳大利亚	新西兰	英　国	美　国
Ⅱ. 预算制度的特征				
A. 基线预测	开展。在衡量当前决策对于将来的潜在影响时，滚动支出计划扮演了重要角色。	开展。它们在确定下年度财政展望时发挥作用，这进而确定了下年度预算分配。	这一实践已经延续了35年，在编制年度预算时有重要作用。过去这些年来，这一实践的覆盖范围一直在变化。	行政部门在预算提案中会提供基线预测。国会预算办公室也会准备它自己的基线预测。在预算决策中，对这些基线预测的使用不如其他国家那么精确。在本质上，它们的目的旨在提供背景信息。
B. 预算结构	在原则上，将来的预算也将以权责发生制的形式编制。同样地，将同时编制经常性预算和投资预算。	按照权责发生制，预算划分分为经常性预算和资本预算，后者包含资本费用。预算的形式和账户相同。	在完全应用资源使用会计后，在2000年初，预算将按照权责发生制编制。因此将同时有经常性预算和资本预算。资本费用也将被包含进资本预算中。	政府账户将采用权责发生制，政府财务报告将反映经常性预算和资本预算。预算由行政部门提出，并按照目前的方式由立法机关批准。政府编制的预算在经常性预算、投资预算和资本预算间作了分析性区分，这些数据作为信息来提供，而不是用于立法行动。
C. 预算分类	按照部门、项目、项目运营成本的细节这种常见的模式分类。	预算划分为经常性预算和资本预算两种形式。在部门支出和非部门支出(早前称为“代表英王的支付”)间作了进一步划分。经常性预算包括产出分类(项目分类的一种变种)、收益及其他无回报的支出、借贷支出及其他支出。资本预算中包含资本捐献。	分为功能支出(各部门)、项目支出以及项目运营成本的细节或项目的当前支出(包括薪水及其他费用)。	分成部门、项目、支出对象(object of expenditure)和资金来源。
Ⅲ. 财政管理的主要特征				
A. 预算发布	在年度预算经批准后，各机构可以获得预算权。	各部门和机构可以得到预算权以及必需的资金(按月)。	在预算经批准后，各部门和机构可以获得预算权。	由预算与管理办公室进行预算分配，以便于支出的平缓流动。

续表

类　别	澳大利亚	新西兰	英　国	美　国
	如果最终的预算尚未通过，会批准一个账户预算（vote-on-account）以提供临时预算权。	如果预算暂时没有被议会批准，议会会给予临时预算权。	如果最终的预算尚未通过，议会会批准一个账户预算。	近年来，如果年度预算没有及时批准造成延迟，国会会批准一个适用于短期内的临时预算。
B. 支付	支付集中于财政部。所有文件抵达那里以便得到最终的批准和支付。广泛使用电子支付。	支付由各部门和机构进行。财政部从各银行监控现金情况。	支付由各部门进行。广泛使用电子支付。	支付由国库支付服务系统集中进行。在2000年底前，所有的支付将采用电子方式。
C. 控制基础	主要的控制工具是整体计划、专注于结果和资源意识的项目管理、项目运行成本以及项目评估。	对成果的强调，对和部门首席执行官签署的绩效协议的强调，对议会监督的强调。部长和首席执行官签署的成果协议是问责关系的基础。	在部门和机构间进行了区别。由执行官领导的后者有责任根据详细的资源和时间安排表提供服务。各部门则按照传统的投入和产出进行控制。仍然有待完善。	在试点工程中，寻求完成绩效定位，这将被推广到整个政府部门（1993年《政府绩效与成果法案》）。通过具体的绩效标准在资源分配和服务提供之间建立联系。
D. 绩效定位	在项目设计及监控中植入绩效定位。	关键要素是服务绩效声明和买卖双方潜在的契约基础。	绩效目标包括为各部门和机构提供服务的质量。	如上所述，这还有待完善。
E. 效率定位	向每个机构提出财政奖金或详细说明用途的储蓄。各机构在取得部分储蓄时具有如下动机，即由各机构保留以用于得到批准的目的。	这是首席执行官的职责，绩效协议用于提升效率。	所有部门被要求制定效率计划，以表明他们是如何符合成本限制的。	作为预算再造的一部分，政府（在预算之外）努力终止无效的实践，寻求运作的经济性。
	由评估部门对各机构进行定期评估，以便于有效使用资源。			
F. 财务报告	内部报告得到了实质性的加强。各部门公布对绩效情况进行说明的年报。在完全执行权责发生制之后，将公布财务报告。	各部门已经开发了信息系统。财务报告每年发布两次。	在过去这些年来，一直在改进部门信息系统。各部门公布绩效信息。	各部门一直忙于改进它们的一体化财政管理系统，包括信息系统。各部门提供年度财务报告。绩效信息正在开发。
G. 问责情况	各部门发布年度报告，说明资源使用及其绩效情况。	各部门向立法机关提供绩效和资源使用报告。	各部门发布年报，说明资源使用的情况及未来的计划。	现在有一些机构提供问责报告。这一试点工程将涵盖整个政府。

续表

类 别	澳大利亚	新西兰	英 国	美 国
Ⅳ.支出机构的角色	各机构准备整体计划,并负责提供服务。各部门在把资源用于人员及其他类别的支出方面有某种自由。	尽管需要说明绩效,各机构具有完全的自由,可以以灵活的方式使用预算资源。	在把资源在各类运行费用之间流用方面,各部门具有有限的自由。机构则具有更多的功能性自由,包括决定支付水平。	支付水平由政府确定。人员力量在授权立法时确定。在这些指标中,各部门和机构具有执行经立法机关批准的预算的自由与责任。

在澳大利亚,和改革相关的主要项目是财政管理改进计划(Financial Management Improvement Program,FMIP),该计划自1984年起即成为改革的指导方针(Keating and Dixon,1989;Keating and Rosalky,1990;McDonald,1990)。该计划的主要内容有:法人管理(corporate management)、项目管理、组织设计、改进的管理信息系统以及项目评价。重点在于资源配置的改进,以及具有同等重要性的是,资源使用的利用率或者达到的结果和拨给的资金相称。就资源配置而言,和内阁型政府的传统及宪法性责任一致,各部门被要求将它们的注意力优先集中在各自的职责范围[信封预算(envelope budgeting)的变种形式,这种预算之前在加拿大很普遍],并且被要求对跨部门职责问题进行评价。各部门被期望编制整体计划,将责任下放给下属各机构(欧盟已经接受并提倡部门对下属代理人的众多期望)。作为FMIP的一个完整部分,计划管理与预算系统专注于开发项目目标以及绩效措施和标准(后者总是落后于前者),并改进信息与评价系统。

在新西兰所见证的改进(参见Boston etal.,1991)具有多项上述特征,因为它更强调结果问责、绩效措施,将更多的财权安排给支出机构,信息与成本衡量也得以改进,等等。这些元素一直是20世纪50年代早期以来大多数预算改革共有的特点。然而在三个方面,新西兰所推行的改革拓展了政府预算和管理的边界。第一,它在服务的购买者(或所有者)及服务的提供者之间形成了一种新的关系。各部部长代表着由部门所提供的产出或服务的购买者(或所有者)。预算成为上述财政契约关系得以巩固的工具。在理论上,这种安排为购买者提供了一种更符合需求的选择,同时,其对于立法机关所承担的责任也加强了。第二,为了将注意力从投入转向产出以支持这种安排,对预算分类进行了广泛修改,而且每年都会修改。在本质上,改革设想了两种分离的拨款形式,以保证各部门只对其具有完全控制力的活动承担责任。这两种拨款形式是部门拨款(按产出分类)和非部门拨款。在这种情况下,各部门将对占总支出 16%的支出负责,这些支出直接由这些部门引起。可以预见的是,对产出的强调将导致结果导向。最后,在人员管理领域也发生了广泛变革。作为对传统方法的替代,采用了公司人力资源管理的一种变种,每个部门由首席执行官领导,而他(她)则按照合同任命。新西兰的实践不同于法国、日本和德国,后几个国家一直拥有强大的公务员系统,它在政府政策的形成和执行中占据支配性地位。这就提出了下述重要问题,即基于合同的公务员制度是否是传统公务员制度的可行替代。法国及其他国家的经验表明,真正的问题在于决策质量。基于合同的公务员制度一定能确保决策质量的提高吗?已有的经验并没有提供结论性的答案。基于新西兰的经验,新加坡引进结果导向的预算制度。但是它保留了传统公务员制度的架构,并没有安排首席执行官。在美国,随着政府更迭,大部分政府机构领导会发生变化。在大多数情形下,对政府各机构领导的任命需要得到国会的批准。几年前,在各政府部门和机构,设立了首席运营官(Chief Operating Officer)职位。这名官员直接向机构领导汇报,负责机构的整体管理;他也是总统管理委员会的成员。

英国的改革与 20 世纪 80 年代和 90 年代的预算改革具有许多共同主题。他们因此强调滚动支出计划、编制整体计划、按目标做计划、设定效率目标、制定总体支出上限、在年度预算评论中将对职能的评价作为其中一部分、设定并监控绩效标准、适当加强议会的问责框架。英国的改革在两个方面寻求突破。首先,建立了许多(其数目一直在增加)任务导向的机构。这些机构的领导根据合同任命,他们尽管需要按照设定的绩效被问责,却具有管理给定资源的自由。其次,各机构领导被赋予(尽管是逐步的)决定机构雇员薪资水平的财权。各机构的建立是政府组织改革中的重要一步,这一改革旨在改进服务提供。每个组织由一位首席执行官领导,他为部门(包括下属机构)的工作负责。部长保留在任何必要的时候对各机构的工作进行调查和干预的权力。1995 年末,已经有 109 个机构,还有 57 个也将获得机构身份。[27 个国内收入办公机构和 23 个关税和货物税部(Custom and Excise Departments)的下属机构按照机构的定位运作。]大约 2/3 的公务员活动由各机构提供(英国,1996)。此外,改组了英国财政部,以减少层级,并促进团队协作。

过去一些年,上文提及的一些特征在美国也已成为颁布的立法的一部分。在完成试点工程后,各部门被期望编制战略计划及绩效标准。然而,就像前文提及的那样,这些特征被期待在世纪之交得到落实。

五、主题与问题

前文提及并在表 1.2 展示的原理与实践,以承担具体任务、可以调用资源、具有管理上的灵活性、具备问责框架的小机构的建立为中心。然而,即使将这些原理及相应的管理哲学应用到作为其发源地的私营部门时,也存在争议。实际上,一些人认为,这些管理上的新方法倾向于把管理本身视为一种目的,而不是为组织及其顾客提供服务。他们认为,这些新方法已经败坏了组织及社会。管理学作为一门学科长期以来存在争议,很难达成一致同意。尽管对原理的讨论很有必要性,更重要的是考虑它们应用时产生的问题。尤为重要的是,政府的独特性是否得到承认,在将私营部门的实践用于公共部门时,是否进行了修正。不应将惯例误作效率,而是要具体问题具体分析。

在将上述原理应用于政府部门时,需要清楚考虑适用于政府部门的特征。除了普遍得到承认的衡量政府部门产出的困难,经验表明,政府部门的产出经常在开始时被低估,而在年末,会表现出更高的效率。尽管开发出许多指标,质量却经常难以衡量。与人们承认的相比,质量和预算支出间的关系就更加模糊不清了。此外,政府也许无法提供稳定的外部环境,而这却是预算战略所隐含的假设。在开放经济中,许多外在因素不受政府的直接控制,政府在其中经常是这些因素的被影响者。如果无法确保维持彻底的独立,作为所有者及宏观管理者,政府将不得不进行干预、重新谈判合同。当无法得到假定的资源,产出的规模也将不得不减少。但那会导致各机构的基础设施无法使用,导致更高的成本。此外,就像前文提及的,对产出的坚持马上会转化为目标,会以这样或那样的方式引起旨在达成目标的短期行为。绩效合同也意味着更大程度专注于产出,这样可以强化其执行。如果认为这种合同具有法律约束力,或者可以交由法院裁决,那么应用于政府的委托—代理关系将不同于它们现在的形式。

(一)财政政策目标

新西兰和美国之间的一个重要区别在于预算政策的中长期目标的陈述方式。这种区别部分归因于两国的统治者或政府受被统治者控制的不同方式。新西兰以前是殖民地,基本将权力授予政府,将其作为人民的代表,而政府从英国国王那里接受指示,并在某种程度上获得政权的合法性。政府的财政权力因此集中于财政部(或者以前的国库)。然而,在美国的传统中,人民自己是权力的最高来源,是最终的政治权威。政府的权力不是来自于任何其他地方,而是来自于人民的授权,人民拥有最高立法权。因此之故,在美国,包括财政事务在内的所有事情需要经过立法,法律因此得以颁布。英国式政府更多遵循民法传统,某些相同的目的通过行政命令完成。

在英国,除非通过年度预算立法,否则不会颁布说明预算目标的具体立法。基于新西兰的经验,澳大利亚制定了一部有关预算诚实的立法。通过立法(1989 年《财政法》)实行新的改革,新西兰走出了突破传统的重要一步。作为这种新传统的延续,在 1994 年颁布了《财政责任法》。该法为财政审慎原则打下了基础。由于"审慎"一词对许多人具有不同含义,该法进一步明确,这一原则在于通过平衡预算及维持政府净资产在充足水平以达到公债的审慎水平(短期内低于 GDP 的 30%,长期则低于 GDP 的 20%)。其目的在于实现财政政策的稳定性,进而实现税率的稳定。澳大利亚的法律规定,在预算中除了指出战略优先性、短期财政目标以及预算年度和接下来三年内的关键财政措施预期的结果或目标外,至少应该每五年一次在预算中列出代际方面的数据。此外,在选举前应该提供综合财政信息。在采用临时措施解决经济下滑问题时,要求确定这种变更的过程。

然而,问题仍然存在,即追求和执行财政政策是否应该通过澳大利亚和新西兰那种形式的立法来进行。对于这一命题,经验再一次没有提供任何无条件的支持。美国的许多州受到立法约束,以取得预算平衡。然而在实践中,在许多国家,政府本应承担的活动被分给独立机构承担,以维持预算平衡。通过使账目更加透明,可以防止这种做法吗?目前还没有结论性答案。

然而,在中期形成清晰的支出战略是向前的重要一步。这种战略是否通过立法颁布，或者是否应该成为年度预算战略的一部分，取决于一国的宪法与法律传统。

(二)各部门和下属公务员间的供求合同

与旨在建立一个结果导向的制度一致，新西兰的改革在部长和该部首席执行官之间提供了一份合同或协议。在理论上，部长可以在从本部门购买政策建议和从外部购买政策建议之间做出选择。绩效协议包括三部分。第一部分具体说明政府战略性关注相关的关键结果，预期结果以可验证的产品的形式进行详细说明。第二部分陈述要购买的产品的详细信息。第三部分提供部门遵循法定责任及政府责任的信息。这一改革标志着对以往的公务员传统以及部长与其下属公务员间关系的根本性变革。

别的国家需要模仿这一做法吗？有关于此的观点较之任何其他领域都更有分歧。在开始，许多人认为区分政策制定和政策执行并不合适。实际上在许多情形下，考虑到政策制定和政策执行间众多的滑移(slippage)，得到执行的最终成了政策。政策是专门由部长或下属公务员制定的吗？这一领域广泛的研究表明，这取决于具体情形，取决于相关特性，以及更为重要的政策本身的内容。

然而，这一方法在美国的应用及其可能的益处在于其所引发的问题，关于这些问题，人们更易于持怀疑主义而不是乐于接受的态度。美国的问责模式不同于新西兰，也不同于在英国式民主中看到的那样，在美国不存在内阁的集体责任。

还有，考虑到各部门只负责有关直接提供服务的总支出的一小部分，这些协议在预算管理的整体方案中是否具有重要地位？部门和独立机构之间签署的绩效协议具有更大的适用性。在那些由联邦政府提供资金，许多工作由州和地方政府执行的领域，绩效协议也更具相关性。

(三)绩效衡量

绩效衡量现在已经成为预算管理中得到认可的一种做法。关于其适当性很少有争论。有争议的是绩效衡量的最佳方式。在本质上，绩效应该反映实体或组织在运营上可以完全掌控的那些活动。然而，这种控制有分散的倾向，此时服务由第三方提供。

对于管理的绩效和结果的强调，尽管从传统的强调投入转向强调产出，并没有提升资源意识。相反，从各机构的视角来看，预期结果意味着资源和结果之间确定的关系。每次期望获得更好的结果时，会假设可以分配到更多的预算资源。管理上的动力不在于更有效地使用既定的资源，而在于寻求和预期结果相应的更多的资源。

（四）宪法方面

对于忙于预算管理的各部门以及政府本身的结构而言，澳大利亚、新西兰和英国推行的改革有两个重要的含义。

财政部或者这些国家的对等部门是一个强有力的组织。它负责编制滚动支出计划、确定预算分配的整体上限、批准绩效措施。从支出机构的角度来看，取决于具体情形，财政部被视为一个友好的批评者，或者是一个可以避免的威胁。虽然如此，在预算年度中，它被分派的角色有利于制定和执行政策。在美国，最接近财政部的对等机构是预算与管理办公室（Office of Management and Budget，OMB）。美国的预算日渐成为立法机关和支出部门之间的合同。即使关于宏观经济政策，OMB 的角色也经常在国会预算办公室面前黯然失色。尽管《预算执行法》确实允许（在国防和非国防支出之间，在应享权益支出及其他支出之间）进行组合管理，负责日常运作和绩效的却是各机构。然而，这并不意味着在资源与支出不一致的任意时刻，政府没有工具阻止支出。它可以取消支出，在更高的水平上，可以扣押支出。因此，政府拥有政策工具，通过这些工具，可以预料并防止刚出现的财政危机。然而，以一种未指明的方式，财政部发挥着远为重要的作用。因为按照传统，它被视为政府财政的良心。在美国联邦政府，这一财政良心是支离破碎的。是否需要加强 OMB 以使它成为美国联邦政府的财政良心？对于该问题，还没有定论。

第二个方面与建立小的、任务导向的机构有关。对应于被分配的资金，这些机构被赋予具体的任务。在大多数情形下，机构拥有开展财务运作的自主权。它们既可以从政府也可以从公众那里借钱。尽管原来是安排它们自己筹集资金的，如果这一试验真的付诸实施，不太可能有太多机构能顺利过关。更重要的是，就问责方面而言，存在问题。阿克塞尔罗德（Axelrod，1992）发现，“许多公共权力机构深陷政治赞助、腐败和管理不善的泥淖”，对于它们的行为，无法做出解释。英国的较近经验同样表明，在问责链条上有重大的缺口。考虑到这一经验，特别是考虑到处于对政府进行合理化改革、要求政府瘦身并变得更有效的时期，建立更多小的、任务导向的机构甚至更加没有定论了。

(五)技术方面

在四个操作层面，其他国家的经验具有某种价值。第一，与财政年度开始时被批准的预算的可获得性有关，或者，在预算还没得到批准时，与为所有的政府运作提供连续资金的技术有关。近年来，从财政年度开始，美国在获得及时批准的预算方面面临相当大的困难。实际上，在所有必需的立法完成前，财年已经过去大半了。为了避免这种情形，并确保所有连续活动的资金，许多国家的法律都规定，政府可以按照不超过上年同期支出额的数额安排支出。类似的技术可以防止政府为了获得预算而完全停止运作。

第二，美国的立法花了太多的时间用于决定下年的预算估计，却花了太少的时间用于评估过去一个预算年度完成了什么。在涉及局部利益的事务上，确实做出特别调查，但是有关成就的深度评论还没有成为人们的关注点。基于在政府所需及已完成的成绩间建立平衡的观点，瑞典已经在试验以三年为期分配预算资源的制度。按照这一做法，政府被划分为三部分，每部分占一年，然后对每部分做出集中评价。目的在于在三年期内覆盖整个政府。由于操作上的原因，时间框架得到了拓展，它使得立法机关可以更好地理解政府已经完成了什么，并根据这种评估去决定将来的分配。

第三，是否需要改变预算分类，像新西兰那样，按照产出进行分类？在这方面需要回忆一下，在编制项目时要时刻记住的考虑之一，是这些项目应该有可以识别和衡量的产出。就此而言，以一种清晰的方式识别产出是受人欢迎的。然而在实践中，这不一定意味着重大变化。比如，项目导向预算中的“政策制定”和产出导向预算中的“政策指导”并没有多大区别。即便如此，同样值得注意的是，就美国政府承担的活动范围的广泛变化而言，美国使用的分类需要升级。此外，在可能的范围内，也需要将分类和修改后的国民账户系统进行综合。

最后，政府支出构成的变化意味着，需要对各运营机构(包括第三方)多加注意，因为它们提供了许多服务。太长时间以来，注意力一直集中于联邦政府的运作。需要同样强调的是，加强各机构的内部控制。这些机构代表着政府运作的基础，因此需要比现在进行更仔细的考察。

六、选择与展望

关于新行动的选择已经做出。传统的体制无法取得令人满意的结果。因此，给予新方法以完全的机会是适当的，这可以让它们展示其在理念上的先进性，这种先进性会帮助政府在不增加成本的情况下改进服务。对于在新方法中表明的预算及财政管理的架构，公共权力机构不得不进行运营设计。为了做这件事，需要提供足够的保护，以便不会误用管理自主权，并使得竞争性红利完全归于政府。不应把服务外包纯粹视为公司部门对政府部门的替代，而应该看成是对工作过程连续评估这一较大的努力的一部分。

对于那些具有预算管理责任的政府而言，底线包括两方面：(1)采用新方法后，提供服务的成本更为有效吗？(2)如英国的普洛登委员会 1961 年所评价的那样，管理系统是否解决“如何控制和抑制公共支出的增长”这一核心问题？上文讨论的新方法和新实践以及在美国有望得到执行的行动计划，对于积极回答这些问题提供了合理保证。这些方法的效力不仅取决于短期收益，而且也取决于在中长期维持这种收益。反过来，这也意味着，改进财政管理要求连续而专注的努力。

第七章　捐赠的角色和影响：功能性双头政治的增长

……在政治中，如同在私人生活中一样，解决冲突最有保证的方法是对话，但是进展缓慢。在和我们的对手交谈时，我们成为我们自己的对话者。

——奥克塔维奥·帕斯(Octavio Paz)，《基于印度的观点》(*In Light of India*)

在许多发展中国家，基于双边和多边基础所接受的外援(包括技术援助)已经成为其收入的重要部分。对一些政府而言，接受的外援约占总预算资源的1/4到1/3。为了反映这种重要性以及相关领域的分享决策，过去这些年来，政府及其援助者已经演化出先进的管理制度，以处理计划编制、预算编制、项目编制及援助会计等问题。这些做法既反映了管理需求，也反映了捐赠者及接受捐赠国家的立法要求。

近年来，在一些国家，一些外援(特别是专项外援)倾向于绕过中央机构的介入，直接抵达支出机构，这些外援经常游离于接受捐赠国的财政管理过程之外。在其他一些情形下，接受的外援会伴有高度的绝缘防范(ring-fencing)，这导致预算和会计的并行方法。[1] 如同下文所要论证的那样，这些方法的一个结果是支出管理制度的崩溃，问责制受到严重腐蚀，并最终破坏了政府的整体信用及其管理国家财政的能力。

1　即和接受捐赠国财政管理过程中使用的预算和会计方法并行的方法。——译者注

如果这一章的结论——前文提及的各种方式已经严重破坏了支出管理制度——成立，由捐赠者和接受捐赠的国家采取一致行动以避免进一步的破坏并重建整个制度就是适当的。对于通过透明和问责改进治理，接受捐赠的国家和捐赠者都有有力的承诺。就透明和问责的核心是得到改进的支出管理而言，有必要采取措施建立可持续的支出管理制度。

外援涉及许多交易。每种交易都有其预算与会计程序及规范。这里的考虑包括两个方面：为工程或项目提供资金的援助（以借款或拨款的形式）；不同于商品援助的专项援助。（以商品援助形式提供的外援，会按照接受捐赠国家的货币换算成对应的资金，有其自身的会计与预算程序。）

一、预算计划与年度预算

以工程和项目的形式得到关注的现有实践可以依次被分为三组：(1)有些国家保持一个单独的统一账户，所有援助按照支出的数额计入贷方和借方。和其他交易一样，这些资金按照当年将会支出的数量拨款，立法机关按照相应的法律批准预算。很少有国家是按照这种做法来的。(2)有些国家将所有的援助资金并入自有资金实行统一管理，因此在准备和提交预算时，包含援助工程和项目。预算列出每个工程预计得到的援助数量，以本国货币核算的支出数量，使用捐赠者以前留下来或延续下来的借款提供的资金支持的支出，捐赠者为了某种目的提供的借款和赠与。根据接受捐赠国的法律框架和法律传统，这些支出按照项目分类拨款。(3)有些国家将借款或赠与列入预算外资金，因而这些资金的预算管理和会计记录独立于这些国家的主体预算。在一些前计划经济国家，外援资金的管理程序不同于其他国家，即使是传统形式的支出，至今仍不是由立法机关拨款，而是按照大类(broad magnitude)由执政党全国代表大会批准。

但是，上述分组的两种例外值得注意。首先，在大多数情形下，军事援助列在预算外。其包含在预算内的地方，最多只有粗略的细节，国防交易传统所具有的模糊性仍然是支配性特征。其次，以转让形式接受的技术援助很少包含在一国的预算中，尽管政府有关外援的年报会涉及这些交易。从立法机关的角度而言，接受的借款构成政府统一基金的确定的债务负担，并不需要进行特别批准。将每笔借款包含在预算中只是执行例行批准。在许多情形下,借款的偿还也不需要立法机关批准,因为人们认为这些偿还是债务性支出,因此不需要经过立法机关的投票或年度拨款。

就组织方面而言,也存在不同的实践。在一些国家,有关外援的谈判是计划部门的任务,该部门同时负责准备资本或发展预算。这也会导致下述情形,即只有当计划部门编出发展预算后,总的预算图景才会形成。一般而言,普通和发展预算的准备同时进行,每个机构有自己的预算日程。预算评价与合并的程序使得只有当两类预算放在一起时,才能形成整体的财政图景。然而,如果外援作为预算外账户进行管理,或者在预算的范围之外,因此不受接受捐赠国政府财政纪律的约束,这种财政图景就会有显著差异。将援助工程或项目包含在预算中这一做法本身,并没有为接受捐赠国本国的预算或财政纪律的适用性提供保证。一般而言,捐赠资金使用分布在许多年,因而并不随财政年度的结束而消失。某一年没花完的资金可以在接下来的几年中继续花。在大多数情况下,唯一额外的工作是,拨款立法需要以年度为基础进行。借款或转让有捐赠者自己设定的条件。因此,诸如冻结招聘(a freeze on recruitment)等限制对这些工程而言并不适用。此外,从一个工程向另一个工程再拨款,即使涉及很小的金额,或者设计发生了变化,都需要得到捐赠者的明确批准。

二、预算执行

在大多数国家,每年得到批准的预算授权定期(按月或者按季)安排给支出机构。援助工程和项目的大部分不需要按照这种安排来进行。作为替代的是广为流行的两种方法。接受捐赠的政府可以从其自身拥有的预算资源中第一时间安排支出,然后通过提交所必需的文件从捐赠者那里报销。直到最近,这一做法仍处于流行状态,给捐赠者造成了压力,这一压力直接与提交文件和向接受国实际发放款项间的时间差有关。因此,一些捐赠者建立了滚动资金制,向接受捐赠国预付款项。第二种方法是捐赠者按照为付款目的而设计的文件直接向供应商付款。在年度中间,工程和项目机构需要向捐赠者提交定期报告。经常地,它们也需要接受捐赠国官员的检查。

三、会计

大多数由捐赠者提供资金的工程和项目坚持记两本账，并遵循国际会计准则。然而，这些方面会随着接受捐赠国家的制度而发生变化。当地会计机构也被期待对接受的援助编制账目。账目的涵盖面取决于之前描述的预算的涵盖面，就此不包括预算外发生的交易。除了估值差异，这一因素本身导致捐赠者编制的账目和接受捐赠国编制的账目之间存在重大差异。此外，与流向非政府组织的资金相关的账目也不包含在接受捐赠国的账目中，因为它们没有经过预算程序。经常地，按照关税部门的记录编制的数据距离两类账目的完全一致还有一大段距离。

由接受捐赠国编制的账目同样需要接受该国总审计长或者得到批准的私营审计师的审计。在每一种情形下，为了最小化组织风险，制定独立准则用于核实及审计。在大多数情况下，捐赠者制定接受捐赠者需要遵守的会计和审计准则。这些准则会根据部门的不同（财政、基础设施、公共设施与交通、工业与农业贸易、人力资源及农业）而发生变化。这些准则背后的动机，在于确保接受捐赠国各机构具有可行的内部控制制度。在大多数情况下，这些制定的准则的适用性局限于和捐赠者利益相关的领域，因此会不同于适用于政府其他运作的那些规定。

四、其他程序

捐赠者也制定了人员招聘（在任务分散的地方，也会涉及对机构及负责招聘的机构的可行性的评估）、顾问及其他人员任命的程序。在一些情况下，也会向这些援助工程中被雇用的人员支付美元（尽管即使他们不被援助工程雇用，也会被接受援助的国家雇用）。会给他们交通工具［在交通共同资金(transport pool)之外］，他们也会拥有办公楼，这些办公楼更多地反映西方而非当地的标准。在所有这些方面，有关各种要求的广泛而详细的规定，会使得这些部门的实践与没有得到援助的部门流行的实践相比有根本性的区别。

五、各种问题

在接受捐赠的国家与捐赠者形成的上述类型的关系中，出现了一些问题。

从接受捐赠的国家支出管理部门的角度来看，经验表明捐赠者的经济与组织方法之间很少有共同点。在捐赠者有具体组织方法的地方，这些方法似乎是基于有待经验证实的“信念”。这可以从下文讨论的各条中得到证实。

（1）一般地，捐赠者坚持让与计划获得资金援助的工程和项目相关的各机构提交中期承诺。然而捐赠者的承诺经常是短期的，因为他们自己的援助拨款是由各自的立法机关按年批准。就此而言，在要求和实际的过程之间存在功能障碍。同时，这已经引起了期待，事先的计划已经做好，希望获得援助的游说已经安排好，当预期无法维持时，这些都会导致失望情绪。

（2）捐赠者坚持使用他们自己的会计和报告程序。他们更经常地强调对具体程序的一丝不苟的坚持，而不是开发可以带来较多遵从、较少交易成本的本地制度。因此，许多捐赠者坚持的方法无法在当地扎根。强调没有考虑当地要求和能力的方法几乎没有必要。其中的矛盾在于，即使关于复式记账和相关的会计概念得到了普遍认可，它们也还没有得到广泛的接受，仅限于在捐赠工程中使用。

（3）许多国家的支出机构现在发现直接和捐赠者联系更方便。有了捐赠者的支持和同情，向核心预算机构提交既成事实（fait，accompli）。捐赠者也似乎倾向于使用这一方法去克服在他们看来是集中的、模糊的和官僚主义的财政控制。支出机构的方法导致广泛的飞地意识，同时破坏了核心预算机构对预算的控制。

（4）作为上述做法的伴生物，支出机构不会不愿意接受更多的条件，如果他们的机构是提议的援助的唯一受益者的话。尽管各种条件和控制措施更多是按照捐赠国的做法，但是这些和当地财政部门的控制相比更可接受，因为前者同时提供资金。在作出这种安排的地方，有关接受援助的信息成为一类特权性信息，就其可获得性而言局限于捐赠者和支出机构。在这些情况下，负责经济协调的核心机构倾向于较多地依赖于自己的机智和非正式关系网，而不是依赖于命令式的官方程序。各机构发展出主要向捐赠者负责的程序，而没有激励去满足财政部门的报告要求。

（5）近年来，由于坚信非政府组织（NGO）能更有效地提供服务，捐赠者倾向于更强调通过 NGO 向社会提供服务。尽管在一些孤立的情形下确实如此，最近的研究表明，NGO 能在成本上更有效地提供服务这一命题仍有待证实。这导致出现了提供服务的三元方法——由捐赠者提供资金、通过预算提供服务，由捐赠者提供资金、通过预算外的政府机构提供服务，由捐赠者提供资金、通过 NGO 提供服务。尽管消费者应该有选择的权利，这种方法是不是提供选择的最佳方式仍有待讨论。[1]

从前述讨论中得出的结论是，接受捐赠的政府实际上在功能上存在双头政治，因为至少存在两套支配财政管理系统的程序和管理框架——一套是这个国家土生土长的，另一套则发展起来用于满足捐赠要求。这种双头政治对于问责、可靠性、财政纪律和分权等具有重要影响，这又意味着接受捐赠国家的支出管理制度基本上被破坏。

六、问责方面

问责既可以在一个较广的背景下也可以在较窄的财政方面进行解释。就后者而言，要求政府向立法机关提交有关财政的行动计划，并最终提交资金收支账目。然而就此而言，即使是通过预算提供的援助，其安排方式表明问责图景似乎是不完整的。但是存在情有可原的情况，因为立法机关的权力与程序还没有完全发展起来，特别是关于借款或构成统一基金债务负担的类似交易。因此，援助作为年度预算的一部分被批准，此时其主要是作为筹资手段。然而，如果资金是在预算外提供(并且没有预算外基金的明确框架)，问责就被削弱了，因为这些交易不用向立法机关报告。此外，这一实践等于违反了被宪法专家、会计和审计人员几乎视为神圣的一条原则——除非经过立法机关批准的拨款，否则不能发生任何支出。由于有些援助没有经过拨款就直接提供给支出机构，这使得本来就脆弱的问责结构变得更加紧张了。

相关的一个问题是，是否为了管理上简化的原因，可以允许对问责框架的破坏。无论是否心照不宣，如果同意这一做法，则等于承认目的可以证明手段的正当性。另一方面，问责则意味着目的应该先于手段而存在。

1　当由政府提供这些服务时，这些服务构成合法的公共支出。

七、可靠性

上文提及的实践提高了政府的可靠性吗？就合理、可靠、真实的意义而言，任何看似没有得到法律许可的行动也不合法，任何缺乏合法性的行动则同样破坏了政府的可靠性。此外，就更为实务的意义而言，当交易在确定的预算框架之外开展，政府要得到一个总的交易图景有困难的话，政府的可靠性就会受到损害。当对于这些运作的结果没有问责时，影响会更加严重。尽管对于可靠性的破坏存在争议，没有争议的则是下述事实，即在预算外开展某些运作不一定会增加政府的可靠性。

八、财政纪律

最受到不利影响的领域是政府的财政纪律。当支出机构纷纷冲向捐赠者、与他们开展谈判时，它们同时逃避已经建立的管理过程。支出机构在预算范围之外作出承诺、发生支出、提供服务。当这成为常见的逃避机制，对每个人而言，采用同样的办法就成为一种趋势。谁在建立财政纪律也成为有争议的事情。有一种普遍印象，即由捐赠者要求的对支出进度的报告，更支持官僚体系强调量化方面，这一印象经常得到实际经验中积累的文件的支持。如前所述，这导致并行的制度，每个制度都有其自身的规章和法律。

九、分权

可以将捐赠者的方法视为分散财政权力、减少财政部门发挥的角色的手段吗？有人会说，建立预算外资金会赋予相关项目机构更多的权力、更多的管理上的自由裁量权，更强的管理能力。如果这些机构有一个包含具体目标和定量绩效指标的框架，而且有独立的机构审计它们的工作，设立预算外资金可被视为分权的正确步骤。然而实际上，这些方法导致有效的去预算(debugetization)，建立了一些繁荣的小岛。分权无需去预算、也不应该去预算。在发生这种情况的地方，分权的好处可能远远不及起初将它们从预算分出来的坏处。

因此从任何角度而言，实际经验表明，捐赠者会导致对支出管理制度连续不断的破坏。在这一制度需要改进其组织时，这些方法会削弱这一制度，使其成为蹒跚而行的巨人，使其较多地按照以前宣称的荣耀（laurels）发挥作用，而不是按照任何措施或加强的工具发挥作用。这进而对于政府的整体管理能力产生不利影响。

十、前进之路

需要更多的结构性谈判，需要改进信息系统，需要加强接受捐赠国之间的协调。由联合国开发的援助管理与问责协调框架明确承认东道主国家负责他们的发展行动的计划与管理。[1] 作为这一前提的延伸，必须承认的是，提供的借款与转让应该完全遵守接受捐赠国当地的法律、特别是支出管理制度。但是在一些情况下，支出管理制度会比较薄弱，由于包括灾害性干扰在内的一些原因，无法满足捐赠者对法律制度的许多要求。在这种情况下，捐赠者应该强调改进当地制度的紧迫性，而不是探索替代性途径。比如，如果当地审计机关没有训练有素的人员承担要求的审计，替代方案不是雇用民间审计人员，而应该是加强当地的审计机关。雇用民间审计人员会破坏当地审计机关的可信度。类似地，用专业的会计、审计和采购实践替代当地的相应制度，与当地制度同时并行，也会破坏当地制度的可靠性。在谈判过程中，这些方面及它们的系统性潜在影响必须得到明确地识别。

作为上述做法的延伸，对捐赠者而言，改进东道国的信息系统是值得的。这种信息系统甚至使得对预算外运作（在这种预算外资金无法避免的意义上）的监控成为可能，将预算外管理纳入财政信息系统的范围。建立改进后的信息系统，即使是在东道国系统的参数之内，也会使得开发以计算机为基础的信息系统更加容易和经济。信息系统也有利于东道国政府内部的协调，以及其与捐赠者的协调。

1　联合国，《援助管理与问责倡议（1991—1994）》，公共管理与发展管理部，纽约，1996，第134—138页。

第三编

计划与预算

第八章　经济发展预算：演化及理念的实践

问题……在于人的改造。这不仅仅是造就想要的人。它首先意味着，要把他们从已有的贫穷所带来的自我伤害和特别的浪费中解脱出来。

——V. S. 奈保尔，[1]《印度：受伤的文明》

公共预算的一个重要方面与增长、就业以及经济中更受人欢迎的收入分配的形成有关。过去 70 年来，这方面已经取得了很重要的地位。有时，这方面对公共预算的其他方面，比如资源配置的效率、宏观经济稳定、向公众有效地提供服务等具有实质性影响。迄今为止，使用公共预算来促进经济增长、就业及更受人欢迎的收入分配等目的，已经成为发展经济学的一部分，更具体地，成为经济计划的一部分。但是在 20 世纪 90 年代早期以前，在计划方面具有显而易见的疲惫感。国家此前被视为解决市场失灵的工具，其自身开始被视为一个重要的问题，横亘在社会的合理愿望及其实现之间。国家（特别是属于苏联集团的那些国家）开始偏离为经济发展做计划的做法，采用市场化的政策。在这过程中，一些国家不再制定经济发展计划。现在更强调削弱国家的角色，强调实现持久的财政整顿。近年来趋于支配政府的新公共管理哲学要求重新整体考察政府的活动，以确定哪些是政府应该做、同时应该买单的，哪些是政府应该买单但不应该做的，哪些是政府既不该买单也不该做的。在所

1　奈保尔（Vidiadhar Surajprasad Naipaul，1932—2018），英国印度裔作家，2001 年诺贝尔文学奖得主。代表作有《米格尔街》《自由国度》等。《印度：受伤的文明》为其"印度三部曲"中的第二部。——译者注

有这些阶段中，公共预算显示出适应了变化的形势与要求的能力。然而，许多人认为，同公共预算相关的许多问题的出现与适应性没有多大关系，却与其节奏与内容有很大的关系。尽管具有适应能力，公共预算却持续受到系统性、操作性及技术性问题的困扰。

一、条款及区别

预算是一个组织或一个政府准备开展的活动的财务表达。确定要做什么、如何为其筹集资金涉及广泛的财政计划。就一般意义而言，计划涉及分析形势、诊断或识别问题、设定目标、制定战略及执行时间表。它是深思熟虑的过程，就此而言，总是人类思维工具的一部分。考底利耶写于近两千五百年前的、世界上第一篇有关管理的论文注意到深思熟虑的五个方面——要达到的目标、执行任务的方法、人力及资源的可获得性、决定行动的时间和地点、为应对失败的应急计划。[1] 就经济发展计划而言，需要注意两类计划——实质计划和财政计划。[2] 实质计划，又称为发展计划或经济发展计划，涉及各类社会目标的计划，以及为了实现这些目标动员自然、人力与财政资源。财政计划是实质性计划的工具，包括计划未来的预算，为预算交易分配预算资源，以及筹集这些资源的方法。这些方面是实质计划和通过预算展开的财政计划间共生关系的象征。

政府预算也区分为经常性（运营）预算和资本与投资预算。资本预算一般是指通过贷款筹资、会形成资产、延续时间超过一年的生产性工程。然而“投资”这一术语，更像是没有精确内涵的经济发展。比如，按照美国预算采用的

1　考底利耶指出，一旦出现行动的机会，深思熟虑的结果不应当被不当地延迟。他给国王的具体建议是咨询其顾问，“不要轻视任何人，倾听所有的观点；因为聪明人留意所有明智的建议，即使这种建议来自一个孩子”。参见 The Arthashastra，1992，第 198－199 页。孙子写于大致同一时期的《孙子兵法》，对战争战略计划的重要性做了详细分析。他写道：“知己知彼，百战百胜”。参见孙子，1997，《孙子兵法》（纽约：Addison Wesley），第 17 页。

2　有关这些区别及它们的演化的详细讨论，参见《政府预算与支出控制》（*Government Budgeting and Expenditure Controls*，普列姆昌德，1983 年）第六和第七章，以及普列姆昌德的《政府中的计划与预算——实践与问题》（*Planning and Budgeting in Governments—Practice and Issues*）（收录于 Kathpalia，Ravi 编的《公共部门财政管理与问责》（*Financial Management and Accountability in the Public Sector*）第 193－205 页，新德里：IBH 出版社）。

处理方法，投资是指对整个国家具有长期收益的那些支出。[1] 这些支出也包括“社会投资”项目，比如儿童免疫、孕妇健康、一些营养项目以及一些防止性而非治疗性的药物滥用项目。另一方面，资本性支出包括会导致获得有形资产或者会延长资产的生产性寿命的那些支出。然而，资本和投资的区别在政府账目中没有得到承认。政府账目的会计准则还是遵照一般公认会计原则，区分运营性预算和资本预算。[2] 美国预算中提出的处理办法在性质上更像是一个分析性概念。为了这里讨论的目的，我们将同时考虑资本性和投资性支出，将经常把它们作为同义词来使用。

向社会供应商品和服务日益趋向于由政府提供资金但由非政府部门提供实际服务。为了分析方便，识别三个广义的部门——公共部门、法人和第三部门。公共部门是指政府、受其控制的自主机构及国有企业。法人包括私有的制造业，或从事商品和服务的制造和销售的商业组织，它们以营利为目的。第三部门包括个人、志愿者组织、合作机构及不以营利为目的的非政府组织。出资人与提供者分离的活动占据社会投资的重要部分，显示出可以通过政府而不是内部设施(in-house amenities)取得经济发展。对公共预算而言，这种方法有一些潜在含义。

二、为了发展进行计划和预算：一个简单回顾

历史为我们提供了一些例子。在这些例子中，开展大型的公共工程用于帮助发展经济。尽管许多公共工程(如中国的长城)具有国防目的，同样正确的是，它们通过提供更多就业机会促进经济繁荣。在较近的年代，计划和预算经历了四个可识别的阶段。为了经济发展的目的安排政府预算的第一个阶段，是其在20世纪30年代抵消经济大萧条的影响中所发挥的积极作用。在这期间，许多国家为了促进经济活动产生了财政赤字。更具体地，按照瑞典的例子，资本预算被用来推动经济发展。资本预算大部分通过贷款项目获得资

1　对这些方面的讨论参见《分析性视角》(*Analytical Perspectives*)，美国政府1996财年预算，第96页及其后(华盛顿：政府印刷中心，1995)。

2　按照常规的会计实践，资本支出是指用于新建项目、土地、扩建和改建现有建筑物、购买任何预期寿命在一年以上的固定资产。资本性转让和为了资本性目的进行贷款也包含在内。

金。

首先由瑞典采用的资本预算很快就推广到其他北欧国家，其他发达国家与诸如印度殖民地、加勒比海群岛国家等发展中国家。在这些情况下，资本预算的概念发生了一些变化，因为有关资本预算所包含的项目、相关支出的摊销、资金的永恒性(non-lapsability)、管理灵活性的各种准则没有得到完全遵守。实际上在一些情况下，资本预算是在年度预算的框架下开展，年度预算的相关规定也适用于资本预算的编制与执行。

在很实质的程度上，资本预算的采用及相关的资本计划受到商业部门以及苏联经验的影响。苏联那时已经克服了自列宁开始采用的新经济政策所带来的初始问题，发展起来一套组织良好的政府预算制度。从私营企业部门那里引进的特征和为了扩张的目的使用借款有关。直到当时，政府借钱主要是为了为战争、军事冒险或灾难筹集资金。引进资本预算、为了经济发展的目的借钱标志着对以往实践的根本偏离。

演化过程的第二个阶段和第二次世界大战期间同盟国与轴心国军事力量的经验有关，以及与此后马上开始进行的重建被战争破坏的经济的大量努力有关。但是，有关国防的重大支出本身确实并不是为了发展。但是由于几方面的原因，战时经验很重要。首先，它显示了政府在组织其自身的活动以及私营部门的活动(这些活动在生产过程中的每个步骤都得到协调)时很积极的角色。当资源被转移用于备战和相关的支持活动，预算支出呈指数式增长，对于它们的计划与控制成为集中研究的主题。[1] 为了军事目的的计划涉及战略制定，并将其转化为管理任务以及运营责任。这些方面后来被称为战略计划、管理计划及运营计划，可以在战时经验中找到其根源、发展及应用。其次，这一时期的预算也显示出产品质量及其在整个战略中承担的角色的重要性，而其所花费的成本则相对不是那么重要。在战争末期，为重建而付出的努力开始感受到这些实践的持续影响。第三阶段涉及预算方面的一些发展。以国防部

1　有关战时计划的很令人兴奋的研究，参见 Devons，Ely，1950，《实践中的计划：战时航空计划论文集》(*Planning in Practice*：*Essays in Aircraft Planning in Wartime*，英格兰剑桥：剑桥大学出版社)。有关军事实践对美国官僚制的影响的最近评估，参加詹姆斯·P. 威尔逊，1989，《官僚制：政府各机构做了什么，为什么做》(*Bureaucracy*：*What Government Agencies Do and Why Do It*，纽约：基础出版社)。

为一方，以财政部门或预算局为另一方，在两者之间开始建立起新的关系。国防支出与军事战略密切相关。而在军事战略中，国家利益而非财政限制是主要关心的事情。正因如此，后一类关切受到忽视，开始出现总体预算(在英国被称为合同预算)。在这一制度下，核心预算机构会指出国防支出的总体上限，而许多详细的分配与管理则由各国防机构来做。这一实践预示着这一十年所强调的管理实践，比如在确定的上限内加强授权及活动自由。

基于不同的定位，上述实践在战后重建的岁月中得以延续。作为这一努力的一部分，以及作为马歇尔计划的一个组成部分，制定出全国发展计划。在环境发生变化后，预算及财政管理的目标在于有利于经济发展及其管理。这转而要求政府持续扮演重要角色，就像在一个管弦乐队中扮演指挥的角色。作为指挥，他要参与演奏由自己谱写的音乐。

在 20 世纪 50 年代早期，受到战后重建计划的支持，以及在很大程度上受到苏联模式的影响，印度政府(1953 年)是最早通过正式经济计划的国家之一。就像印度财政部长在 1951—1952 年度的预算演讲中提到的那样，发展中国家的问题是可用于发展的"储蓄数量小"。印度的计划采用统制主义的方法，该方法通过由政府施加定量和定性控制对经济进行整体控制。为了反映其控制经济制高点(commanding heights of the economy)的理念，制造业及采矿业的大部分留给了国家。主要的计划工具是五年计划，该计划提供宏观经济目标框架，以及与经济指导与管理相关的微观方面。制定计划的责任由一个独立的机构即计划委员会承担，该机构作为中央及各州政府的顾问机构发挥作用。预算本身则被视为从属于计划。随着经验的逐步积累，计划中的分配工作根据基于经济和财政原则的技术考虑来进行。

法国采用了经济计划的另一个变种。这一方法称为指示性计划(Indicative Planning)，涉及更多投向公共部门的详细投资计划，而私营部门的角色不包含在内。但是，后来以亚洲虎为人所知的一些国家采用了经济计划的另一个变种，这一变种涉及广泛的合作计划。这种类型的计划等于构想一个有关经济的整合性图景，其成功取决于和私营部门的合作，以及为其提供的发展激励。和印度的情形一样，这种实践涉及建立独立的计划部门，其结果将划定年度预算所需做的事情的边界。

在西方发达国家,人们讨厌积极的经济计划。人们认为,这种计划会加强国家的力量,这将会带来不利影响,会限制市场的运作,会对个人自由施加限制。同时,越来越多的人承认,制定一年期财政政策和预算会导致很难执行许多有几年的支出年限的政策。这些政策需要稳定性,不应受到或停或走的变化的影响,这种变化与年度预算周期相关。正是在这一背景下,普洛登的《控制公共支出》报告(英国,1961 年)建议对未来若干年的公共支出进行常规调查,这一调查要和预期资源联系起来,考虑整个公共部门的长期经济性和效率,同时在衡量和处置公共支出方面进行改进。同时,学术发展和定量评估技术(投资标准或成本—收益分析)在美国的广泛应用,导致出现一套新的预算技术。这套技术是计划项目预算系统(Planning,Programming Budgeting System,PPBS)的前身,强调设定较长期限战略、应用定量技术、安装监控设备等的需要。这三个原则涉及将经济计划的主要成分成功移植到政府预算中。当然也存在一些区别,因为制定未来的计划这一任务被内化成每个机构的管理职能,而不是由独立机构承担。

在此期间,许多非洲国家获得独立,也开始对经济发展做正式计划。国际金融机构和捐赠机构对这些努力具有实质性影响。从早年从前殖民地政府获得独立时的预算支持补助(budget support grant)开始,到由国际和区域性金融机构以及为许多国家组织的援助联盟成员提供的工程援助,外援已经成为其中许多国家发展资金的重要来源。在某个阶段,这种外援超过许多国家预算资源的 2/3。经济发展的主要工具是发展预算。为了吸引外援而组织的发展预算,不同于传统的资本预算,因为决定什么要包含在发展预算中的主要标准是资金来源,而不是其生产性质或者与资本预算相关的资产寿命的考虑。在一些情况下,也会建立预算外账目,以反映捐赠者的要求,在适当的时候,这些账目趋于压倒发展预算。

第四个阶段涉及经济计划的推广应用,以及其作为组织及正式过程的相对衰弱。在 20 世纪 60 年代,经济计划被人们视为必不可少,在一些地区甚至被视为灵丹妙药。然而,经济计划的增加及传播到了一定程度,就必然开始减速。在 20 世纪 70 年代早期之前,人们承认,计划没有产生预期效益。现实表明,计划已经变得过于复杂和僵化。这种僵化导致其无法应对变化的世界。

开展的大型工程被证明在财政上并不健康,由于它们无法产生资源,导致公共财政的高度脆弱状态。在一些情况下,在国防要求和发展需要之间做出选择变得特别纠结,同时追求两个目标则在财政上很难做到。固定汇率制由于大宗商品价格的波动而衰弱,政治上厌恶贬值对经济带来一系列冲击。放弃只为生产性工程借贷的黄金法则意味着沉重的债务负担。动员额外的收入来源被证明很困难,而诉诸诸如通过通货膨胀征收铸币税来筹资的温和手段,则被证明代价高昂。结果是,计划假日(Plan holidays)成为通常的特征。在其他地方,计划被急剧削减,对"核心"工程以及其他具有快速见效特点的工程更为强调。为了克服财政困难,许多政府从国内外大量借款。国家的过度借贷对私人投资需求有挤出效应,投资开始放缓。

上述因素导致对国家承担的角色的新的评估,认为国家应该小而有效的观点获得更多的支持。目标在于通过财政整顿达到宏观经济稳定。人们意识到,只有通过结构性改革和宏观经济稳定,更高的增长速度才是可能的。而这两者要求经济的自由化、限制国家的角色、采用旨在可控的预算赤字的灵活管理政策。具体而言,支出管理及其调整被视为是达到财政形势持续性改进的关键。支出管理的改进进而要求采用更分散的决策技术、提高透明及问责、在经常性支出和资本性支出间维持适当平衡、加强内部控制、采用绩效指标,以及许多相关的措施。

政府运作一直都很复杂。与私营部门(特别是社会和家庭部门)之间建立的关系的起伏以及经济的不确定性要求更多而不是更少的计划。但是,这种计划必须意识到市场的作用,使其自身在全球化的背景下适应动态市场体制的运作。存在一个悖论,在计划正处于其最低潮时,却需要更多的计划。但是,现在计划已经被纳入预算。公共部门预算的一个永恒不变的方面是其计划的能力,同时,在需要的时候具有自我调整机制以应对不确定性。

三、计划与预算:功能分析

事后来看,需要承认的是,许多政府是在没有充分准备的情况下采用了发展计划。各部门针对新任务没有调整定位,这种所需准备和实际准备间不可避免的迟延,导致了一系列本可避免的问题。在发展计划的背景下,预算被视为含有资本预算并对各项工程进行了详细的成本测算。[1]

更好的观点，当然也是反映了目前的发展阶段（前面分析的第四阶段）及其在政府中的应用的观点是，从周期、宏观经济联系、分析工具、整体上限、政府支出结构变化的含义等方面对计划及预算进行考察。

（一）周期

尽管许多发展中国家一直在编发展计划，西方发达国家以及大部分东方国家将计划作为普通预算编制工作的一部分。按照惯例，许多政府准备中期、短期及当年的财政战略。在澳大利亚、新西兰、美国以及传统中的英国等国家，通过立法确定要达到的财政目标。澳大利亚的《预算诚实法》、新西兰的《财政责任法》、美国的年度预算决议都设定了得到许可的财政赤字水平，以及达到那些目标的时间。除了这些追求之外，按照惯例，还准备一年以上的预算。这种预算的时间长度可以是三年或四年（瑞典的部门预算以三年为期进行批准），每年滚动准备下三年的预算。在德国，前瞻财政计划是财政政策的关键工具，以滚动的方式为下三年作准备。在美国的一些州，会预测后面五年的预算，在一些情况下，还会编制十年预算。在另一些情况下，准备连续水平预算。在这种预算中，接下来的财政年度的基础不只是当年支出的数额，这一基础还会按照通胀效应、工作量的增加、生活成本的变化以及其他任何为了继续提供现有水平服务所需的数额等进行调整。连续预算成本倾向于包含收入增长。如果收入增长少于支出增长，会被视为收入短缺。因此，有必要制定支出预测的方法，这种方法会关注并识别任何调整的基础及性质。在许多国家，在滚动的基础上准备投资计划是年度预算编制工作的组成部分。

上述实践表明，计划与预算的传统区别在某种程度上变得日益模糊，因为预算是在中期财政战略的框架内编制的。实际上流行的做法是，为下一年及以后做计划及预算。通过为了年末灵活性的明确安排，资金按年消失的法律

1　对这些方面的早期讨论（代表了这一时期的典型特征），参见 Hicks，Ursula K.，1965，《发展财政：计划与控制》（*Development Finance: Planning and Control*，纽约：牛津大学出版社），第 156－182 页，以及 Lewis，Arthur W.，1996，《发展计划：经济政策的基础》（*Development Planning: The Essentials of Economic Policy*，伦敦：George Allen&Unwin），第 147－221 页。刘易斯主要关注计划的运算与希克斯类似，他将资本预算视为主要工具。但是实际上，那时或现在很少有政府实际上拥有遵从和这种预算相关的标准的资本预算。

限制日渐得到克服。

（二）宏观经济联系

现在从强调为投资做计划转向强调为宏观经济稳定做计划。为宏观经济稳定做计划要求审慎的财政政策，这转而要求控制支出增长率、适当的成本补偿、尽量不征新税、尽量不执行任意的项目支出成本、尽量对可能发生违约的项目不承担大量担保。这转而要求不仅明确承认预算和经济间的联系，也要承认有加强预算各要素的需求，以便应对意外冲击或者高于预期的通胀率会带来的冲击。经济的开放及快速的全球化强调了政府活跃的重要性。这种活跃不仅仅针对预算形势的发展，也针对国际投资者如何看待他们管理经济的努力。这些方面通过中期计划寻求得到解决。具体而言，它涉及为每年制定清晰的目标，以及执行目标的策略。这涉及制定优先性。

（三）分析技术

在20世纪60年代末70年代初，传统的经济计划开始严重依赖于对成本一收益分析的应用。理论上，这一方法提供了评估各种替代方案、选择成本最有效方法的机会。但是实际上在大多数情况下，这很快变成通过设计研究方案为已经做出的决策提供支持，而不是由此发现可行的各种选择。

现在，西方大多数国家已经开始对各项目进行评价，以便终止没什么用的或昂贵的项目。人们意识到，通过临时性的小修小剪或者在编制预算时削减较次要的部分，无法在实质性水平上实现支出的经济性，而只会要求更多的有组织的努力。为此，现在一些国家对各项目的贡献进行定期评估。在瑞典，各部必须每三年接受一次综合评价。尽管其他国家的程序的可怕程度要小一些，人们越来越意识到承认失败并不丢脸。政府今天不承认的事情将在以后不得不承认，同时给其可信度带来相当大的损失。

各国政府也更加强调提高政府组织的生产力。从使用计算机技术到通过引进团队和管理群来再造等级结构等各种方法都有，在一些国家，会激励支出部门去取得财政红利或提高效率。在这种程序下，获得的收益在政府和各部门或支出机构间划分。不同于纯粹地追求更多职能，现在各部门必须表明它们也很有效。

（四）整体上限

经济计划涉及两个方面，这两个方面对公共预算的过程和要旨具有重要影响。首先在理论上,它同时涉及自上而下和自下而上的计划。其次,支出估计基于规范和标准,并基于以全国或中央为基础设计的个人补助。一般而言,这些措施以需求为基础,与可用资源具有内在的不一致性。

这些特征导致供给驱动的支出,其中的支出倾向于按年逐步提高。在经济发生衰退的背景下,预算倾向于有更高的赤字,反映了源自衰退的经济的较低收入,以及更多使用应享权益性福利金所导致的更多支出。反过来,这些中的每一个都适用于发展中国家和发达国家,表明资源形势和实际支出间的联系变得越来越模糊。

除此之外是下述事实,即支出机构更关注它们控制下的管理活动的膨胀,或者允许供给驱动的支出可以有自己的波动,而不被增加的赤字扰乱。预算目的与预算结果间的实质性差距将表明财政政策的重大失败。为了促进这种意识,公共预算开始使用两种方法:(1)决定整体上限;(2)引进触发机制,该机制会在高于估算赤字的环境下重新评估应享权益性福利金。

整体上限的确定意味着在预算中采用权力下放的方法,其中核心预算机构会向每个部门指出可用资源的数量。这些资源然后再被分配到机构领导控制下的项目和活动。机构领导将对商品和服务的提供负责并予以说明,对于资源的使用也要进行说明。在完全考虑各种需求,并同时意识到资源的约束后,形成每个机构的整体上限。资源的内部分配属于机构管理的范围之内。这一过程区分以下两者,即在最高水平上制定政策,以及在机构水平上执行政策。

整体上限同样具有中央计划的命令特征。区别在于中央计划制度涉及整个经济,而整体上限只适用于政府运作。在这一制度下面,负责资源分配的核心预算机构在理论上可以与以前一样随意分配资源,或者通过持续干预各机构的活动滥用集中管理的责任。

(五)变化中的支出结构的含义

为经济发展制定计划和预算受到变化的支出结构的广泛影响。除了上文讨论过的应享权益性支出,还需要识别变化中的支出结构的其他两类特征。首先,现在公共支出的一大部分由向非部门机构、自主组织、区域政府、州政府、地方政府及其他机构的转移支付构成。这是大多数发达国家和发展中国家的共同特征。其次,越来越多的支出正日益通过契约性支付的方式发生。

这些特点意味着,重点已经不再是政府直接提供产品或服务,政府正日渐成为各机构资金的提供者,而服务的实际提供则由其他主体进行。这在供求双方之间产生了一种新的关系。

两个其他因素使得本来已经很复杂的公共预算变得更加复杂。首先,成功的合同管理的一个重要组成部分是购买者拥有充分的成本信息,以便可以评价竞标的合理性。成本的计算是一件困难的工作,在社会服务提供这样的软领域(soft area)就更是如此。政府在这一领域还不够胜任。其次,从预算计划的角度来看,合同减弱了预算的灵活性,因为任何由于资源减少所带来的减少支出的尝试会导致更高的成本,支付给承包商的金额会更多。

(六)政策制定方法

采用有组织的计划无疑加强了预算的一个重要方面,这一方面迄今为止被人们忽视掉了。向前看的纪律以及对提议工程的优缺点的深入考察,加强了政府的整体决策能力。这些年来,对成本—收益分析法的应用得到了推广。迄今为止,在涉及延续若干年的实质性投资的重大工程中,倾向于应用各种分析技术。即期项目还没有得到同样严肃的对待。这种有选择应用的后果是,一方面,受到政治激励的决策占据了支配地位;另一方面,成本被显著低估。

在一些情况下,资本预算和经常性预算(或其等价物)的分离导致本可避免的双重决策。在经济发展的早期阶段,由于投资工程对于经济发展的重要影响,会对其更加重视,而经常性预算则受到约束,以便可以获得经常性预算的剩余。但是考虑到其劳动密集特征,大多数社会资本支出放在经常性账户。在后来的各年间,由于面临着削减财政赤字的紧迫性需求,用于资本账户的支出被削减,用于社会活动的资金不足成为常规特征。

发展中的经济现实的一个重要特征和捐赠者在发展计划筹资中扮演的角色有关。捐赠者的捐助,无论其形式是借款、转让、商品提供或者是技术援助,都相当重要。此时,有关发展计划的整体决策现在成为一个涉及接受援助的国家和捐赠者联合决策的领域。大部分援助都是有条件的,在接受援助的工程完工前后,需要东道国采取一些行动。因此,捐赠者会告知东道国相关条件,并与其进行讨论。然而,经常会让人觉得,这些条件是捐赠者强加的。作为这种限制条款的一部分，在制定预算时以及在监控和会计制度中，各种涉及高度严格保证的程序被坚持要求遵守。作为这些方法的结果，在制定及执行经济发展预算时，出现了功能紊乱。

四、支出控制

发展计划提供了想象力，预算则提供了运作框架。为了确保适当的预算结果，从计划向预算的过渡涉及支出控制机制的安排。正如普洛登委员会[1]所提及的那样，支出控制的核心问题“是如何让公共支出的增长得到更好的控制，以及其中如何包含政府认为是合意的各种限制”。节制支出要求对政策进行评价，更强调保护资源，而不是不断地索取更多的资源。然而，正式的经济计划并没有设想对支出的任何控制。

经济发展具有下述要求：得到重视实物方面平衡的财政方法；强调有效使用可用资源的控制制度；资源及发展目标的完成；多样化的方法，这种方法明确承认每个机构的独特特征，以及内化于机构活动中的独特的人力与物质资源组合；探索各种可行选择的过程；将各个机构有效结合在一起的协商过程。由于意识到与传统的上述明确区别，发展计划寻求支出控制的不同方法。因此，注意力从投入转向产出，转向向各机构领导委派得到加强的财政权力，转向使用定量及成本控制，转向提供年终灵活性。

但是在此过程中，上述类型的努力导致两类控制的出现，一种是为计划进行控制，另一种则针对非计划。更重要的是，作为计划的一部分施加的这类控制变得僵化和集中，包含在计划中的每个定量目标变成一种必须通过这种或那种方式完成的命令。自20世纪80年代以来，在日益增加的财政危机成为主要议题的背景下，控制机制变得更加复杂。

正是为了解决上述问题，才引进了新公共管理哲学。就支出控制而言，新哲学中相关的成分包括对产出的强调、分权背景下的问责框架、支出机构内部充分的内部控制、对意外事件的迅速解决策略。与强调分权一样，对结果的强调的智力渊源是编制发展计划的经验。现在正在寻求将确定产出及提供管理

---

1 Command论文1432，HMSO，伦敦，1961，第5页。

自主权扩展到整个政府管理领域，而不仅仅限于计划支出。在某种程度上，这些特征根植于新环境，其中大量服务由私营及第三部门提供，而相应的资金则来自公共预算。但是，内部控制的充分性得到了更多的重视，特别是由于这一领域的进步很慢。公私合营的增加、第三方支付的份额的巨大而快速的变化，使得在服务提供组织内部安排内部控制成为必要。在这些交易中，腐败的范围很广泛，即使再多的统计质量控制也不够。

在实施任何控制过程中经常遇到的困境是，在实施控制之前，事情已经发展到实施控制无法得到多少收益的阶段。这意味着应该把控制视为决策前的一种适时的、较好的积极投入。财政控制是过程导向的，没有任何战略优先于它。向前看的财政战略同样要求支出控制的支持性战略。从组织内部进行控制的事实并没有使得它们具有战略意义。为此，需要单独的努力。

五、组织改进

传统的方法提出了如下问题——是否需要将计划和预算分开由不同的机构管理，或者这两个机构是否需要合二为一；如果像有些国家已经做过的那样，将它们分开，就会在两者间带来冲突和差异，进而带来如何通过预算过程、管理或政治手段对两者进行协调的问题。在许多国家，计划和预算一直由不同的机构负责。但是由于两方面的发展，这一问题相对不重要。首先一个是宏观经济考虑优先于经济计划。发展一直是重要目标，但是它已经变为从属于经济稳定的目标，因为如果没有稳定，发展的收益会受到实质性破坏，未来的发展会变得更加困难。其次，加强使用信息技术意味着，计划及预算机构可以通过在线系统获得相同的信息。尽管观点的差异（这大多由于两个机构的不同传统）会持续出现，但不会是因为缺乏技术信息。

作为20世纪60和70年代努力的结果，许多机构现在有自己的计划和预算。这些机构编制中期计划，原则上也制定意外事件管理战略。就此而言，财政计划在组织上内嵌于预算。计划同样导致任务导向机构的建立。另一个持久的贡献在于为了实现成就强调定量指标及目标。发展计划一般设定要达到的目标，以及要达到目标的时间段。现在这为绩效指标铺平道路。如同前面的讨论所阐明的，这些特征现在成为新公共管理哲学的组成部分。

然而，仍然存在一些问题领域需要解决。具体而言，需要考虑三方面。首先是决策和财政管理的分离。经过这些年的发展，后者已经成为独立的实践，有它自身的动力机制甚至语言。然而就理想情形而言，财政管理必须是一个机构制定及执行决策的一个有机组成部分。决策者并不总是能够意识到决策在财政上意味着什么。但是将两者分离往往使得财政管理者变成一种消极力量，他们的重要考虑是遵从预算，而不是关注如何提供服务。这些活动的持续分离意味着存在有待解决的持久的张力。其次，迄今为止政府倾向于采用命令形式进行支出管理。随着支出结构的变化，这一形式正在让位于契约管理。最后，许多国家的财政管理安排一直是分层和规则导向的。

六、结论

前面的考察表明，为了经济发展进行稀缺资源配置并不容易。这种经济发展的目的在于处于劣势的部门可以摆脱贫困，由此向社会提供更高的生活标准，并摆脱新的宿命。进步之路会让人想起红皇后效应（基于红皇后对爱丽丝的评价）："你要竭尽所能地奔跑，以便保持在同样的位置"，或者它会使人想起诗人惠特曼的诗句："上帝在前进，一直在前进——但是哦，他前进得多么慢啊！伴随着如此多的阴影和蜿蜒曲折。"

通过变异及通向更高形式的自然选择这种孪生力量，为了经济发展的目的管理公共预算的世界一直在增加、一直在调整。过去几十年来，为了应对变化的要求，出现了许多变化、非凡的应变能力和适应性，即使它们的出现经常是缓慢的、尝试性的。将来，对发展的追求需要具有更高要求的变化。

第九章　计划与预算

按照定义，计划有关未来；但是同样按照定义，未来是未知及不确定的。

——I. M. D. 利特尔（I. M. D. Little），《经济发展》

政府计划和预算管理在传统上考虑中期及年度计划的制定及执行，以及计划部门和财政部门在这一较大过程中的相对角色。20 世纪 50 年代早期到 60 年代间的发展计划在涉及面及关注焦点方面要更广泛，这反映了这些年间的管理趋势——对经济制高点的控制、广泛的公共部门、物质及财政控制综合网络的流行。

然而，就政府及公共部门的方法及活动而言，重大变化发生在过去十年。范式不再是政府的广泛控制，取而代之的是，政府的角色削弱了，政府追求强调对经济进行供给侧改革的经济政策——消除经济的结构性瓶颈。尽管存在这种范式转换，政府预算仍然是经济政策的最重要方面，经济政策的中心在于控制公共支出。但是，作为这种转变的有机组成部分，强调的重点从较大的发展计划（仍然以这种或那种方式延续）变成较小的公共部门投资计划。此外，政府预算理论与实践的发展允许各公共权力机构采用多年滚动支出计划及滚动投资计划。因此，现在整体上强调宏观经济管理和微观经济计划。

一、宏观经济管理

展望一个国家中期及长期经济绩效的第一步，是制定适于目的的（宏观）经济框架。尽管预算的实际内容和涉及面会变化，人们通常将政府预算视为执行中期及年度宏观经济战略的重要工具。因此，在编制年度预算时，制定年度战略成为基本的预备步骤。然而，宏观经济政策的制定及（相应的协调）不存在具体的制度安排。在大多数国家，考虑到财政部门在监控货币供应、汇率、国际收支平衡中的战略性角色，首先由财政部门提出动议，然后与中央银行、进出口管理部门、管理公共投资的计划部门进行协调。

第二步是制定中期及年度公共部门投资计划。相应地，在国家层面，这涉及在各部门之间以及在各部门内部确定优先性；在工程层面，则涉及分析管理的技术、经济、社会、财政及制度方面。近年来，随着大多数发展中国家采用滚动投资计划及其相关预算的形式（这一特征还有待前计划经济国家的接受），制定这些计划变得相当方便。这一技术承认，执行项目预算经常要花几年时间；在执行预算的过程中，会产生一些变化。滚动投资计划制度每年提供一次机会，用于修改下年目标和支出。这种修改按照需求以及项目中留待以后执行的部分来进行。和以往一劳永逸的按年执行支出计划相比，它提供了显著的灵活性。

二、微观经济计划

微观计划包括许多方面，但就我们的目的而言，相关的包括三方面：(1)作为目标，要保持的一般原则；(2)向预算转变；(3)制度方面。

第一个需要明确强调的基本步骤，是得出中期及短期内需要遵守的优先性。这种优先性是政治和经济因素频繁互动的结果。

第二个方面和选择新项目以及相关支出的大小有关。许多国家的经验表明，由于一系列的原因，往往倾向于强调新项目，这经常以有关持续性项目的预算资金为代价。基于宏观经济考虑，一旦确定了支出的整体大小，经常通过减少持续性项目的资金来容纳新项目。这往往会延缓项目的完成，因而源自它们的收益也推迟了。

然而，另一方面，一些国家的经验表明，需要在持续性项目及新项目的支出与已完成项目的维持性及运营性支出之间维持平衡。就像前文提及的那样，经常是前者得到更多的注意，而后者似乎只有被捐赠机构提醒时才会被察觉。然而，适当维护现有资产和取得或创造新物质资产同样重要。

在规划公共部门投资时，一旦确定了优先性，其他考虑也给予了适当的比重，接下来必须采取行动以保证进行适当的转换，最终制定年度预算。如前所述，对于确定下年总的资源及支出水平，宏观经济考虑具有实质性影响。必须由一国最高权力机关和外部捐赠者（包括跨国金融机构）同时承担责任，因为在比如非洲的一些国家，整个发展计划由外部资源提供资金。为便于讨论，表9.1列出细节。涉及的机构不仅仅是中央政府，还包括其下属国有企业、地区或州政府以及地方政府。经验表明，在发展中国家，超过一半的发展或资本性支出用于对其他层级政府或国有企业的转移支付。这种转移支付可以采取补助的形式[1]，或以不同的收费和偿还期限条款进行再贷款，或按照最初出借人的原始条款和条件转贷。

表 9.1　　　　　　　　　　　微观经济计划：预算方面

机构	资源					支出			
	额外资源动员	经常账户平衡	国外补助	国外借款	国内借款	已完成项目的维护性支出	连续性项目	新项目	转贷资金
国家权力机构									
中央政府	V	V	V	V	V	V	V	V	V
地区性、州及地方政府	V	V	X	X	V	V	V	V	
国有企业	V	X		V	V	V	V	V	
国外机构									
双边			V	V		X	V	V	X
多边			V	V		X	V	V	X

注：V 表明机构在该领域具有实质性作用；
X 表明这种角色有点次要。

就预算的资源方面，需要确定不同因素，比如需要动员的额外资源（政府负债的水平以及动员额外资源的途径）的大小，目前（预算的国内方面）的账户余额，以及外部资金流量情况。一旦计算好初始投资估计值，并知道目前账户

1　这个政策主题需要在整个中央与地方政府财政关系这一更大的背景下进行考虑。类似地，有关与国有企业的交易，需要确定交易的类型（产权、借款或补助）到底是什么。

余额，通过附加税(通过扩大征税范围或通过修改税率)要征收的收入数量及国内借款的数量就清楚了。到底是征收附加税还是在国内借款，取决于现有的收入制度、筹集收入的程序以及国内资本市场的形势。整个过程的重要特征在于，没有因素可以独立于其他因素进行考虑，没有因素可以由任何单个机构单独确定(除了税率确定后的征税方法、在国内发行债券的时间选择)，而是需要机构间的广泛磋商与协调。尽管每个机构有其确定领域，超越这些确定领域的政策目的要求每个机构忽略自己承担的事务，参与到更像是接力赛的活动中。

在与国外政府及国际金融机构打交道时，外部资源要求不同类型的协调机制。每一种有自己的运行程序和问责渠道。近年来，这些程序变得更有组织了。为了应对对数据日益增长的需求，一些发展中国家(包括前计划经济国家)发现，通过建立经济合作部门(不同于计划和财政部门)和捐赠者交涉更为方便。

就支出而言，考虑到产生的大量的、日益增长的维护性支出大多是作为经常性支出的一部分(在一些国家，这些包含在发展预算中)，有必要特别关注这类支出。就发展预算而言，用于持续性工程的支出大多根据和捐赠者的联合磋商确定。其中一些被转借给地区性政府或国有企业。和预算的其他要素一样，用于新项目的大小根据发展需要、宏观经济框架、捐赠者的乐意程度、接受捐赠者的管理能力决定。

三、执行

但是，预算的执行显示出不同的模式。但是广义而言，可以发现该模式具有三种特征。首先，在一些国家，在将管理及财政责任安排给项目机构方面有重大进步。在预算经过规定机构批准后，项目机构马上就可以获得资金。但是，为了监控他们的活动，安装了网上计算机系统，这帮助核心预算机构在交易发生时追踪项目的实物与财务进度。其次，在执行阶段，在计划及财政部门之间有责任分工。财政部负责资金发放(分阶段或为特定目的专门拨款)、监控合同(在许多情况下不得不按照国际竞争性投标程序)以及相关方面。这些国家的计划机构负责监控实物及财务进展，同时负责评估。大多数为某种目的确立的程序都遵循捐赠机构的要求。最后，支付程序在一些国家采用分权模式，在其他国家则集中于财政部门（包括经常性预算及发展预算在内的所有类型）。集中的原因是希望这会有助于遵从预算上限，同时尽量减少腐败问题。在前中央计划经济国家，过去的支付大多通过为每个部门（比如农业、建设或交通）设立的发展银行进行，因此在相当大程度上是分权的。但是最近，随着商业银行系统更具自主权，以及支付责任从中央银行剥离，这些国家开始努力组织由财政部门管理国库系统。

在上述整体框架内，在财政部门的监督下，向发展预算及经常性预算拨款。然而，在发展预算大部分由捐赠者提供资金的地方，运行程序在某种程度上取决于捐赠者的内部程序。尽管开始时大部分支出由接受捐赠国使用自己的资源提供资金、然后再向捐赠者要钱，考虑到这使得接受捐赠国经济拮据，后来这一程序不得不改变。因此几年后，为了支持接受捐赠的国家，捐赠者的支付程序进行了改进。因此，现在更多的运作通过和银行机构开通信用证来进行，国际金融机构已经建立国家循环资金，由此接受捐赠国可以比以前更快报销费用。在许多国家，在向发展项目付款前，必须得到主管部门中技术机构的证明。

捐赠者一般坚持认为，一个有效的监控系统包括每月报告实物及财务方面的检查及评估。在一些情况下，这些工作在计划机构的监督下持续开展。如同前面指出的那样，在在线计算机系统的背景下，这些责任已经变得模糊不清，因为此时管理及监督机构很容易就可以获得基本的会计及相关信息。

四、前中央计划经济国家的经验

前中央计划经济国家的特征及问题前面已经简单介绍过。很清楚，在经济管理的方法及实践方面，它们必须进行实质性调整和转向。第一，税收不再是主要基于计划估计进行征收，现在是基于估算的收入进行征收，而这进而基于市场确定的收入。这在预算的收入方面带来不确定性。在支出方面，尽管企业转向商业银行系统以满足它们的短期及中期财务需求，整体支出水平本身远高于可用的资源，这使得缩减开支成为必要。

第二，在一个命令系统中，对于经济的管理大多取决于计划部门的指导和监督。该部门既负责编制计划，也负责指挥该计划的执行。在此情形下，财政部门的角色相对有限，只负责征税和准备账目。在新的环境下，角色完全颠倒过来了。

但是第三，在转向市场经济的大背景下，做出一些努力，以将中央银行从政府中分离出来并赋予其一定程度的独立性，以便它可以负责管理该国的货币政策。由于同样的原因，需要加强财政部门的地位，以便它可以开展自己的支付(支付给政府及从政府获得付款)，并管理其内外债。因此，机构的任务及责任正在发生变化，以服务于市场导向。这些事情上的进步往往很慢，在这过程中，过渡期进一步延长了。这在短期内导致负责决策和执行的不同机构间的某种紧张关系。

五、问题及夹在针锋相对的观点之间的立场(Fault Lines)

过去几十年间的经验表明，在制定和执行投资计划时出现了一些问题，而且这些问题将持续存在。为便于分析，这些问题将从预算决策、与组织关系协调相关的视角来考察。

预算决策的主要问题和预算自身的分散特点相关。在一些发展中国家，投资项目通过许多预算外资金开展，因此处于正式的预算决策过程之外，不受相关纪律的约束。排除在预算之外意味着特别决策及活动的政治化扮演着更重要的角色。这是许多非洲国家的共同特征，似乎是下述两方面共同作用的结果。一方面，一些政府想把一些活动放在预算外，不受约束；另一方面，一些捐赠者相信，不受预算约束实际上可以有助于项目的更快执行。

另一个问题与投资预算及经常性预算中的维护性支出的资金提供不足及支出不足有关。有人认为，当政府面临资源拮据或财政压力时，应减少用于维护建成项目及投资项目的支出，以便支出水平在整体资源上限之内。尽管按照核心与非核心项目确立预算优先性，资金提供不足及支出不足的持续流行表明，问题根深蒂固，涉及从预算制定到预算执行的较广泛领域。对不同国家而言，造成这种问题的原因各不相同。在设想具体的解决办法时，应该具体问题具体分析。通用性的解决办法具有明显的局限性。经验同样表明，成本上升一直是一个重要问题。由世界银行出版的项目评估年度报告提供了证实这一现象的充分文献证据。

就组织上而言，政府内外机构数量的增加带来协调问题。有人指出，组织单独的资本预算是一种方式，该方式建立了加强计划及预算机构间合作的另一种桥梁。需要对预算进行组织，以便立法者和公众完全了解政府的财政状况、项目情况、通过借款筹集资金的项目情况、当年及其后支出所处阶段情况、将来获得的收入流情况、收入及将来的偿还安排情况等。接下来的问题在于，现有的预算陈述制度是否有利于这种理解；以及从答案是否定的程度而言，这种理解是否可以由单独的资本预算提供。

另一个重要考虑是，单独的资本预算的存在会引起财政处罚。得到适当修正和管理的单独的预算，具有下述内在能力，即可以在发展计划及其部门战略和公共投资计划之间提供持续的联系，在将定量标准用于评估与选择项目（资本计划）与将这些项目与年度预算联系起来之间，提供持续联系。在管理这些方面时，政府既可以在总体水平上设定资源上限，或者也可以设定适用于每个部门的上限。

因此，在组织资本预算时，除了分类方面，还要强调需要不同的互补机制用于支持整体目标，以便获得这种预算的所有潜在收益。因此，需要特别强调确定资源上限、制定滚动的公共投资计划、为公共投资筹集资金、计算维护成本。同样有必要加强会计制度，以便根据承诺、收付实现制、权责发生制记录交易，年度财务报告则说明借款活动及资产的详细目录。

就宏观经济角度而言，应该将资本预算看作整体政策框架的有机组成部分。因此，在估计总支出的合意水平时，需要将经常性预算及资本预算放在一起考虑。如前所述，考虑到资本预算被用于可行项目，不应（也不会）将其存在视为开展任何数量的债务筹资的许可证。追求财政政策意味着对整体支出水平的持续性依赖，将其视为宏观经济管理的重要参数。如果有人提出，仅仅拥有资本预算本身将解决政府中的许多协调问题，那么这是一种过度简化。更确切地说则是，资本预算为政府内部各机构间适当的有组织协调提供了额外的空间。

第十章　政府资本预算

"我只是不理解"爱丽丝说,"为什么一个来,一个去?"

"难道我没告诉你吗?"国王不耐烦地说,"我必须有两个——有来有去。一个取来,一个带去。"

——刘易斯·卡罗尔《爱丽丝镜中奇遇记》

关于公共部门[1]资本预算用处的争论已经以这样或那样的形式持续了50多年。自20世纪30年代起,人们接受了将预算分成两部分的想法,许多政府引进了这种预算。在这种预算中,经常性预算(涉及经常性支出)由税收提供资金,而资本预算(涉及获得经济中新产生的资产)通过借款筹资。然而多年以来,主要因为没有遵守资本预算的原则、部分因为在稳定经济的整体环境中被认为扮演着次要角色,资本预算的实践变得有争议了。笔者在10多年前注意到,关于这一主题的讨论显示出两种正好相反的立场——"不合时宜的,以及目前形势下必要的"。[2] 然而,10年来主要的发展是,对于政府需要资本预算的态度变得缓和。

资本预算的复兴取决于经济以及制度和系统性方面。在一些情况下,相较于有一个单独的资本预算,更大的需要是改善现有实践。

1　公共部门包括全体政府(中央政府加上省与地方政府)以及从事生产活动或提供公共服务的国有企业。企业一般具有商业定位,易于追随同时具有营运和资本或投资预算的商业实践。因此,争论主要关于政府资本预算的相关性。

2　见 Premchand,A.,1983,《政府预算和支出控制》第292页及其后。

一、资本预算

资本预算起源于20世纪30年代。当时，必须为借款以及刺激经济所引起的支出提供理论基础。在此之前，除了在国家危机时期以及诸如战争这样的非常时刻，很少会支持政府借款。这种态度导致提倡转而增加相应资产的借款。借款和创造资产的支出相等的等式基本是从商业实践推导出来的。

因此，资本预算代表具有不同特征的收支。广义而言，它在收入方代表着出售政府资产的收入，以及被假设来自不同于收入的资本的税收，比如遗产税以及资本税和借款。这些收入里最突出的部分是借款，它为独立的资本预算及下属信念提供了理论基础，即这些负债和生产性资产相对应，因此在一段时期内，可以在偿还本金的同时支付利息。资本支出代表该时期内作为一国总投资一部分的资产。

这些原则（特别是对于衡量物质资本的生产率及寿命的一贯使用以及维持折旧提成的需要）的使用已经证明是困难而充满争议的。更具体而言，将这些原则应用于国防支出、研发支出、为了延长资产寿命的大修支出、用于自然资产的折旧率，已经带来一些问题，要达成一致已经证明是很困难的。目前形势下，支持及反对资本预算的理由（每个都阐明了特征、优势、劣势，这些理由多年来一直被提出）总结于表10.1。

表10.1　　资本预算

支持资本预算的理论基础	反对资本预算的理由
·为借款及其使用和成本提供清楚的识别。	·会导致转为强调有形（brick and mortar）项目。
·使得识别政府部门的资本形成成为可能。	·单独的预算会导致骗局，以及通过任意在经常性及资本支出之间调动项目来操纵预算赤字。
·作为一项技术，便于在发展计划、滚动公共投资计划及预算间形成联系。同样使估计维护的周期性成本成为可能。	·较之维护政府的净值，需要更强调宏观经济管理的重要性。
·为其他和资产以及国民收入账户有关的财务报告提供联系。	·由长期债务提供资金的资本预算会限制短期预算的灵活性。
·通过区分支出及其筹资类型，为宏观经济管理提供了合理基础。	·这种区别对于进行投资评估而言更有必要。这不一定要求单独的资本预算。
·为项目经理提供更多自主性。	·管理自主性可以通过其他途径提供。
·便于私营部门在财务上参与，起初是作为政府公共政策一部分开展的项目。	·这种项目最好在政府预算以外设想和执行。可以将私营部门的财务参与视为政府的另一种借款形式。

二、资本计划 VS. 资本预算

对资本预算的呼吁会有周期性摇摆。随着政府倾向于经常性借款(在一些情况下,未偿债务远远超过 GDP),以及随着资产收益被用于为其他支出提供资金(尤其是福利支出),这意味着资本预算自身不一定增强政府的信誉。相反,那些对政府债务工具进行投资者比政府自身对整体宏观经济政策的可行性更感兴趣。因此,发送给投机性投资者的信号,不再是基于净值概念,而是基于经济政策总的经济可靠性。关注点从增加资产金额以使其和借款数量相等,转移到更广泛的债务管理问题。正是在这个背景下,一些政府倾向于放弃单独的资本预算(如瑞典)。但是,立法机关由于经常面临修改法定债务上限的任务(比如在美国),会定期恢复关于拥有单独的资本预算的争论。在 20 世纪 80 年代的美国,关于该问题进行了长期争论,这部分源自持续的商业实践的启示。部分是为了解决该问题,对资本计划和资本预算进行了区分。前者包含使用定量评估技术(成本—收益分析以及它的一些变种),这样实现项目或工程目标的替代性途径可以完全算出成本,并与估计的收益进行比较,进而做出评估。然而,拥有辉煌过去的这种计划,不仅仅限于取得资本性资产,也适用于普遍包含在经常性预算中的项目。尽管对于不同分析技术的优点和局限性,存在不同的观点,但是对资本计划的需要则很少有争论。在此之前,资本计划在任何情况下已经成为年度预算过程不可或缺的一部分。[1] 这种方法的逻辑推论是,单独的资本预算不是使用资本计划技术的必需的前提条件。

---

1 见美国管理与预算办公室:《特别分析:1994 财年美国政府预算》(1993),华盛顿。尽管这里涉及的资本计划技术在商业世界有其对应物(偿还期、折扣偿还、净现值、收益/成本率、内部回报率、方案分析、敏感性分析),实际上,最常用的技术(尽管也有缺点)是会计回报率。这和许多提倡净现值技术的许多文献形成鲜明对比。有关这方面一个有趣的理论和实践研究,见 Petry, Glenn H., and Sprow, James,"20 世纪 90 年代的财政理论与实践"(1993),《经济与财政季度评论》第 33 卷第 4 期(冬季)第 359—381 页。经验表明,在某种方式上,商业世界使用的有关资本偏好或实际上使用的资本预算过程的方法,和公共机构广泛使用的方法并没有根本性不同。对于商业部门经验的最近分析,见 Copeland, Thomas E, and Ostrowski, Kenneth, J., 1993,"资本效率的隐含价值",《麦肯锡季刊》1993 年第 2 期,第 45—48 页;和 Singer, Margot, and Turnipsced, Keith,"治疗资本成瘾",《麦肯锡季刊》1993 年第 4 期,第 69—77 页。

三、资本 VS. 投资

传统上，在预算用语里，投资这一术语和资本是同义词，代表着购买现有资产、积累新资产、购买金融资产的支出。然而最近（迄今为止限于美国），该术语开始以不同的含义得到使用。该术语被使用的方式至少有三种。首先，美国会计总署（现已改称“政府问责署”）在 1993 年提交的一份报告中[1]，将投资支出定义为这样一些联邦支出（直接或者通过授权），即其目的旨在提高私营部门的长期生产力。就其自身目的而言，政府使用的资本这一术语（比如建筑物和设备）不同于投资，因为后者的目的在于促进私营部门增长。因此，后者包括研发支出、人力资本和培训支出，这些支出会使生产力更高；以及用于改进基础设施（如公路）的物质资本支出。然而，政府采用了不同的方法，因为它把投资定义为包含产生长期收益的那些支出。[2] 在这种较广的框架下，它包括联邦直接支出，以及对州和地方政府用于建设、装备、研发、教育和培训，用于商品存货和买卖由联邦政府使用的土地的支出的补助金。为了内部使用，具体而言是为各机构提供预算指南，美国联邦政府管理与预算办公室似乎使用了更广义的投资定义，因为它包括用于儿童营养、滥用药物及精神健康等项目的投资。

采用投资这一术语背后的动机似乎是为了发展一种新算法，以便于衡量社会投资、其他具有长期未来收益的投资以及目的在于提高私营部门生产力的支出。从含义来讲，通过为这种支出创造一种广受欢迎的空间（lobby），它似乎是一种将预算决策的变幻莫测降到最低的策略。考虑到有不止一种定义和衡量投资的方式，以及考虑到这些术语在传统上以不同方式使用，一些可以避免的混淆可能会在任何情况下出现。在这种背景下，回想起下面这句很熟悉的格言是很有用的：“同样无法对没有得到适当及一致定义的范畴进行衡量”。而所有经济分析的核心，是适当衡量的问题。

在上述所有阶段，都为开发一个框架进行了努力，这个框架使得形成有关

1　见美国 GAO，《预算问题：在联邦预算中加入投资元素》，华盛顿，1993 年，第 1－3 页。需要注意的是，用于 1951－1990 年的“投资”这一术语，不同于现在的用法。

2　见美国管理与预算办公室，《美国 1995 年预算：分析视角》，华盛顿，1994，第 107－129 页。

公共资本和年度投资最优规模的答案成为可能。寻求这个问题答案的传统方法是国民收入账户方法。本章后面相关部分会考虑这方面的问题。在这承上启下之处,考虑目前的实践是适当的。

四、目前的实践

为方便起见,将涉及范围很广的各国实践分成宽泛的5类。

(一)分开的经常性预算和资本预算

澳大利亚、印度、新西兰等国家将经常性预算和资本预算分开来。尽管人们猜测,对英联邦国家这种实践的最初影响来自英国的非正常收支项目会计,[1]每个国家似乎有其自身的采用资本预算(或对其进行改善)的理由。比如在印度,20世纪30年代晚期日益增加的赤字,以及大量预算赤字会破坏殖民政府的可信度的情绪,导致引入资本预算,并将有关物质及金融资产的支出分开。

在这些情况下,主要按照资产的下述特点将资本性支出区分开来,即资产经常有超过一年的生命期。为了避免太多项目的生命周期超过一年(因而使预算变得拥挤),它们根据规定的货币上限进行确定。资本预算的收入大多包括借款收入,不总是包括来自资本的收入(如遗产税)。实际上在一些国家,甚至私有化收入也是包含在普通收入中的。在智利和新西兰,最近修改了预算格式。仿效商业部门的实践,各部门的预算分成业务收支预算及资本预算。澳大利亚和新西兰已经决定,将收付实现制预算和会计改成完全是权责发生制的。在其他事项以外,通过将养老金债务、租金、保险成本、利息费用及折旧费用包含进去,这尤其会使得完整计算成本成为可能。

美国的许多州和地方政府有资本预算。这些预算已经运作了几十年,其来源是对筹资用于经常性运营的借款的立法限制。

(二)资本预算的变种

丹麦是具有资本预算的北欧国家之一,它建立了延期拨款制度,以允许将资金从一年结转到下一年。现在丹麦的投资预算包含政府对基础设施及相关

1　非正常收支项目的账户主要由借款收入和包含偿还债务在内的公共事业支出构成,就其寿命或获得回报率的能力而言,没有持续的理念。

工程的支出。

在日本、韩国及一些东南亚国家，经常性预算和资本预算没有区别。相反，预算和会计结构是按照一般账户和一系列特别账户来表达的。在日本，这种特别账户的其中一个称为“财政投资与借款项目（用于刺激经济）”，详细说明了向公共机构提供资金。该项目通过从邮政储蓄和养老基金借款来筹资，最接近资本预算。

在非洲和亚洲的一些发展中国家，除了常规和经常性预算，还准备了独立的发展预算。然而这些发展预算的范围在各国之间存在差异。在一些国家，它们大致反映了发展计划，而在其他国家，它们反映的是由外援提供资金的工程和项目（这些外援因而包括物资援助、进口支持、借款和转让物）。在一些国家，区分了日常或普通预算和投资预算。经常地，在应用时，这些支出分类的严格性和一致性较低。其后果是，久而久之，支出从一个类别流转到另一个类别。

（三）按经济分类时经常性支出和资本支出的区别

大多数发达国家按照联合国指南对政府支出的功能分类方法进行分类，这种分类包括三个层次，即按照功能（不同的服务）列示支出，按照项目（具有确定目的以及尽量有可衡量的目标）列示支出，按照经济分类（代表成本要素的目标明智的支出）列示的、区分物资资产、金融资产以及具有资本属性的转移支付的支出。在这些国家，更强调预算的宏观经济含义；而支出的经济分类，尽管和国民账户系统保持宽泛的一致，被认为在分析每个支出大类对经济的影响时很有用。在那种背景下，经常性支出（代表着薪资以及相关物品和服务的支付）和资本性支出的区别被认为具有决定性的重要性。尽管人们认为两类支出（以及借款）之间的区别很必要，却不存在单独的资本预算。

在美国，主要预算的分类限于第一和第二层次（功能和项目）。为了进行宏观经济分析，单独计算包含在预算中的资本性支出的大小。

（四）向市场经济转轨的各国

在迄今为止以中央计划作为压倒性特征的那些国家，不存在经常性预算和资本预算的区别。相反，遵循的是一种不同的三层分类法，在广义上类似于上述三层分类法。首先，将支出分成不同的类［chapter，燃料和能源综合体

(complex)、化学和林业综合体、农工综合体、社会综合体、建设综合体、交通综合体、通讯综合体等]。其次,将这些类再分为各款(section,教育、科学、公共卫生、补助、向其他各级政府的转让等)。最后,这些进一步被细分为各段(paragraph)或项(article),每个力图按照一个部分的子类记录支出。因此,国民经济各部分被细分为约 85 项,这些更类似于项目或活动分类,而不是支出的经济分类。尽管不存在资本预算,在经常性支出和资本支出间也没有区别,人们普遍相信,用于"建设"类的支出在广义上等同于资本预算。最近,中国采用了资本预算,但是仍有待进一步改进。就现在而言,资本预算中包含用于建设的支出和其他一些相关支出。然而的确,这种支出在某些情况下只代表了一部分重要的支出,这些支出可以算作资本性支出。

(五)等同于资本预算的会计实践

按照联邦会计准则委员会的建议,美国联邦政府管理与预算办公室指示各部门按年准备一些财务报告,以满足最低披露要求。这些财务报告从 1992 年 9 月 30 日结束的财政年度开始有效,同时寻求列示收入及财政资源,以及项目支出和资本并购。此外,报告在部门层面提供折旧和摊销支出信息。会计领域的这些进展伴随着预算制度的变化。就像"再造政府"戈尔委员会所建议的那样,将来在美国会有 3 种预算——资本预算、业务收支预算和现金预算。[1]

(六)资本预算的未来

从宏观经济管理的角度而言,资本预算的历史提供了两种局面。尽管开始引进资本预算是为了展示政府的持续净值,在 20 世纪 70 年代早期时,人们意识到,政府的可信度更多地取决于追求适当的财政政策,而非在狭隘的会计意义上维持净值。正是因为意识到这点,一些国家放弃了单独的资本预算的实践。

然而最近,动员额外收入的困难,修复经济基础设施的需要,以及为了进行合理刺激,都迫使政府采用单独的资本预算。然而,这种资本预算必须作为整体政策框架的一部分来制定。单独的资本预算的存在,不应被视为开展任

1 见 Gore(1993),第 111 页。

何数量的债务筹资的标签，这种债务筹资被考虑用于各个可行工程。进一步地，除了迅速增长的公共部门借款需要带来的外溢效应，渐增的债务水平可能会影响政府通过借款筹集更多资源的能力。存在确保这种借款收入有效使用的经常性需要，一般而言，它们将增加偿还能力。单独的资本预算有成为重要约束力的潜质，为对资源及其有效使用进行更现实的评估铺平道路。然而，作为政府，要开放其活动，以使得私人部门可以参与进来，进而鼓励联合筹资工程，那么单独资本预算的存在证明是一种方便的资产。然而，这是一个其潜力仍有待利用的领域。

（七）国民收入账户、政府预算及账户

国民收入账户大致寻求回答和最优公共积累水平以及年度资本投资相关的两个问题。这些账户在涉及范围、分类及数据的精确性等方面已经有了实质性改进，更有助于阐明这些问题。

在编制国民收入账户的时候使用的数据，大部分来自政府预算和相关账户。经常由一国法律设定条件的政府预算，被用于为立法机关进行政策审批和拨款提供政策框架，并用于作为不同部、局、处的管理者执行项目的操作指南。各账户的结构也基本上是按照预算来编排的。因此，和那些支配国民收入账户编制的规则相比，政府预算和账户都有不同的目的。预算代表着政府政策，当得到立法机关批准时，代表着过程的高潮。国民收入账户反映的是预算的结果，表明政策如何得到执行，因此给公众提供了一个观察政府的窗口。国民收入账户为政策制定中的巨大价值提供了一个分析工具。

SNA(1993)[1]详细描绘了资本账户的性质和要素。SNA 的特征和收付实现制预算及会计系统的比较性特征在表 10.2 中进行了综合概括。对选定支出项目的处理方法有一些差异。比如，用于软件和设备租赁的支出在大多数预算中作为经常性支出记录，但它们在 SNA(1993)中作为资本账户的一部分列示。类似地，用于资本性资产第一年运行的维护性支出在传统上作为政府预算及相关账户中资本支出的一部分进行记录。然而在 SNA 中，这种支出构成经常性支出不可或缺的一部分。

---

1 《国民账户体系》，联合国（以及 4 个其他国际组织），纽约，1993，见第十章。

表 10.2 **预算、账户与国民收入账户**

描　述	预算制度	会计制度	国民账户
制度的涵盖范围	在原则上，人们预期预算的涵盖范围和政府的边界相同。然而实际上，一些交易会处于预算外。	会计制度一般采用预算的范围。在一些情况下，预算外账户在统一的基础上也可以获得。	无论是作为预算的一部分或者是在中央和广义政府之外，涵盖范围是完整的，包含所有交易。
经常性支出和资本支出的区别	很少有政府有经常性和资本预算。有一些实践代表着这种情形的变种。	会计制度一般按照预算制度。在一些情况下，政府现在被要求准备年度资产负债表，以同时显示存量和流量。	国民账户既要求累计额，也要求资产负债表。这些账户从政府的常规账户得出，在数据不够的地方，建立辅助系统以收集所需数据。
资本账户的范围	一般而言，资本预算中包含那些具有预期收益的项目，寿命超过一年的项目，超过规定货币上限的项目，以及通常由债务筹资的项目。	这些制度采用预算制度的实践。	涵盖政府所有的资产(因此可由政府任意处置)，以及有预期经济收益的资产。
现有资产的取得			
A. 年度变化	按照资产的购买价值记录。如果这些资产的取得超过一年，每年的预算只显示总支出的一部分。	一般采用预算制度的实践。为了资产负债表，会使用建设性交付的概念，资产的各部分会被认为已经取得。但是需要注意的是，很少会有政府准备统一的年度资产负债表。	这些被记录于国民账户系统中，在做出进度支付的地方，使用建设性交付的概念。
B. 存量	预算或相关文件不记录资产存量	在政府按照商业方式编制资产负债表的地方，要求列示资产存量。然而，该信息大多无法获得。	系统包含存量信息。
年中建成的资产	年中引发的支出会列示。有关某项资产的总支出一般不列示。也不使用建设性交付的概念。	反映和预算中一样的情况。一般不使用建设性交付的概念。	对于和建设性交付的概念有关的在产品，进行完全记录和归因。
财务资产			
(i)借款 1	预算中只显示流量(而非存量)。	账户大多只显示流量。	对于累计账户以及资产负债表，现在被要求按照综合基础编辑。

1　需要注意的是，放弃的数量、正式注销的数量以及延期的数量不会在预算或相关账户中完全反映。

续表

描　述	预算制度	会计制度	国民账户
(ii)股份和投资	同上。	同上。	
(iii)货币性黄金;SDR配额及相关投资	一般不包含在政府预算中。	这些以及和上述项目有关的存量主要在中央银行资产负债表中显示。	
资本转移支付	这些在预算中列示;数据限于流量。然而需要注意的是,对这些转移支付的最终使用会不同于而且经常不同于初始意图。	数据大多限于流量。	这些交易被要求按照综合基础记录。对于最终使用,可以使用法城手册(Frascati Manual)上列出的方法。此外,按照双方协议取消的债务作为资本转移支付记录(这条信息一般无法在预算中获得)。
培育资产(cultivated asset)	只在预算中显示那些在年中用于购买这些资产及延续这些资产寿命的支出数目。	大多数政府账目只显示记录于预算中的那些交易。然而,在准备补充性资产负债表的地方,会列示商用林、国家公园等的价值。只有当农场和果园的数量很大、或者具有商业规模时,才会列示。	这被要求包含在国民账户中。
无形资产	经常会将用于计算机软件及其他方面的支出视为消费性支出。	只有在资产负债表方法得到使用的地方,才会记录这些;即使这样,只有当认识到未来可预见的收益时,它们才会得到承认。	它们在国民账户中得到明确承认。
通过实物交易和外援取得的资产	实物交易通常在预算中不记录。尽管存在巨大的数据不一致,通过外援取得的资产一般会在预算中列示。	实物交易不会得到承认。记录通过外援得到的资产。	国民账户中包含所有资产(包括通过实物交易取得的资产)。
对选定项目的处理:			
(i)估价	支出反映取得价值。如上所述,存量不列示。	存量大多按照取得价列示:只有在编制商业账目的地方,存量才按照净现值列示。	所有资产被要求按照其现有市场价列示。
(ii)存货变化	一般不记录。	在编制年度资产负债表的制度中包含。	被要求包含在内。
(iii)折旧	很少有国家包含。	很少有国家包含。不同种类的资产有规定的寿命。	在国民账户中包含。

续表

描　述	预算制度	会计制度	国民账户
(iv)小工具	大多在经常性或运营运算中列示。	和预算制度一样。	在形成总存量价值重要部分之处，作为固定资产处理。
(v)军事装备	除了建筑物和住所，其他支出作为消费性支出考虑。	和预算制度一样。	只有建筑物和住所作为固定资产考虑。

有一个重要问题与折旧或固定资产消耗的估计相关。这些估计要求维护有关资产服务寿命及期间平均价格的常规数据。政府通常不保留折旧账户。举例来说，不存在为了预算或控制目的进行这种估计的传统(但是为国民收入账户进行了一些估计)。此外，在采用折旧实践的地方(如同在一些采用商业会计认知和实践的国家一样)，这些实践易于流于随意，而且都是基于有问题的数据。因此将这个概念用于财政管理并没有实践意义。在一些情况下，一些资产由地方政府创建，尽管是由联邦政府提供资金。在该领域，就适于在所有政府中得到一致和统一使用的会计准则而言，还有许多事情要做。

此外，在存在一系列令人眼花缭乱的基金用于执行政府交易的背景下，要区分经常性和资本交易实际上常常很困难。基金间的转移易于使这个图景变得复杂。即使保留了商业类型的账户，有关长期资产和资本改进的报告也不允许对政府的资本存量进行评估。[1]

对于当前在政府中引进商业类型账户，包括资产负债表(以及与此相应的资产和负债账户)的努力的快速回顾表明，这可能是一件有点漫长和有争议的事情。而对于何时该过程会结束的任何预测注定是推测性的，在近期不太可能取得重要结果。只有且当所有层级的政府在操作的基础上引进了这种账户时，关于存量积累和年度投资流量的数据才可获得。直到那种努力完成后，SNA(1993)中所设想的数据的编制才可能要求进行区分，这会涉及估计、而非可检验账户。作为推论，关于资本形成和年度资本支出的信息最好接近其设计形式，也会无可避免地涉及重要的估计误差。

1　关于这方面的详细讨论，见 Berne，Robert，《财务报告及衡量财务条件间的关系》(1992，研究报告)，财务会计基金会政府会计准则委员会，Norwalk(CT)。

第四编

组织方面

第十一章　制度发展和组织悖论

一个时代确定无疑的事情，会成为下个时代的问题。

——R. H. 托尼，《宗教与资本主义的兴起》(1926)

20 世纪管理再造的历史是一部豪言壮语史。

——J. G. 玛琦和 J. P. 奥尔森，《再发现制度》(1989)

无论何时，当政府在执行自己设定的目标时如果出现问题，注意力就会转向形成政府的制度和组织、它们的工作系统和运营程序、使用的技术与水平、其中的环境、与利益相关者及债券持有人的关系。他们在政府的能力中有至关重要的、持续的利益。在过去 50 年间，政府识别问题、形成适当的回应和政策以及执行它们的能力，开始受到质疑。这种质疑来自两个相关来源：一个来自对政府征收的税收快速膨胀的真实担忧，这转而要求政府作出回应，或者是建立新制度，或者是以切实的方式加强现有制度；另一个来自于意识到，当由不同政党执政的政府没有满足预期的成功、甚至可能无法有效履职时，问题也许在于作为政府不可或缺部分的人和制度，而非运作政府的各个政党。这些混合因素的结果，是政府传统和新设部分的生机勃勃的增长。新机构的建立以及政府的膨胀(在水平和垂直层面)形成了一种变化了的氛围，都在寻求建立一种致力于经济发展和宏观经济稳定的变化了的文化。这些机构的建立反映了它们承担的任务，需要大量的初始投资和持续的维护性支出，就如同许多国家所经历的公共支出的快速增长率所见证的那样。

就确保制度适当性而言，迄今为止，许多政府在过去几十年来的重复努力并没有带来令人满意的结果。在一个变动的世界，任务和责任会经常变化，各个机构和其管理者必须取得新技能、期待新挑战，必须处于经常性的警觉状态，以发展并延续制度能力。

一、问题、想法和变化

如前所述，制度建设和组织发展的运动，是对明确意识到制度和组织没有有效服务公众的回应。就像戈尔报告所指出的那样，政府中“充斥着这样一些组织”，“当初设计这些组织时所针对的环境已经不再存在——官僚机构如此庞大和浪费，它们不再能服务于”公众。[1] 导致制度和组织过时的原因有几个。组织的数量和各组织被期待服务的目标都有了显著增长。每个目标被期待通过一个项目或一组项目得到服务。更经常的是，各个项目并不成功，因为它们“被设计成无法运作……立法过程每年将它们一个接一个排除在外”。[2] 考虑到设计的质量低下，目标的超负荷以及实现这些目标的内在困难，这使得交付系统恶化。创建过多机构和项目导致各组织的过度碎片化。其结果是缺乏凝聚力，以及相当大程度上增加了成本。即使当执政党发生了变化，也证明难以改进，因为存在着显著的政策遗产负担。除了强调变化的这些因素，同时也要承认，制度和组织有能力在各个不同的竞争性团体间的紧张关系中发挥稳定器的作用。尽管个体来来往往，组织则相对稳定，有长期的传统。但是它们要被迫适应变化的要求。这些变化需要在制度发展的背后建立持续性主题。制度发展的途径多年来已经有了变化，表现出 5 个阶段。这些阶段表现出一种适应性演化。然而，在生物有机体和人造手工艺品之间还是存在区别的。当基因发生突变时，在这背后不存在预先计划好的目的。相反，工具、甚至组织则是有意识的发明和改进的努力的成果。[3] 在意识到上述一般问题后，在一种类似的情绪支配下，由美国政府其中一个援助机构提供资金支持，在早期各阶段进行了有意识的组织性努力，以制定一个寻求建设性经济、社会

---

1 Gore(1993)，第 3 页。

2 Gore(1993)，第 1 页。

3 Kauffman(1995)，第 119 页。

及政治变化的框架。很自然的，制度建设成为这一框架的重要部分。[1] 这并不是说以前就似乎没有制度建设的尝试；实际上，美国政府的一些新制度自20世纪30年代中期就已经开始组织了；但清楚说明制度建设的哲学，这是第一次。制度建设[支持者寻求对该现象使用速记——制度建设(Institution Building，IB)——但是这在文献及实践中并没有深深植根]的方法始于这样一种观点，即传统关于组织能力的陈述存在误导性简化，这种陈述并没有预见到所需的社会变化的程度。如果政府和社会目标要奏效，就需要通过制度建设推动这种变化。他们断言，现有的组织理论没有充分考虑组织的内部特征或它们和其他社会科学的联系。通过制度建设，要达到的最终状态是，在这样一种状态下，提供服务的技术能力显著提升；对于创新思想有规范性承诺；存在持续的创新推动力；存在环境意象，作为社会用于实现其需要的工具；存在扩散效应，这种效应使得应用于一个组织的创新所带来的收益可以扩散，并对其他政府组织有广泛影响。

这种方法的早期构想者承认，只有当制度建设被视为"有计划和有指导的社会变革"时，他们计划中隐含的雄心勃勃的目标才会得到实现。[2] 对他们而言，制度被视为"产生并保护正式组织的变化"。[3] 被建议的制度建设体系有两个正式要素：(1)制度的固有特征；(2)一个制度和其他制度的联系。前者包含领导力("制度建设中唯一最重要的元素")，教义("规定社会活动背后的价值观、目标及操作方法")[4]，项目(涉及由组织提供或生产的服务和产品)，(财务的、物质的、技术的和信息的)资源，以及内部结构(制度处理其工作的过程)。联系包括授权性联系(控制授权及资源分配的联系)，功能性联系(对于制度产生的服务提供补充的联系)，规范性联系(和机构的项目相关的各种制度)以及分散性联系(迄今为止没有完全得到组织的社会元素)。抛开技术性语言，如果它要首先实现它被建立起来的目的，需要足够的领导力、得到很好确立的组织惯例以及执行其目标的策略，同时要对和消费者或客户(社会)以

1 对于这些早期努力的讨论，见 Eaton(1972)。

2 Eaton(1972)，第 21 页。

3 同上。

4 同上，第 22—23 页。

及其他从事补充工作的组织有必要的联系很敏感。

对制度建设的主要批评是它作为社会变化的手段。每种制度都源自一种长期感受到的需要。它成为变化手段的能力更多取决于变化的工具，不同组织的这种工具注定不同。对于工具说得很少，但是对于知情人而言什么是显然的则说得很多。此外，这种方法是“静态的。它是先验的。它一般关注寻求解决方案”。[1] 由于该方法还没有成功流行，制定了一种较少具有雄心的方法，这种方法叫做组织发展。然而，这有两个阶段。第一个阶段更具实用主义，具有普遍的相关性。基本地，这意味着一个组织可以将其无法完成自己设定的日程归因于一些弱点，这些弱点源于信息的匮乏、优先性的缺乏、技术的缺乏、过时的规章制度的沉重负担（这些规章制度易于阻碍组织的生产力）、使用的技术水平、对于人力资源开发的不够努力。在每个领域，都需要解决问题。人们期待，即使缺乏一个包罗万象的主题，障碍的清除本身会导致效果的提升。在第二阶段，加拿大总审计长办公室后来对此进行了扩充，它们构想出一种方法，这种方法旨在清除影响公共组织运作的各种约束。有人争论道，即使拥有可获得的最佳能力，政府中的各个组织并没有很好地发挥职能（或成为表现良好的组织），这要归因于缺乏对人的强调，缺少发展参与性领导力以及新颖的工作方式的努力，最重要的是因为缺乏顾客定位。在那样的环境下，组织就不可避免地丧失了旨在确保最优绩效的努力。该学派设想了一个表现良好的组织，提出解决前述问题的建议，并建议促进政府各个组织表现良好。

在20世纪70年代—80年代间，对于政府组织的工作方式，有些其他的力量在发挥影响力。这些思想来自于各管理学派，这些学派产生了大量有关最优实践以及进一步改进的方向的文献。米克尔思韦特（Micklethwait）和伍德里奇（Wooldridge）观察发现，管理理论家已经成为不受承认的人类的立法者，雪莱曾经以相同的方式将这一荣誉授予诗人。[2] 他们补充道，现在“管理理论家正在制定法律、重组制度、重新设计我们的语言，最重要的是，重组人们的生活”，[3]与考底利耶或马基雅维利在他们的全盛期相比，他们的影响远为

1 Siffin(1972)，第51页。

2 Micklethwait and Wooldridge(1996)，第5页。

3 Micklethwait and Wooldridge(1996)，P. S.

普遍。基本上，他们致力于在政府中建立一个企业组织，这个组织减少繁文缛节，强调顾客第一，给经理们授权，寻求更离散化的决策，最终导致一个用更少的资源提供更好的服务的政府。他们意识到，这样的一个政府需要再造，近期的优先次序是开始再造政府的过程。如前所述，该方法还有赖寻求竞争的益处，这种竞争到头来通过更多依赖于由公司提供服务同时由政府预算提供资金得到保障。现在，具有不同决心和相关成就的不同政府仍然在追求这种方法。在没有改变基本结构的前提下，这种方法的变种更强调发展组织的核心竞争力。这种方法暗示，追求太多的目标（其中一些目标会和另一些目标冲突）会使得组织不堪重负，这会转而导致只能部分实现目标，无可避免的效率损失，以及消费者失望的出现。因此，各个组织被建议有选择地识别它们的核心竞争力及意识形态，恢复并发挥它们的持久特征。这涉及再发现组织的基本力量，并利用它们实现目标。这些方法（为方便起见，表 11.1 进行了总结）已经从过于雄心勃勃变得过于实用主义。

表 11.1　　　　制度发展的方法：主题的变化

方　法	主要关注点
1. 制度建设	试图通过正式的组织创新提供有关有计划、有指导的社会变化的观点。制度是那些其价值不仅仅是对手头任务的技术性要求的事物。这种方法也认为，传统的建立组织的方法是不够的、误导的。因此，建议“有计划地建立新组织以服务于一些目的”，“这些目的要求自动的管理干预并且与更大的社会系统有特殊联系，不同于由现有的管理单位能提供的那些东西”。这个方法有两个正式要素：(1)组织的固有特征，包括领导力、教义、项目及资源；以及(2)联系——授权性联系，功能性联系，规范性联系及分散性联系。为社会变化而进行的制度建设涉及在规定的行动领域建立适当的规范模式。
2. 组织发展(1)	组织是那些建立起来执行公认的任务的机构。然而它们通常不如需要的那样富有成效。为提高它们的生产力，需要努力改善内部决策、使用的技术水平、人力资源开发、内部交流以及冲突的解决水平。通过解决内部弱点，寻求改进组织效果。
3. 组织发展(2) 表现良好的组织	该学派承认，有一些约束会影响公共服务中的有效管理。应该努力致力于清除这些约束，以便它们能成为表现良好的组织。这种组织的特征是：对人的强调（这样他们被挑战、被鼓励，也得到发展），参与性领导力（这样抑制合作的边界可以被最小化），创造性工作风格（强大的监控和反馈系统），强大的客户定位（通过服务客户得到满足），寻求最有表现的心态（定位于绩效和适应性）。

续表

方　法	主要关注点
4. 创建企业组织(也称为“再造政府”)	在主题上,这种方法强调客户、结果、控制和文化。需要修正组织和客户之间的关系,这样组织可以对自己进行重新定位,以提供所需。对于人和组织能做的事情和无法做到的事情,需要明确后果。来自顶层的控制必须为一线的控制(如分散决策)让出位置,最终发展出支持向客户提供服务的机构的工作的文化。这涉及规定任务目标,更多的指导和更少的操作,授予权力和责任,发展关注产出和结果的预算,让政府的运作接受竞争,寻找市场性而非行政性解决方案,用客户满意度衡量成功。
5. 发展核心竞争力	被视为成功的组织有固定的核心价值(一小组不受时间影响的指导原则)和核心目的(组织存在的理由),尽管它们的策略和实践会经常升级,以满足变化中的世界的要求。组织应该追求核心意识形态,这种意识形态确定了其长久的特征。从这种核心中,需要发展和培育竞争力。核心竞争力界定了组织的能力。这涉及再发现组织的基本力量,并利用它们实现既定目标。

二、制度发展的政治方面

从来没有人把制度发展看作技术问题。对于技术问题,仅由官僚机构讨论其优点,并制定改进计划。它是这样一个问题,其中铁三角的两边不仅仅是学术兴趣的问题;它已经成为立法机关政治执行者或成员以及官僚机构的有关面包和黄油的问题。这个现象不仅限于立法机关具有支配性地位的制度中,近年来,在其他制度中,也成为政策争论的持久部分。在立法机关具有支配性地位的制度中,任何旨在重组政府的立法或者旨在制度发展的措施必须得到立法机关的批准。在那种环境下,立法机关成员对制度发展感兴趣并被牵涉到具体措施的制定与执行,这是很自然的事。在其他制度中,迄今为止描绘它们的方法(这种方法运用公平原则,在该原则下,许多制度发展的责任被授予行政机关)的特征,已经被改变,以反映一系列的经济危机和财政压力。经济稳定现在被视为涉及许多对政府进行财政整顿(一种瘦身实践)的任务。政府追求的结构调整涉及建立、合并、统一以及(在很少的情况下)废弃现有政府机构。这些变化的力量为政治执行者和立法机关的成员(更不用提政党)增加了新的推动力,以在制度发展中显示日渐增加的兴趣。

就政治角度而言,制度发展已经开始被视为标志着对官僚机构绝望的委婉说法。[1] 它同时为希望担任公职的野心家和那些已经担任公职者提供希望，以恢复对政府机器的信心。对于制度发展建议的讨论，总是声称会导致支出的经济性和提供服务的效率性，在理论上提供了探索替代性选择的机会。更重要的是，它提供了象征有效领导的可能性的机会，这转而寻求对社会目标进行澄清和详细说明，同时声称发现迄今为止没有得到尝试的措施。在这种情况下，管理的豪言壮语和现实政治的豪言壮语相互强化。这些政治特点有其自身的用处，因为把注意力集中于组织方面会对治理过程有积极和(不是经常地)深刻的影响。

三、财务管理

财务管理方法同时受到意识到的内部问题以及和前述制度发展相关的各种思想流派的影响。内部问题具有持续性特征，主要和各种结构性约束有关，这些约束易于抑制制度的作用。有人认为，这些约束对于识别期望财政管理机制解决的财政问题有不利影响，而且会持续对执行有不利影响。其不可避免的结果是，结果往往和预期的不一样。总之，在政策目的和有执行政策责任的财政管理机制之间，存在受到人们承认的不一致。为便于分析，表 11.2 总结了许多在政策制定和执行的各个阶段扮演着角色的许多系统性因素。

表 11.2　　影响公共资金管理的各种因素

1. 制度约束	• 缺少中期战略和相关的优先性 • 为确定政策的有用性，缺少持续的评价实践 • 缺少有关政策的成本含义的信息 • 缺少关于政府的财政状况的最新数据 • 缺少和客户的协商 • 对一些预算编制程序附加了过度的保密条件
2. 对制定年度预算的影响	• 经常会变化的临时性政策 • 缺少战略和缺少协商导致编制预算的不同方法 • 延期提交预算给市场发送了错误信号 • 为了满足既得利益，政策会改变方向 • 宏观经济目标和预算分配之间的联系模糊

1 有关制度发展政治学在美国的案例研究，见 March and Olsen(1989)第五章，第 69—94 页。

续表

3. 预算执行	• 决策往往是临时而随意的，导致支出管理中更多的不满 • 缺乏最新的信息会导致超支和更高的债务 • 重点转向战术和过程控制 • 缺少绩效联系使机制丧失其设定能力的利用
4. 政策结果	• 分散问责 • 社会不满导致政府信用的削弱 • 表现拙劣意味着任务被结转到下一年，而没有改进的可能性

致力于确保改进财政管理的努力的目标也受到一些问题的影响，这些问题在过去四五十年来变成话题。按照年代顺序，可以识别出 5 个不同的象征其时代的里程碑。

第一，在 20 世纪 40 年代，焦点在财政的资源配置方面，以及管理制度在便于资源配置方面的充分性。作为研究领域，财政的重点更多是在收入领域。政治科学家凯伊(Key，1940：1137)提出的“根据什么来决定将 x 美元分配给活动 A 而非活动 B?”重要问题，开启了探索预算制度的潮流。对于这一领域的持续研究说明了这一关键问题的重要性，以及缺乏具有普遍性的结论性答案。在实践先于理论的地方，也会出现这种情形；尽管多年来，不同的范式取得了进展，这些范式旨在为这一根本问题提供满意答案，这有助于促进对该主题的理解，但是许多局限性仍然存在。

第二，为了处理第二次世界大战以后出现的财政赤字问题，胡佛委员会(1949)提出了两个重要问题。这些问题一直对财政管理有重要影响。

(1)对于任何重大政府项目，合意的支出规模是多少？政府总支出相对于国民生产总值的合意比例是多少？

(2)得到审批的项目如何可以有效而经济地被执行？或者，相同数量的工作可以以较小的成本通过其他安排或者通过改进程序得到令人满意的执行吗？

从这两个主要问题产生出的两个主题是：预算的宏观经济联系；预算的绩效定位。有关总支出的合意比例，尽管没有指南，人们一直意识到，这个比例应该是可持续的，因为为预算赤字提供资金不应导致通胀压力，或者对经济增长前景及经济的整体稳定带来不利影响。《马斯特里赫特协议》中所设想的对预算赤字水平及未偿债务水平的限制，表明了对胡佛委员会所提出的难以回答的问题的第一部分的持续探索。对绩效的强调一直是一个主要关切。如果宏观经济稳定代表了预算的一个重要维度，对于有效和经济提供服务的需要则反映了预算的另一个维度。这些转而导致对管理过程、使用的工具、涉及的成本以及提供服务的机制的评价。预算和政府财政管理开始被绩效方法和其变种影响。这种影响延续下来，并将随着定期改善而持续下去。

第三，上述关切并没有提供任何持久的解决方案。政府预算赤字一直存在，反映了制度中与预算及国民经济有关的一些漏损。政府交易的内部管理并没有变得更好。公共投资产生贫乏的结果；为赤字融资导致通胀压力；成本上升持续不退；可以说，由政府提供的服务被证明和公共支出的持续增长相联系。这转而导致对政府支出管理过程的持续和更严格的考察。在 20 世纪 60 年代早期以前，如同普洛登委员会（Plowden Committee，英国，1961 年，第 4 页）指出的那样，核心问题“是如何控制公共支出的增长，以及如何让这种增长保持在政府认为合意的限度以内”。人们意识到，需要更集中的努力以节制支出的增长，这种努力应该在几年中进行计划。这使得大量的估计技术为人所知，比如多年估计、基数预测以及多年支出计划。这些技术开始被用于不同的国家，其成功程度也不同。确保预算结果和预算估计保持一致的愿望导致一些技术的产生，比如现金上限以及为了取得合意的预算结果，在财政年度中间进行更集中的定期评价。作为这种努力不可或缺的一部分，财政部或类似的部门开始取得权力，这使得它们能够停止一些支出模块，当经济稳定的关切作出如此要求时。

第四，在支出水平被证明对于国民经济而言太高以致于无法承担时，上述回应是不够的。20 世纪 70 和 80 年代间持续的不稳定以及包含预算赤字成为不可避免的需要，导致人们持续要求节约资源、限制由赤字提供资金的扩张。作为这种努力的一部分，紧缩财政措施被用于管理财政压力。新方向是控制支出增长率。为了实现这个目标，开始采用立法限制，以及限制向可用的现金进行支付等更严厉的方法。这些措施需要对付支出构成在其间已经变化了预算。转移支付和高息支付（这转而反映了增长中的债务负担）开始占主要地位。更大份额的支出由法律规定而不考虑经济形势的事实，意味着在年中和若干年间很少有控制公共支出的余地。这种意识为旨在财政整顿的努力铺平道路。这些努力包括政策评价、立法限制、对努力的定期评价以及政府活动的有选择退出等工具组成的混合包。在20世纪70年代下半叶和80年代早期的许多时间里，一直在进行这些努力。这些努力对政府财政管理的方法和内容有重要影响，注意到这点很重要。

第五，尽管在20世纪70年代采用严厉措施，在20世纪80年代末以前，发达国家的支出显示了更高的平均增长率，提出了之前阻止那种增长率的努力是否充分的问题。一般认为，严厉措施和财政整顿的努力至多有暂时性影响。需要更一致的努力，这实际上是对以前方法的根本变更。州政府及其行政制度被认为是主要的问题领域。州政府被认为承诺太多，而提供的服务太少同时成本也较高。管理过程在运作时显示出双重悖论。结果经常不同于意图。更重要的是，传统惯性及其伴随的管理过程，容易吞没在这些过程中工作的人，似乎对他们的效果有一种整体的抑制效应。

旨在处理上述问题的新方法——开始被等同于新公共管理（New Public Management，NPM）哲学——源自经济学和管理学理论的混合，这些特征已经在前面描述过了。这些管理方法强调建立小的、任务导向的机构（它们被期待负责执行政策、而非制定政策），规定任务和绩效标准，使这些机构对问责负责。财政管理的方法在这种整体框架中发展，具体包括整体预算上限、与在既定的价格限制和质量特征下提供服务的机构间的契约关系、改进的部门控制、应用权责发生制会计制度、开发绩效标准以及加强问责。

上述里程碑对于变化中的公共支出管理范式的演化具有相当大的影响。这些最好按照7种范式进行分析——传统的明细支出预算（line-item budget）、绩效范式、计划范式、宏观经济政策范式、财政整顿范式、公司实践范式及治理范式。图11.1简单说明了每个范式的特征，被它们影响的公共支出管理的领域。在原则上，如果严格使用库恩所明确表达的标准，每个范式按照通常方式发展，一旦意识到其局限性，就会形成新的假说，这种假说最终会成为新范式，在经过经验验证的过程后，取代以前的旧范式。然而在政府财政管理领域，以前的范式还没有彻底为新范式腾出地方，尽管对明细支出预算而言，部分确实如此。多年来，对于什么是“明细支出”本身就发生了变化。在几十年前，该术语用于表示目标明智（object-wise）的支出类别，或者按照目前的术语称为“投入分类”(input category)。现在,在讨论行政和立法机关的各种权利、任务和责任时,“明细支出”是指在追求“猪肉桶”项目时,包含在预算中的各种工程和其他支出项目。然而,甚至是传统的明细支出预算(在一些国家,与项目导向的分类一起得到实践)也无法被认为不考虑宏观经济政策。类似地,没有预算可以被视为没有支持性战略、计划或广义预期绩效指示。因此,图 11.1 展示的现象在性质上更像是重写本,其分界线也许不是很清楚,但都是同样可识别的。然而可能的是,不是所有的范式在同一时间会有相同的影响。相反,更可能出现的情形是,某一两个范式可能更加突出,成为政府年度战略的一部分,同时其他特征只扮演次要的角色(如果有的话)。加拿大政府(1997)最近的声明表明了政府现在在处理的主题。它写道:

各种努力不仅仅是关注削减成本,也关注确保加拿大人在稳定的支出基础上获得得到改善的政府服务。就像私营部门必须持续创新以为个体消费者提供定制的商品和服务,政府也必须定制公民的商品和利益。政府项目的设计和提供必须定位于公民,而不是根据公共服务的需要、根据目前的管理风格或过时的生产过程的约束。[1]

公民和消费者一样,是新国王;官僚机构是公民的仆人,它的制度成为提供服务的主要工具。如果公民的需要发生了变化,无论这种变化以何种方式发生,官僚机构必须做出充分的回应。

这些预算和支出管理中的创新,已经并正在以不同的方式得到执行。第一及第二编的各章[2]讨论了这些创新的优点及局限性,以及它们如何得到执行。此外,表 11.3 展示了加拿大、英国、美国和印度执行改革的年表。该表表明,过去几十年见证了一些国家升级并提升财政管理机构的能力的一些努力。然而,表中所说明的经验不具有典型性,有许多国家的这些努力已经落后了,或者还不符合成功的标准。整体的图景是混合的。在一些国家,只有象征性的执行。在一些国家,有对改革的宣示,但是缺少持久的贯彻。这些宣示经常是在国际金融机构的命令下做出的,或者安抚那些购买政府债券的社群。尽管其目的是作为一种建立信心的措施,一再的宣示却少有进一步的行动,带来

1 加拿大(1997),第 1 页。

2 即本书第一至第七章。——译者注

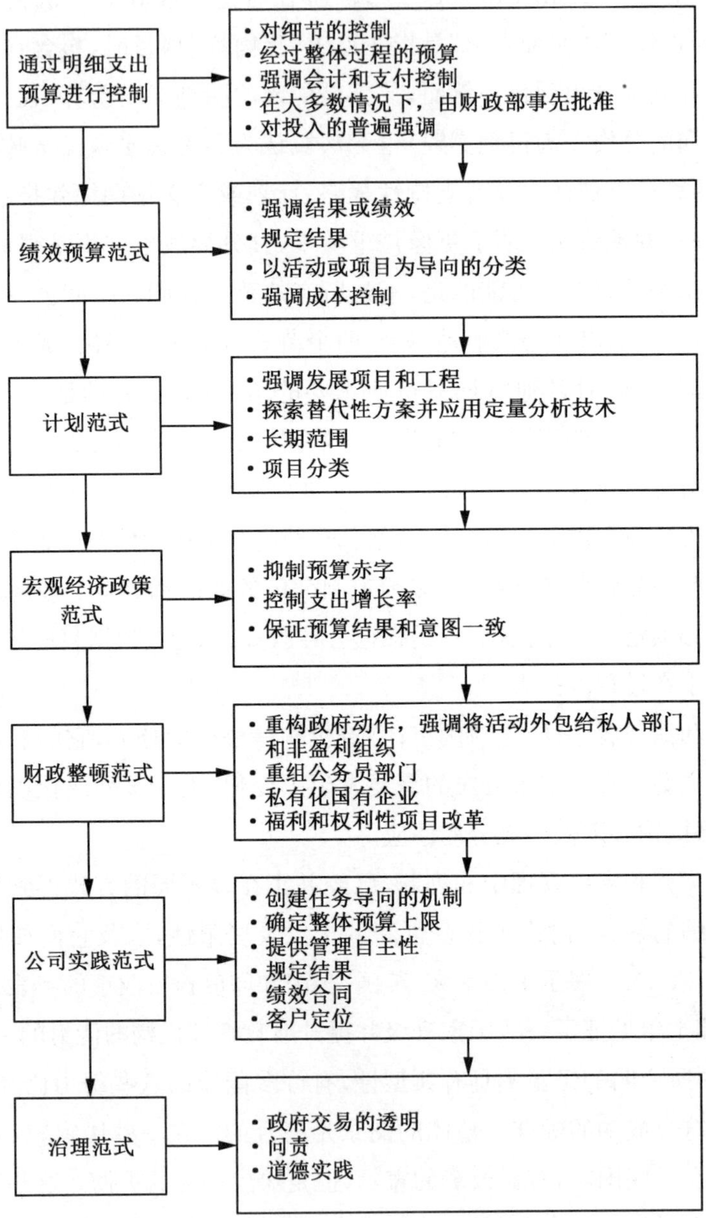

图 11.1　公共支出管理及其特征的范式变化

的效果是更多的不信任和怀疑，而不是信心。在其他地方，有一种观点认为，这种持续重组和寻求新颖而又经常没有得到尝试的思想的过程，会破坏对现有制度效力的信心。在一些国家，有一些创新经常反映的是最新的时尚，尽管每个创新被保证会取得成功、并且提供了担保，这些创新的好处经常是虚幻的、很少将自己转化为最前沿的有形的好处。他们还指出，管理理论家忙于持久的革命，经查证，他们提供的新思想似乎根本就不新颖。"新"元素经常是采用另一种首字母组合词(acronym)，附加在多年来一直在增长的长长的清单上。许多政府认为，尽管改革很重要、也很有必要，它们的第一优先性是解决更紧迫的问题。在这种情况下，它们推行改革的承诺进展缓慢。人们进一步提出，制度性再犯的出现主要是因为没有充分承认组织悖论的事实。有人说，管理理论由于存在悖论，所以是有缺陷的，因为，尽管作为一个学科而言意味着很多，在学术大门之外它并没有得到多少尊重。管理实践甚至有更多的悖论。

四、组织悖论

为什么组织没有它们在被计划时那么有效？为什么尽管向相反的方向尝试，组织还是一直包含矛盾？就像汉迪(Handy)提出的问题，为什么由管理专家例行常规地提出的这么多的成功的规则，在尾部带着刺(carry a sting in their tail)？[1] 如何解释这么多改进组织的努力的意外结果？这些问题以及许多相关问题的答案存在于悖论现象中。悖论说明了管理的局限性。就像汉迪所补充的那样：

我们无法让它们消失，或者完全解决它们，或者逃离它们。悖论就像天气，你必须忍受它而无法解决，减轻最坏的方面，欣赏最好的方面，并将其作为前进之路的线索。在工作中、在社会中以及在国家之间，必须接受悖论、对付悖论、让悖论变得有意义。[2]

如果悖论不可避免，如果所有能做的是承认它们并容忍它们，如何能够打破这个邪恶的循环、并创建有效的循环？如果这些是重要的，在财政管理中，必须给予它们何种注意？

1　Handy(1994)，第X页。

2　同上，第12—13页。

表 11.3　　一些国家的财政管理改革：关键事件年表

加拿大	英　国	美　国	印　度
• 1977：政府创建总审计长办公室 • 1979：提交皇家委员会(兰伯特)报告。报告指出，政府增长是管理和问责的压力系统。 • 1979：政府推行“政策与支出管理系统”(Policy and Expenditure Management System，PEMS)以取代项目计划与预算系统。 • 1981：政府推行项目评估指南。 • 1986：政府增加部长权力及问责，以放松详细规章及预审批水平，作为回报，部长要承担更多的问责 • 1989：政府公布《公共服务 2000》——一个公共服务重建倡议 • 1993：在总审计长办公室的基础上建立财政委员会秘书长(Secretary of the Treasury Board) • 1994：开展包含关键测试的项目评价，以确认相关性及支付能力。 • 1994：推行“新支出管理系统”以对整体支出水平提供更好的控制，更关注长期部门计划，以及为议会提供更好的信息。 • 1997：政府宣布将财政委员会再调整为管理委员会——为了关注管理和商业计划等更广泛的议题。	• 1976：推行现金上限以及相关的现金规划。 • 1979：放弃项目分析与评价，建立雷纳小组(Rayner Unit)以对储蓄进行调查。 • 1981：撤销民事服务部，其职能合并到财政部。 • 1982：(1)预算估计按照现金形式准备；(2)推行“财政管理倡议”(Financial Management Initiative，国防部和环保部 1979 年的经验中有其先例) • 1983：将审计部转变为国家审计署，其职权范围是“资金到哪里，就追踪到哪里” • 1987、1988：下一步：创建执行机构 • 1992：改进资源管理，更强调产出和服务的提供，以及促进国内市场。 • 1994、1995：(1)基础项目评价。对财政部及其重组进行评价。(2)宣布在政府中推行资源会计与预算(权责发生制)的计划。 • 1996：宣布《公共生活的七个原则》(无私、正直、客观、问责、开放、诚实和领导力)。 • 1997：(1)国家审计署评价预算预测假设。(2)宣布要颁布《财政稳定法典》。(3)有选择地修改国家卫生服务中的国内市场程序。	• 1967：作为总统预算概念委员会报告的结果，推行统一预算。 • 1974：《国会预算与扣押控制法》(Congressional Budget and Impoundment Control Act)建立了国会预算过程。 • 1980：在国会预算过程开始时，第一次使用决议过程。 • 1982：《联邦财务经理财政正直法》(Federal Financial Manager's Financial Integrity Act)要求各部门经理对所有的内部控制负责。 • 1985、1987：《格拉姆—拉德曼—霍林斯法》(Gramm-Rudman-Hollings Act)——设定削减赤字目标及扣押程序。 • 1990：(1)《预算执行法》——建立新的预算规则；(2)《首席财务官法》——在主要机构配备首席财务官。 • 1993：《政府绩效与结果法》——目的在于改变项目及运营管理的方式。 • 1994：《政府管理改革法》要求各机构提供经审计的财务报告。 • 1996：(1)《债务募集改进法》——旨在提高债务募集能力。对于所有的联邦支付，采用电子系统。(2)1996 年《联邦财务管理改进法》——规定机构财务管理系统的遵循要求。	• 1968：推行绩效预算，将其作为一种补充实践。 • 1972：(1)在支出机构推行内部财政管理新方案；(2)账目组织从审计部门分离出来，建立新的民用账目总监办公室(Office of Controller General of Civil Accounts)。 • 1974：(1)对整个中央预算，推行新的功能、项目及活动分类；(2)在计划委员会中建立项目评估处；(3)建立“项目信息系统”。 • 1980：建立公共投资委员会以评价所有新投资。 • 1986：推行零基预算。 • 1991：(1)取消对外汇支出的单独控制；(2)推行现金管理技术。 • 1995：就给予政府的预付款上限和印度储备银行达成一致。 • 1996：(1)宣布建立高层支出委员会(但没有得到执行)评价支出优先性。(2)宣布在中央政府中进一步合理化现金管理的措施。

资料来源：从包括官方出版物在内的不同来源编辑。

就像经常被指出那样，为了避免这样一个明显的特征被遗忘、被忽略，生命本身包含着基本的悖论——全知全能的上帝，却允许人类生活有许多痛苦。就像加缪(Albert Camus)用令人痛苦的事实说明的那样，归因于恶意会导致信心的丧失。在更世俗的层面上，组织(包括公共和私人组织)充满着悖论，有些已经承认，而有些还有待披露。在对组织悖论所进行的充满洞察力的分析中，阿吉里斯(Argyris)说，在本质上，有两类悖论——逻辑悖论和源自人类行动的悖论。[1] 当词语的含义包含自身的矛盾时，就产生了逻辑悖论。管理者指出，他们的目的是管理，但是内在的矛盾是，并不是所有的行为都是可管理的。在一些情况下，可以被管理的是行为的结果而非行为本身。当在实践中一个组织的设计产生了相反的后果时，第二类悖论就产生了。阿吉里斯指出"组织被设计出来、被管理以使得管理的难度更小，但是人类的活动使得管理更加困难"[2](加上强调语气)。这些悖论在大多数组织中发现，同样也在政府财政管理领域发现。尽管可以获得有关悖论的知识，在财政管理领域它们还没有得到应有的承认。[3] 下文识别并描述一些更突出的悖论。

(一)政治和预算过程

预算过程经常被看做政治过程，在这里，该词被用于表示部长、立法机关成员或其他代表等选定代表的参与。在理论上，他们对采取的行动负责。他们有权提出提案，修改由官僚机构提出的提案，以及否决这些提案。然而事实并不一样。在大多数情况下，下年预算主要是现有政策的延续，新要素的余地有限。法律和债权人的角色限制了立法者的行为。立法机关，无论是议会式(parliamentary type)的还是国会式(congressional type)的，都有严格的参与规则。就像立法控制那一章所说明的那样，一个带有正当高预期的当选代表抵达议会时，不得不面临逻辑困惑、基于规则的难题及经济现实。各个项目经常是如此复杂，以致于甚至是对议会成员一个微小建议的妥协，也应该视为立法上的巨大成功。此外，随着经济自由化，以及随着全球化取得管理经济活动的无形之手，财政和经济领域的决策往往是分享式的。有人会争论，行政机关

---

1 Argyris(1992)，第 39—48 页。

2 同上，第 40 页。

3 Meyers(1994)是仅有的极少数涉及这一问题的人之一。

成员以自己的方式具有政治性,把他们视为政治的是忽视了现实。把过程视为政治的观点会指出仅在政治层面解决问题的需要。这种方法会导致和预期相反的结果。尽管在应用宣布的预算政策时的许多决策是政治性的,建议预算过程主要是政治的已经不再现实。比如,在整体层面上,支出可以被视为更多受技术考虑影响的类别。但是游戏规则可以以如此的方式得到运用,以致于可以设立政治赞助。因此,在讨论这种悖论时,必须区分第一种层次的决策(也即制定政策)和第二层次的决策。第二层次的决策是使用已被接受的规则,不太注重整个过程是政治的这样的观念。

(二)预算和灵活性

像公共政策制定的其他方面一样,预算需要灵活,因为不仅是年和年之间,而且年度中间都必须做出变化。然而近年来,预算的灵活性往往减少了,而不是适应发展了的形势增加了。三个因素对这种灵活性的减少有基本的影响。首先,如前所述,预算主要是之前决策的延续。其次,立法者倾向于削减行政部门的决策权。带着削权的想法,立法机关往往会颁布法律。一旦法律制定出来,当发现修改法律是合适的步骤时,对其进行修订变得困难。最后,许多预算过程的参与者(特别是支出机构)寻求更多的秩序和稳定性,而不是灵活性。它们倾向于有一个保证书,或者和财政部有一个非正式合同,以确保它们至少可以得到已经编入预算的资源。这里再一次地,既不是立法机关也不是公众想要看到管理灵活性的重大削减。但是结果充满着悖论,即使具有最好的动机,预算灵活性变小了,最终成为一个重大的问题领域。

(三)规则与遵循

成问题的是法律所带来的悖论。如同霍华德(Howard)所指出的那样:"现代管理性法律类似于中央计划……我们有非常详细的法律和规章,这些法律和规章经常是几年前制定的,确定了我们行动的条件……失败是相同的:法律命令的僵化排除了在行动的具体时间和地点实施判断的可能性"。[1] 如同大多数公共政策制定者所承认的那样,这个问题是内在的悖论。法律和规章走得太远了,但是又做得太少了。政府是由人组成的机构,使政府得以运转的

1 Howard(1994),第 21 页。

人和机构都需要他们自己的空间，但是法律对这种空间并没有做太多规定。此外，一旦制定了法律，行政决策会成为法律问题，要服从司法解释。这种更关注法律文本的解释会带来意想不到的结果。比如在印度，最高法院的一个判决将公务员享受的相同权利授予国有企业员工，因此在这个过程中消除了政府和公司部门的区别。在所有这些情形下，人们的期望是法官可以巧妙地发现正确的政策平衡，一方面拒绝过度的利益要求，另一方面避免过度的法律解释。然而实际上，很难实现这种平衡。其结果是，公共决策从行政部门移到司法部门。这里不尝试评估，这种过程是否令人满意，如果是不可避免的，是否与此相关的成本会远远超过可能的收益。[1]

规则无法太精确；然而它们的模糊性导致政府和其他各方（人们预期它们会投诉）经常巧妙地利用其中的漏洞。取决于具体情形，太多的规则导致反抗的文化和规避的文化。假如这两种文化成为常规的特征，那么拥有规则的基本原理就变得有争议了。更重要的是，各种规章制度有时会相互矛盾；它们会更多地定位于确保对过程而非活动问责，最终导致公务员往往过于保守，很少承担风险。需要注意这种悖论，需要在合意的事物与可行的事物之间寻求平衡，需要在最低限度和过度之间寻求平衡。

（四）集权与分权

这两个孪生概念在不同情形下有不同的含义。因此，可以从不同层次政府间的关系（从中央到区域到地方政府，或从政府到其国有企业及其他自主机构，或者政府内不同级别的官僚机构、各个部门之间，或者决策层与执行机构之间）这个角度考虑它们，与这里相关的考虑则是核心预算部门（财政部或计划委员会）与支出部门之间的关系。在这个背景下，集权意味着优先性——重要性次序，今天和明天应该做什么、什么时候应该做什么的选择——由核心机构决定，或者至少，核心机构对这些事有发言权。在这种情形下，很典型地，支出机构会纯粹成为核心机构实施具体计划的工具。这种集权体制不可避免会产生许多问题，通过本可避免的冲突，在对中央命令开空头支票的同时发展平行管理制度，以及缺乏遵从等途径，会让这种集权的效果丧失。集权也会导致

1　表明司法强制会带来广泛后果的很有趣的研究，见 Rabkin（1989）。纯粹从预算观点而言，大多数司法决定往往导致更高的支出。

行政机器的膨胀。[1] 更重要的是，实现经济性和效率性成为核心机构的责任。因此，无论在正常时期还是在危机时期，集权会带来自相矛盾的结果，在其中，制度的内在特征会促进相反的行为。

对集权的一个明显的补救措施是分散任务和责任，给予官僚部门的其他机构以和任务相匹配的必需的权力。原则上，分权有使得管理者成为有行政管理才能者的潜力，并促进资源的更有效使用。“辅助性原则”断言，如果上级做了本该由下级做的事情，这是一种罪恶。此外，所有的管理理论都提倡分权，这样每个管理者可以按照他(她)的潜力办事。尽管被视为一种正确的管理方法，但是这种分权会对追求成功的宏观经济政策带来意外的结果。[2] 但是有人会说，如果缺乏有效的监督或适当定位的财政政策，支出机构会过度行使职权，或者会追求有更长期额外财政要求的政策，或者会做具有欺骗性吸引力的事情(典型的例子是租设备而非买设备)。再一次地，最终的结果会和意图相反。在每种情形下，很清楚，有必要意识到集权的局限性和分权的局限性，因为一旦超越了这些局限性，接下来的就是不利的结果。这个问题不是在总体层面二选一的事情，而是承认，每种方法都有其局限性，除非得到明智而审慎地执行，每种方法都会导致压倒性的相反的结果。

(五)控制层级和结果

一般认为，财政管理机器的设计和建筑设计是一回事。无论何时，当认为建筑存在结构性问题时，就会做出额外努力以加强现有机制，以便在整个估计的生命存续期内，这个建筑可以一直发挥作用。以相同的方式，当财政机器被认为不牢固、无法取得预期结果时，也会寻求对其进行加固。这种加固经常采取额外限制的形式，比如对雇佣人员，购买机器、厂房和设备，国外差旅，公用事业设备的使用，国内差旅等进行额外限制，对涉及使用外汇购买商品以及相关的支出类别进行限制。此外，也会规定，对这些以及相关商品的清理应该通过官方、一个被指定从事该目的的组织。期望是，通过这些额外限制或对清理的规定，可以取得令人满意的支出结果。然而在一些情况下，这些措施虽然得到

---

1 Karnoi(1959)的开拓性研究为中央计划经济中经济管理的集权及其不利影响提供了卓越的洞察力。

2 对于分权(在政府间背景下)对宏观经济政策影响的讨论，见 Prudhomme(1995)。

适当地执行，会有短期效果，但是就中期而言，结果似乎无论如何都与努力不相称。这主要是因为，控制者经常不具有关于项目的详细知识，而只有项目管理者才有关于项目以及这些项目的执行需要什么的完整知识。实际上，无法在项目或工程的设计中植入经济性，也无法通过程序性步骤实现经济性。这转而导致下述悖论，即越努力增加控制层级和权力点，就越可能无法取得相应的结果。

五、其他悖论

除了前述悖论，还有其他的困境，这些困境经常成为财政政策的一部分，进一步增加财政管理机器的压力。在努力主要是旨在管理赤字的地方，短期内服务的提供会受到不利影响。大多数公共服务在看得见的范围内具有特殊的需求水平；其自身的能力被设计用于满足那种需求。削减赤字的措施可能会旨在削减维持性支出，其结果是服务被削弱、削减或放弃。更重要的是，由于维持着初始能力，这些努力导致更高的成本，而此时目标是削减那些成本。

类似地，立法机关努力把控制权保留在立法机关，颁布法律授予社会各种权利。然后年度预算会涉及那些没有得到立法的部分，这部分总会缩减。当在各个部门间进行调整时，一个部门的增加不可避免是以另一个部门的减少为代价的。加强国防部门可以例证枪炮和黄油间的古老选择。在零和博弈中，一个人必须让步，这样另一个人才会得到更高的份额。

这些悖论表明，在制度发展的任何努力中，有一些真实的因素需要争论。一般的方法为我们展示了努力的方向，但是制度发展和运用一般观念关系不大，更重要的是发展适用于某个情形的具体方法。在发展那种方法时，需要意识到悖论的存在。不承认它们是忽视事实。这些悖论不会不利于进一步努力，相反，它们指出了仔细澄清和有计划的努力的需要。即使这样，结果也不会等同于努力。记住兰德斯在其不朽的《国富国穷》(*The Wealth and Poverty of Nations*)的研究中所得出的结论很重要。他写道："浮现的一个教训是一直尝试的需要。没有奇迹。没有完美。没有太平盛世。没有天启。我们必须培养怀疑论的信念，避免武断，充分地听和看，努力澄清和定义目标，更好地选择方法"。[1]

1　Landes(1998)，第 524 页。

第十二章　对财政部门进行组织

与创建事物的新秩序相比，没有什么比它更难安排，没有什么比它更有成功的疑问，也没有什么比它完成起来更危险的了。人类一般而言是不轻信的，除非他们通过经验对新事物进行了验证，否则从来不真正相信它们。

——马基雅维利，《君主论》

政府中的财政部门(MoFs)或者其他类似的部门在分配政府资源的时候扮演了关键角色。一般而言，其主要责任是制定和执行财政政策，并负责对提供给社会的服务进行财政监督。财政部门的决策方法在某种方式上反映了整个政府解决问题的方法。政策目标也许是微调经济，也许是为中长期经济发展提供操作性蓝图。由财政部门或其他对等部门扮演的角色长期以来得到了承认。长期以来也假设，为了与其任务及责任保持一致，进行了充分的制度安排。因此在一些国家，财政部门处于总统或总理的直接监控之下。在其他它们作为部门而存在的地方，根据它们独特的责任赋予地位。

但是这些责任会随着时间的推移而发生变化。如下所述，尽管财政部门通常显示出非凡的适应和生存能力，仍然存在它们的经济和组织议程是否趋同的问题。尽管这个问题很重要，这方面一直很少有研究。[1] 这方面的两个问题如下：(1)财政部门是否得到充分武装，以处理其决策任务，以及对政府支

1　考虑到分配给财政部门的问题的重要性，预期有许多文献是合理的。然而实际上文献很少。基本上，人们把财政部门的存在视为理所当然。最近关于这一主题的讨论，见 Lawaon(1992)，英国财政部门(1994)，美国 GAO(1989)。

出管理进行普遍监督的任务?(2)如果不够,如何加强?

一、范围

财政部门的活动范围很大,包括制定政策、规定并执行规章制度、直接的管理工作(包括收税、会计、支付)、准司法职能(包括裁决税收纠纷)、在一些情况下发行货币及硬币、评价支付要求及其他责任、维护国内及国外债务记录、管理抵押品等。这一章讨论的范围限于对财政部门和支出管理相关的任务及责任的分析。经常通过考察诸如财政部门、经济运行部门、或计划部门的实践来检查公共支出管理的固有任务。这里为便于分析,名义上的财政部门负责和支出管理相关的所有任务。这里假设的任务基本和政府预算的制定和执行有关,这也是支出政策的主要工具与表达方式。

然而很可能的是,在现实实践中,这些任务由诸如局、部门、处和部等不同形式的组织来执行。在一些情况下,它们可能会由内阁部长或高级文官领导;在一些情况下,这些组织可能位于总理办公室、总统或者政府的首席执行官。为便于这里的分析,这些形式不占多大重要性。

(一)执行纪律 VS. 更了解情况地发挥作用

人们经常建议,财政部门的首要任务是执行财政纪律,而不是忙于任何新活动。为了支持这一方法,有人认为,由于两方面的原因,预算结果不同于预算估计。首先,预算以社会转移支付和应享权益项目为主,这两项均由法律决定,预算编制者在编制预算时很少被激励把这些预算编制得很精确,因为不像其他项目,这些项目的实际支出不受预算估计限制。其次,尽管完全合法并且遵守预算规章制度,有许多规避政策意图的方法。然而,对这些问题的更仔细考察会指出,与监控相比,需要更了解情况的决策。首先需要意识到,一些问题的出现,是因为缺少清楚而具体的政策。此外,问题的发生不仅仅限于支出机构。需要区别财政政策制定与政策执行。后者是支出机构承担的角色,而前者更多属于诸如财政部门这样的核心机构的范围。监控执行则是诸如内部审计这样的内部控制机构的任务。此外,对于执行的监控以及事后评价,经常是法定外部审计或立法委员会的责任。将这些责任委托给财政部门,除了会与现有法律冲突外,会导致本可避免的、功能障碍性的重复工作。此外,它会把财政部门的注意力从政策制定及相关核心领域转移到执行纪律。

(二)需要一个独立的预算办公室

政府财政政策的主要工具是年度预算。它体现了政府的政策以及政策的成本。从支出管理的角度来看,预算制定涉及两个重要步骤:对下年的经济前景进行评估,确定各种职能以及构成这些职能的项目的年度财政分配。对下年的经济前景进行评估被期望建立在客观标准基础上。然而实际上,为了展现更光明的财政图景,会对经济增长做出高度乐观的评估,其结果是,收入的表现被预期会变得更好,这会对赤字水平带来有益影响。

对不同项目的资源分配无疑受到政治考虑的影响。尽管在许多国家,支出中的较大部分主要取决于现有法律,因而年度预算中的灵活性往往有限,人们经常指出,政治考虑使得许多政府承担高风险支出项目,这些项目过于昂贵。为了将乐观估计及政治上得到激励的高风险支出项目的影响降到最低,有人主张可以建立一个独立的预算办公室。如果财政部门在决定年度预算时被给予更大的权力,这个建议也算生效。

与这一领域的其他建议一样,这些建议值得讨论。有必要识别对经济增长率的有意高估,或者对支出项目的财政含义的有意低估,进而采取措施防止这种事情的发生。让公众知道这些情况是适当的,这样公众就可以对政府的可信度做出自己的明智判断。

将财政资源分配给各个支出项目是一种共同和联合实践,在其中,提出要求者和控制者走到一起来决定总支出和各个项目的大小。它不是一种单向沟通,在其中,核心机构发出命令,然后所有的支出机构被迫遵守它们。如果是这样的话,资源意识会局限于核心预算机构。所有最近的改进政府管理的努力,强调支出机构意识到资源约束的重要性,这样可以改变服务的提供,以与减少的资源保持一致。因此,需要加强对支出项目年度分配的参与性管理。由于这些原因,本章接下来的分析基于下述假设展开,即预算是财政部门的基本(实际上是根本)任务。

(三)为什么需要变化?

政策制定在过去、现在和将来都是财政部门的主要责任。那么,重新检查财政部门的任务,其必要性何在?产生这种需要的主要原因是,记录财政部门的绩效不会产生对未来的信心;部分则是来自于使这些机构能胜任承担这些额外的责任并取得所需的必备的组织技能的渴望。更重要的是,这些任务必须以一种成本上有效的方式开展。以前的经验表明,财政部门会以一种革命性的方式(更多是临时的而非事先计划好的)发展。过去改革和重组财政部门的尝试一直是短暂而偶然的。然而同时,政府的交易已经变得更加多样而复杂。同样,作为财政整顿实践的一部分,出现了有关哪种类型的财政部门适于处理国家和政府变化中的角色的问题。对于为什么财政部门需要以一种根本的方式看待,这个问题本身提供了强有力的论证。此外,对于设计成本上有效、允许足够的责任分权的新组织,正在积累新的压力。人们期待,未来的组织应该建立在服务的购买者和提供者双方的合同联系的基础上。如果是这样的话,何种类型的组织变化被表明允许对绩效合同进行有效的管理?在职能分权的背景下,何种类型的控制制度是适当的?在重新设计财政部门时,必须解决这些问题。

二、得到建议的职能

(一)发展核心竞争力

重新设计财政部门不仅必须考虑以前的遗产,还必须考虑组织理论最近的一些进展。近年来得到更多支持的一个原则表明,为了变得有效,组织应该集中精力于其核心竞争力。将核心竞争力的概念应用于公共机构,主要是基于私营部门的经验。基本上,这涉及对组织现有活动的评价,以便可以丢弃已经取得的过度或不必要的负担,或给予它们更低的优先性。这样组织得到了简化,使它可以以较高的绩效重新开始。这涉及五个基本步骤:(1)识别现有的核心竞争力;(2)在必要的地方,确立取得核心竞争力的日程表;(3)建立核心竞争力;(4)配置核心竞争力;(5)保护并捍卫核心竞争力与领导力。[1] 这是一个对市场里发生的变化做好准备的过程,公司被要求把让自己适应于这种变化(哪怕还保留在原来的位置)作为最低政策目标。因此这涉及下述过程,即"在真正神圣的和不是神圣的之间",确定"什么从不应该变化,什么要向变

1 见 Hamel and Prahlad(1994),第 245—259 页。

化开放”。[1] 这种确定转而涉及对核心意识形态、核心价值、核心目的及核心竞争力的评价。由于这些术语易于被认为相互重叠,这里说明它们的用法是适当的。核心意识形态指的是一个组织的持久特征或者一贯特性。它提供了“在组织成长、分散、多样化、全球扩张及发展工作场所多样性过程中将其联结在一起的胶水”。[2] 核心价值指的是组织的诸如为消费者提供服务或技术创新的持久特征;补充核心意识形态的核心目的指的是组织存在的原因。它不是一种目标或商业策略,而是组织存在的理由。核心竞争力可以作为核心目的的同义词使用。这种方法植根于下列信念,即每个组织不仅仅是一系列产品和服务,还是一系列竞争力,这些竞争力强调组织的独特力量。

一般认为,财政部门竞争力的前 5 个领域是:制定宏观经济政策;作为年度预算工作的一部分,对各部进行指导;监控预算执行;就外援进行谈判;指导会计制度和准则。除了就外援进行谈判,上述相同领域被期望继续作为 21 世纪核心竞争力的领域。以某种方式,外援反映了发展中世界的关注点。然而财政部门的核心价值一直是(就像它们过去那样)经济性、效率性、效果性。核心目的是(或已经成为)竞争力的核心领域,可以再分成 7 个领域,如图 12.1 所示。每个领域有一些要素,财政部门的成功取决于对这些细节的关注。图 12.1 所示的要素为财政部门提供了一份任务声明,同时也表明了使财政部门持续改进其长期绩效成为可能的各种工具。首先,考虑什么是财政部门不用像它们以前那样继续运作下去的。按照优先次序,似乎可以将经济研究、评估完成的项目和工程、维护数据系统以及支付系统外包出去,并因而得利。[3] 尽管制定宏观经济政策是一个具有竞争力的领域,必需的经济研究不一定总是由内部来执行。相反,在经济研究方面,外部机构可以做同等有效的工作,这种研究也有变得客观的潜力。

---

1 Collins and Porras(1996),第 66 页。在讨论中,术语“机构”和“组织”被交替使用。

2 同上,第 66 页。

3 需要注意的是,在英国,一些支付(特别是对国防服务的支付)已经被外包出去,国防账户组织已经被取消。

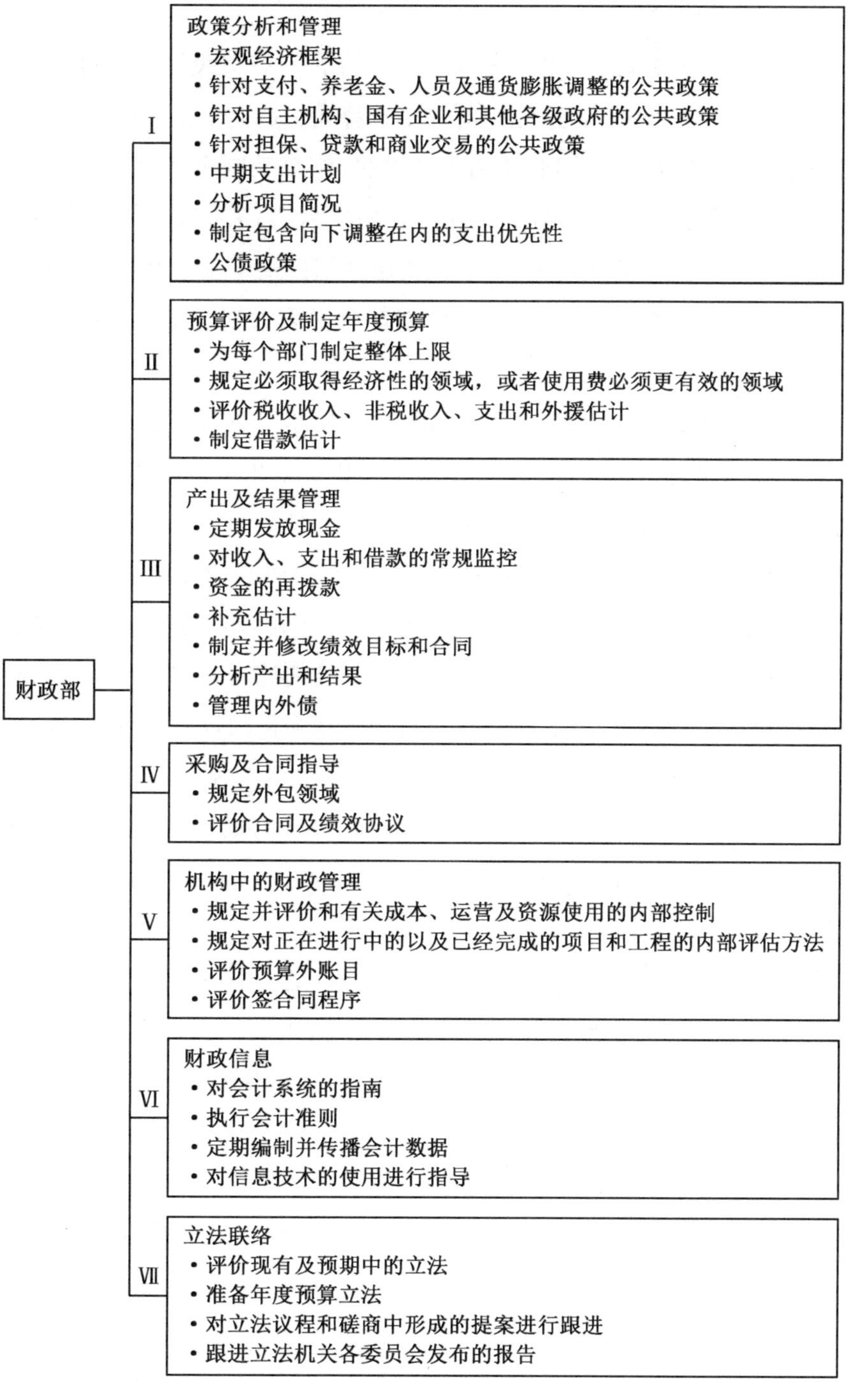

图 12.1　为改进支出管理组织财政部

(二)任务和工具

人们相信,公共部门可以考虑将私营部门的一些实践移植到财政部门的运作中去。为了进行排名,这方面前 5 个选择是:应用成本标准;集中使用计算机技术;准备年度整体计划;使用市场方法;将政策制定从政策执行中分离出来。[1] 尽管清楚意识到编制中期支出计划的需要,人们对年度预算有压倒性的偏爱。从实践者的角度而言,中期支出计划提供了基本背景,而整体计划为下年的预先战略做好安排,这两种计划都被视为为制定年度预算提供的信息。

固有的任务被分成 7 组(图 12.1)。列举每组中的任务转而为确定财政部门是否可以获得所需的技术和工具提供基础。如果可以获得这些技术和工具,就目的而言它们是否足够。大多数任务和工具是可以自我解释的。因而,接下来的讨论仅限于一些方面。对于许多国家的情形的评价表明,在一些情况下,第一组的政策和工具都不可行。比如,在年初,对于隐含的宏观经济框架和预算联系,或支出机构应该如何在准备预算估计时考虑通货膨胀,或者追求的有关抵押品的政策,或者涉及自主机构得到强化的控制结构,很少会做出具体安排。在大多数情况下,财政部门对变化了的形势做出反应,公布的政策远远滞后于变化。然而同时,交易量的大小以及形势的状态会发生根本性变化(经常是恶化)。仅仅该因素本身足以说明,对积极的支出管理战略的迫切需要,这些战略清楚说明下个预算年度的政策。

在更技术性的层面,即使在声称具有操作性的地方,中期支出计划大多限于项目或资本支出。这些项目一般分布在几年,中期支出计划允许明确规划项目的阶段划分,每年也可以进行更新。大多数财政部门没有项目的支出概貌信息,因此往往不知道导致支出增加的因素。

图 12.1 的第一组提到了公债政策。在大多数国家,对外债的管理一般是财政部门的权限,而对内债的管理则由中央银行(作为政府的代表)负责。观

1 一般而言,将政策制定与执行分开符合管理分析家的方法。然而,公共选择学派不承认这种分工。这意味着现实世界的管理者的观点不同于学术界的观点。

察者一般支持，由财政部门和中央银行对债务进行联合管理。[1] 这代表了现有情形的一种进步，之所以有联合管理的观点，是相信中央银行更接近货币市场，它们的专业意见在便于公债的日常管理方面有很大帮助。同时，这达不到中央银行完全独立性及其介入债务运作的目标。这也是这样一个领域，在其中，财政部门还没有完全适应承担全部债务管理的任务，联合管理提供了一条中间道路，由此在实现中央银行的完全独立性方面可以取得进步。其他各组表明，在有关制定绩效措施、制定并执行合同、机构的内部控制、会计制度及会计准则等方面，需要来自财政部门的更具体的指导。绩效措施由财政部门和支出机构联合制定。就单方面制定绩效措施而言，财政部门既没有信息，也没有技术基础。

新兴的控制结构和以前存在的很不一样。诸如经济研究、项目评价、支付系统及数据系统维护等领域不再成为财政部门任务的一部分。隐含于这种选择中的根本转变是从划船变为掌舵，或者从操作变为政策管理。因此，这涉及从强制遵约转变为政策分析，从支出拨款转变为对产出和结果的管理，从维持账户转变为规定会计准则，更重要的是，从对支出机构的管理性忽视或与支出机构的对抗性关系转变为管理中的伙伴关系。这些重点的转变代表着对传统的重要偏离。

进行上述类型评价的机会表明，一旦一个组织的使命或核心意识形态或目的得到识别，并且得到了小心定义，修改组织结构和工作过程就会变得相对简单。内含于重组中的是这样一种信念，即财政部门必须从消极的通过控制和强调服从的反应性管理转变为积极的、基于政策领导力和规定支持性制度来进行建设性管理。这种转变既涉及有形因素，也即结构和操作性制度，也涉及无形制度，比如它对支出机构强调的重点变得在财政上更负责任，在向社会提供服务时变得更具创造力。

就结构而言，财政部门应该努力对黄色控制区、而非对红色控制区给予更多强调，这会在接下来的章节中进一步详细说明。换言之，各种控制应该是预防性的，而不是在问题出现后予以解决，以及等待被解决。这要求对预期中的

1 在许多拉丁美洲国家，债务（包括内债和外债）由财政部门管理。它们显示了对财政部门保留这一职能的偏好。

形势的变化的偏离形成预期，并做好准备。无形资产更是一种管理风格。在这种情况下，财政部门不应该表现得只是在政府内部促进管理文化，而是实际上应该利用每个机会提醒各机构，提高绩效属于它们的责任范围。就各个机构而言，它们期待财政部门的政策更加清晰、连续和一致。作为对这种承诺的一种回报，各机构应该被鼓励更有效地使用资源。当对共同目标和战略有了更多的理解，规避行为可能更少，对规定的政策可能会有更积极的追求。

（三）工作过程

政府中的信息技术提出了双重问题：对技术的选择，以及存储在信息系统中的信息的类型。信息技术变化如此之快，以至于它在公司及政府部门的管理者中间产生了一种信心危机。[1] 人们意识到，大型机的时代已经过去了，此后基本上是个人计算机的时代。财政部门也不得不决定需要在计算机中保留的信息类型。财政部门会得到更好的建议，以对作为年度预算过程不可或缺的一部分的信息进行评价，并确定哪部分信息已经可以通过计算机系统获得，因此不需要再通过各个机构获取。工作过程的第二个方面与引进扁平化或非等级森严的结构有关。有人建议，等级森严的结构更适合于诸如核实（verification）这样的日常交易（财政部门继承的传统任务）而不适合于政策事项，这些事项涉及各个机构间的许多磋商。为了克服和传统等级森严的制度相关的问题，有人建议工作可以以团队的形式来适当地开展。团队可以是“长期”式的，也可以是“问题”导向的。长期团队被授予任务，往往具有常规的形式，可以作为现有官僚层级的一种替代。问题导向式团队往往是临时的，在完成规定任务后，会被解散。长期团队如果存在很长时间，也会像常规官僚机构那样出现相同的瓶颈，但是会有利于缓解管理的超负荷，有助于急需的管理精简，因而有助于削减官僚层级。

如何规定财政部门目前和将来的任务？许多人偏好进行立法，尽管那种方法会有僵化的问题。内在于这种偏好中的是这样一种观点，即这种立法会

1　这提出了一个更根本的问题，即是否应该将用于获取计算机技术（包括软件）的支出继续归类为投资或资本。近年来，个人计算机及相关软件的平均寿命被认为低于5年。对于那些想处于技术前沿的人而言，这种寿命甚至更短。因此，这会远远低于资本预算的寿命标准。此外，就有关增加的价值的疑问，将其视为经常性支出更加合适。这个方面还有待国民收入账户的编制者处理。

有助于就财政部门的角色、任务和工作过程形成一个让大家了解情况的公共讨论。将它们自己交付公共辩论的意愿本身就是时代的象征，应该被视为渴望看见一个新生的财政部门的一种表达。

三、对财政部门的社会控制

委托给财政部门的事务太重要了，以至于不能完全留给它们。在委托前面列举的任务时，社会对财政部门的官员（政治官员及文官）寄予了许多信任；关于如何进行决策，它们对社会的可能影响，以及对取得的结果进行问责等，需要充分的透明机制。在这方面，可获得的证据表明，透明和问责都没有得到完全保障。

很明显，如果让这种形势持续下去是不利的。在透明工具不够的地方，问责的范围会比较狭隘，一般会被削弱。在大多数情况下，财政部门的交易（而非政策）要接受法定审计，这取决于立法实践，由立法机关下属委员会进行评价，并最终由立法机关自身批准。在一些情况下，不存在法定审计，同等的机构（如美国会计总署）会被授权对财政部门的选定方面进行临时调查，这种调查作为立法机关委员会进行更详细审查的基础。然而，法定审计的范围一般有限。相对于需要向公众解释的东西，它解释的范围仍然较小。上述情景表明存在结构性差距，因为，尽管财政部门承担的工作在性质上很重要，对于这些活动的社会控制还是一种一贯的、得到通常使用的框架。但是，加强社会控制的需要很少会被过度强调。可以弥补差距的一种方式是，有一组正式的公民，他们每年会向公众评价财政部门工作的政治、经济和组织方面。那种评价应该是为了公众获得信息，而任何立法活动应该在政府的倡议下进行。

四、控制支出的艺术：财政部门的角色

在目前的环境下，至少由于三方面的原因，财政部长的角色很重要。[1] 首

1　财政部长的角色很重大，这更多取决于经济和制度环境。因此，除了控制预算赤字（无论如何定义和衡量），他在发达国家的任务包括防止经济过热，防止银行部门由于深陷有问题的贷款而重组。在其他地方，任务包括管理金融部门，或者推动与私人部门的合作以弥补政府日益下滑的投资。在一些国家，财政部长的任务包括抑制过度需求；而在其他一些国家，会是调整福利收益。类似地，任务会是处理必须获得资金的大量或有负债，或者是提供充足的财政资源，为到期的债务偿还安排资金。持续性结构调整的需要也是一个必要的任务。这里只关注其对支出的管理，该问题更为传统。

先，他比其他任何人都更能代表国家将管理财政的信任寄托给的那个人。信任还是一样的，无论财政部长是选举出来的官员（像一些民主国家那样），还是内阁中被任命的成员。这种看守人的角色无限增加了这个工作的复杂性。其次，在他（她）的政策制定的角色中，他或她被期望较少是其自身利益的推动者，而更多是一个协调者的角色，他（她）有解读政府每个活动（无论是静止的还是活泼的）的脉搏的固有能力。财政部长被期待满足许多需求，尽管这些需求本身是相互冲突的。但是此后必须做出选择，需要在表面和实质上牢牢掌握支出控制。在政治上，它不是经济政策最引人关注的方面。实际上，对于支出控制的长期而持续的忽视是如此严重，以致于一旦做出传统的、作为惯例的评论，就很少会发现深度的掠夺（foray）。通过劝说和经常的妥协，而不是通过对抗，财政部长坚持获得更多。这一角色现在更多地涉及以一种明智的方式、而不是通过对政策的任何重大偏离来控制约束条件。第三，市场和政府间的关系已经变得如此紧密地相互缠绕，以至于前者在常规的基础上紧密地追踪后者。部长没有说的变得比已经说过的更加重要。这种特征甚至对转轨经济也适用，在那里，投资者对政府的活动正在变得高度敏感。适时的反应本身因此成为一种重要的政策工具。尽管没有人可以通过缓和性措施阻止市场趋势，不得不承认的是，如劳森（Lawson）所指出的那样，财政部长的生涯是和不稳定力量作斗争的无尽生涯。他的角色是发现技术或者理论解决方案的政治优势。人们经常意识到，技术角度很方便的事情，在政治上也许是最难实现的事情。正是政治维度将财政部长所负责的部门和政府其他部门区分开来。

在对1945—1990年间英国财政大臣的综合性研究中，戴尔（Dell，1996）编辑了一个财政大臣或财政部长应该具有的品质清单：(1)政策：他应该对政策有坚定的判断，避免错误的假设和结论，应该作为裁判发挥作用，对优先性进行评价，而不是作为特殊的合意理由的提倡者，他应该承认不存在必然性；(2)对政策的要求：对于他的政策，他的要求不应该多于当时情况下的最优要求；(3)风险：他应该规避风险；(4)市场：尽管无法提供坚定的指导，他应该观察它。在这么做的时候，他不应让他的乐观主义超过经验；(5)得到指导：他应该谦虚听取那些他不愿意倾听的指导；(6)和同事的关系：他不应该在他的同事的无知中寻求庇护，他应该在内阁中想怎么做就怎么做。

戴尔的分析限于英国和内阁制政府；在他研究的期间，有16位首相，每人平均在位时间两年半。尽管上述品质对于任何部长而言都是合意的，财政部长随心所欲的程度一般是有限的，即使在内阁制政府中也是如此。在联合政府或者国家元首任命财政部长的情况下，就更是如此。

上述特征也让财政部长不同于私人所有的公司的首席执行官或者其他高级执行官员。有四个其他突出的特征值得注意。

(1)财政部长反映了一个社会及其管理机构的财政意识，也承担着社会目的。从古老的时代开始，政府的一个常规特征是努力戴上人脸(put on a human face)。多年以来，一直有“戴上人脸的君主”“戴上人脸的资本主义”“戴上人脸的社会主义”，而现在的主题是，“戴上人脸的市场”。这些转而在财政部长身上施加了强制，因为事实上，是包含在预算中的措施导致了“人脸”的确立(如果真的出现的话)。商业部门的经营管理人员没有这种义务。然而确实，近几十年来，一直在发展一种自动适用于公司的社会伦理法典。这方面的进展还远非合意。

(2)财政部长和所有的部长一样，有维护宪法的任务。这不是一种轻而易举的法律承诺。然而，类似的义务在公司中并不存在。

(3)在某种程度上，财政部长是国家钱袋子的总司库(尽管不应该将此与实际履行这一职能的官员相混淆)。在那种程度上，就像私营公司里的会计长，他或她被期待避免资源的停止流通，并使用资源获得回报，或者当发生大规模借款时，最小化借款的成本。政府因此成为一个领导者，因为无论它在哪里投资，其他人都会跟随。相反，当它从一个机构撤资时，特别是外汇资源，它会对汇率产生不利影响。外汇市场很虚弱，许多交易都发生在公共部门。因此，政府在货币市场的活动(经常)会有决定性影响。在大多数私人部门，类似的影响是不太可能的。

(4)编制预算并通过立法机关进行处理近年来已经成为一种困难的任务。如同豪(Howe)所注意到的那样，“将曾经达成一致的预算措施转化为将以预算演讲的形式得到通过的某种东西，真是一种令人气馁的经历，特别是第一次”。[1] 此外，预算仍然是一种实践艺术，而非一种得到很好阐明的科学。劳森说：“有人说，在对公共钱袋子的竞争性要求中，应该有一种清楚而理性的方法决定优先性。不幸的是，不存在这样一种我们可以利用的科学。甚至经济学家追求最高边际回报的方法也无法在这里很好地发挥作用。”他补充道，“因此与公司支出相比，公共支出更像是个人支出”。[2] 对于公司部门而言，市场提供了评估消费者偏好的标准方式。对于财政部长而言，则是“通过政党间重点的变化以及在这些变化间进行选择”发挥作用的政治市场。[3] 一个相关的特征是，在一些国家，特别是在美国，赢得预算批准被视为等同于赢得一场战斗。实际上，越来越多地利用对战争的隐喻来描述预算过程。预算没有得到批准会导致政府关门，并在市场中引起重大危机。然而在私营部门，即使在短期，类似的情形或者公司关门都是罕见的。

在组织上，财政部长的任期和公司经营管理人员的任期也存在差别。原则上，财政部长为首相或总统工作。然而实际上，特别是在拉美国家，财政部长的任期变得日渐有限。比如在一个国家，财政部长的平均任期短于一年。在公司部门，这种短任期不常见。财政部长的离职经常伴随股票市场的一些波动。下任部长要做的第一件任务，是激发市场信心，给市场带来相对的平静。尽管一个公司某个高管的离职会带来公司股价的短期变化，这种影响是非常小范围的，而财政部长的变更本身会导致更大的不稳定力量的释放。财政部长的工作已经变得可见了，经常是令人沮丧的，偶尔是值得的，但是从来不会无趣。在提到英国的经验时，豪注意到，“在英国政治中，作为预算编制者，首相是最高级的角色之一。公众的印象是……他的唯一工作是征税和设计税。但那只是许多任务（这些任务相互联系）其中之一。经济政策是一张巨网，这样如果你调整任何一个财政因素，其他的分数马上会有反应。”[4]

公司部门和财政部长的角色还有其他的差异。公司的首席执行官从两个来源得到反馈：公司的股价和市场份额。公司市场份额的下降会给其带来一

1 Howe(1995)，第 131 页。
2 Lawson(1992)，第 302 页。
3 Lawson(1992)，第 302 页。
4 Howe(1995)，第 137 页。

些后果，其政策必须得到修正。财政部长的客户由几组不同的人构成，每一组的利益和另一组的利益不完全不一样，但经常和其他组无法协调。这揭示了一系列的问题，公司管理人员很少面临这些问题。公司管理人员以奖金、股票期权、额外津贴以及许多其他无形福利的形式得到他的财务回报。这些激励对首席执行官的方法有重要影响。财政部长也许不得不满意于精神上的满足、政治回报、职位的连续性，以及某个财经杂志对其作为有能力的部长的承认。

在公司部门，一个运作良好、前景良好的公司会被另一个公司收购。当公司的表现被认为太差时，这种接管也会发生。公共部门的选择有点不一样。当预算赤字很高，维持了很长时期时，经常需要的是财政整顿，削减业务，创建具有自主权的机构，或者其他措施。这些方法具有显著改变公共部门性质和规模的作用。

(一)财政部门和其他部门

财政部长最重要的职能之一，是管理他的工作中固有的冲突。要求获得资源者实在是太多了。这包括其他各级政府、国有企业、私营部门中等待财政重建的企业、领取养老金者的权利、小型产业、贫困家庭以及许多其他群体。就用途而言，可用的资源从来都不够。

在文献中，经常按照刻板印象讨论财政部长和各支出部门的部长。前者对支出、因而对借款寻求坚决的控制，后者永远寻求更高的分配。可获得的证据以回忆录的形式，确认了这种刻板印象。各支出部门的部长偶尔似乎会成为他们自己的敌人。据说各部部长被他们的部门吹风，要求为部门预算而战，而不像内阁部长(Cabinet Minister)那样具有内阁视野。[1]

各个支出部门的部长似乎也没有得到公共支出管理领域的官员和所使用的语言的充分服务。克劳斯曼(Crossman)在英国内阁供职，他的目标是揭露顺从行为中的怯懦，并挑战既有体制中有组织的虚伪。在参加了一系列和英

1　据维基百科，和一般部长相比，内阁部长(Cabinet Minister)在政府中不承担具体的责任，或者不担任某个具体部门的部长，因而又被称为“minister without portfolio”。这种职位在联合政府以及内阁具有决策权的情况下比较常见。在后一种情况下，虽然内阁部长不领导某个特定的部门，仍然可以领部长的薪水，并且在内阁决策中有投票权。——译者注

国财政部门的高级预算分配会议后，他写道，“我发现，如果财政部门没有发现我们正在做什么，没有发现我们的官员有道义上的责任告诉财政部门我们加入的任何坚定的承诺，财政部门实际上就不能批准额外的房子。但是我强烈厌恶一些官员的行为。他们明显认为，他们的首要职责是对财政部门的，其次才是对财政大臣。”[1]这是非正式传统的私人世界，赫克洛(Heclo)和威尔达夫斯基(Wildavsky)曾经详细描述过。尽管通过建立一些非部门机构和自主机构，一直有一些变化，在英国，提前改变财政部门的精神延续了下来。另一个方面和讨论的高技术性质有关，在一些情况下，这似乎引起了各支出部门部长的中立态度。这些关系意味着，做财政部长就是做一件“很少有朋友的工作”。[2] 这同样表明，黑格尔式张力的实质程度是这些关系的固有特征。多年来，也在通过坚持规范、全面覆盖(global envelope)、前瞻性支出计划及秘密诉讼(star chamber proceedings)寻求缓解这种张力。在某种程度上，它们使得张力变得最小，但是在多大程度上会成为重要的破坏性因素，则不仅仅取决于韦伯在不同背景下指出的“克里斯玛(charisma)和文化”[3]，而且取决于技术细节、熟练程度以及财政部长在进程中的无情和怜悯的混合。

(二)部长们和官员

财政部长和下属官员间的关系更加复杂。尽管如此，除了财政部长们自己的贡献，在许多文献中，这些关系的重要性很少得到探索。财政部长和文官之间的基本区别是，前者被视为是一种临时性现象，每个部长都带着自己的一个具有意识形态性质和战术方法的手提箱，其中包括尝试取消前任所做事情的虚假的创造性回应。考虑到支配性角色在政党的声明中(而非个人)得到安排，在中央计划经济中，这类方法不太可能成为一个重要因素。在另一方面，行政或管理结构有某种程度的连续性。每次更换部长时，这种结构会迎来适应部长变化了的管理风格的艰难时刻。

除了连续性和相关的制度记忆[如威尔士(H. G. Wells)几十年前指出的

---

1 Crossman(1979)，第148页。

2 Lawson(1992)，第82页。

3 德国社会学家马克思·韦伯(Max Weber)将政权的合法性分为克里斯玛型(charismatic)、传统型、法理型三种。克里斯玛型统治建立在某个领导人个人魅力的基础上。——译者注那样，当接受前任、拒绝风险成为部长和官僚机构的非官方信条时，这变得特别重要］，两个因素似乎加强了行政机器的角色。首先，许多财政管理中发生的事情获得了自己的语言，外来者难于洞察其中的含义。随着使用计算机技术的增加，这种语言正变得越来越技术化，充满了首字母缩略词。其次，官方的学问充满着秘密，远远超过了财政职能利益的需要。韦伯指出，“官方秘密的概念是官僚机构的具体发明，没有东西比这种态度得到官僚机构的更狂热的辩护了。超过这些被具体限制的领域，这些秘密就无法被证明是正当的”。[1] 他们往往使用那种武器对付无知的部长。此外，当政策的所有细节都已经被制定出来时，部长或立法者才开始被卷入政策中。在那种情况下，这类同于飞机从机场起飞，而所有的航空动力学建议应该允许延续其起飞。任何让政策流产的尝试会有影响广泛的结果。文职人员往往使用这种方法以获得快速批准。

从部长的立场来看，可以发现两个重要的次生问题。第一个和部长下面各个机构任务的碎片化以及从这些机构那里接收到的冲突的建议有关。希利(Healey)写道，“我必须主持 4 个分开的机构，每个提出自己的建议，并为其特殊传统和责任而骄傲。”[2]类似地，劳森注意到，由于“各个主题由完全不同的机构[3]来负责，而除了它们自身的特征外，没有什么是相同的”，[4]所以就产生了混淆。

第二个问题和文职人员提供的信息有关。从部长的立场来看，信息似乎没有其应有的那样可靠。希利指出“我马上发现，最重要的数字几乎总是错误的。”[5]劳森对此有共鸣，他注意到，“麻烦在于，他们并不总是给你正确的数字”。[6] 外部机构能做得更好些吗？希利注意到“没有独立的预测机构有更好

1　韦伯的《经济与社会》(1922)主要对立法机关和官僚机构之间的关系进行了评论。他注意到，后者“通过自己的专家和利益集团，和议会斗智斗勇以获取知识……官僚机构自然欢迎一个知识贫乏、因而无力的议会——至少在无知和官僚机构的利益有点一致的范围内是这样”。Moynihan(1996)在第 X 页引用。

2　Healey(1989)，第 373 页。

3　英语原文为“priest hoods”，直译应为“神职”，联系上下文，意译为“机构”。——译者注

4　Lawson(1992)，第 296 页。

5　Healey(1989)，第 381 页。

6　Lawson(1992)，第 387 页。

的记录”。外部的建议会更合适吗？希利相信，需要的是判断技能，而不是计算能力。[1] 劳森说，对于外部建议的信赖很困难，因为它是如此具有混合性，以致于只“具有启发性，而不是在操作上有用”。[2]

在新西兰推行的改革中，上述辩证法会改变吗？在新西兰，和其他地方一样，部长在所有政策事务上还是对议会负责的，同时对各部要求购买的所有服务负责。比如在新西兰，财政部门“政策建议”类别的产品（约占该部总支出的40%）由财政部长购买。在那种交易中，他或她被期望确保其购买的价值。这使得部长不同于公务员，在新西兰，前者不再像以往那样是不变的。每个部门由一位首席执行官领导，他通常根据合同任职5年时间。他转而被期望遵守绩效合同，该合同规定了他在财政年度中的产品。在这种方案下，绩效合同将部长和公务员团结在一起。然而实际上，在部长和公务员之间总是注定会有日常的互动。就像新西兰现在所实践的那样，买卖双方的角色分工，会导致许多问题。首先，从常规的公务员合同变成短期的雇用合同，以及采用绩效相关的支付制度，会鼓励首席执行官追求更狭隘的自利行为。为反对这个观点，有人认为，部长可以监控下属官员工作的进展，在任何适用的地方，施加控制以阻止那种行为。其次，首席执行官和部长追求各自效用最大化的行为，会导致后者对前者日常活动的更经常的干预。这种干预很正常，会有效减少首席执行官的自主权，会在双方之间发展出一种新的非正式关系。当首席执行官寻求维护他或她的得到保证的权利时，当部长将任何政策及其执行的责任归于首席执行官时，也会导致许多摩擦。在这些情形下，交易成本注定会快速增加。而且，问责框架会变得模糊不清，而不是有助于提供额外的澄清。[3] 部长对所有决策负责，这些决策无法等待财政部门的所有结果。然后不可避免的是，上述讨论的压力和张力会在事情发生时投下其或长或短的阴影。不应将制度和体制看成是组织结构图中纯粹的盒子。在日常生活中，它们变得积极，

1 希利（Healey，1989）以认可的态度引用了12世纪一位伦敦的司库的观点：“Scaccarii 的卓越理解力不在于其推理，而在于其他一些标志。（这句的原文为拉丁语“Non enim in ratiocinis sed in multiplicibus indicis excellens Scaccarii Scientia consistit.”感谢施诚教授的帮助。当然，文责译者自负。——译者注）因为国库的最高技能不在于计算，而在于对所有事情的判断力。”（第383页）

2 Lawson（1992），第390页。

3 有关新西兰的这些方面的讨论，见 Boston，Martin，Pallot and Walsh（1991）。有关英国的经验，见 Jenkins（1996）。

通过它们自己的动力学，就像豪所提到的，使得首相的命运“幸运或不幸”。[1]

在这个阶段，同样不清楚的是，部长和公务员之间的一致在一个国家整体的财政管理中是否具有关键的重要性。这个问题也可以这样被提出来，即考虑到用于直接提供服务的支出在总支出的份额中越来越成为一小部分，这种一致是否有任何重要影响。类似地，可以争论，是否应该将基本上是一种伙伴和联合工作的关系转变为一种合同关系，这种合同寻求建立人工障碍，这转而导致僵化以及可能的较高的交易成本。

下述问题是值得争论的，即通过将隐含的由双方同意而成立的协议转换成正式的、写在纸上的合同，部长的效力是否一定会得到提高。尽管在合同里有所有的警告条款，政策失灵和系统性下滑的文职或政治责任会一直由部长承担。在外包已经很广泛的那些国家，在提供服务失败时，社会会指责政府，而非承包商。在这些情况下，写在纸上的合同没有什么价值。尽管无可否认，财政部长和政府的角色由宪法和集体负责的行政方法确定，将检查上述方法的相关性作为简化财政部门运作的整体努力不可或缺的一部分，是有用的。

五、预算官员的文凭[2]

近年来，预算官员的任务已经变得过于复杂。现在，预算编制者年度活动的结果被立法机关的讨论会及新闻界广泛争论。一个国家的命运（至少是下一年）现在取决于预算战略，这处于年度预算的核心。在立法机关或其他决策机构，预算本身现在被用军事方式描述为或胜或败的战斗。许多讨论集中于政治代表，以及那些在关上的门后面不停工作的人们。这些人几乎没有自我提升的尝试、得到很少的赞扬，尽管许多责怪摊到他们头上（无论是否应当）。

预算编制者以他[3]自己的工作结果为荣，总是被不同人以不同方式理解。除了他们的工作，更重要的是伴随他们的心态。这项工作基本被看做是短期的、挑剔的，整体上过程比目的更重要。在 17 和 18 世纪流行的“军事财政国

1　基于苏利文（Sullivan）的一首歌曲，他写道（Howe，1995，第 196 页），“当紧身外套是如此不适于打开时，以及当货币的数量有超支的危险时，你的神经紧张不安并不令人惊讶——首相的命运不是幸运的。”

2　萧伯纳（George Bernard Shaw）写道“头衔让普通者突出，让优秀者尴尬，被较差者玷污。”

3　尽管这里讨论的预算编制者是男性，实际上两种性别的工作者都有。

家”的背景下，在预算编制者、控制者和会计之间很少进行区分，为了夸张讽刺描绘(overdrawn caricature)的目的，所有这三者合在一起。负责筹资的官员被视为对细枝末节和遵守规则感兴趣。正是这种观点的持续，使得丘吉尔在随后的日子里，将大乔治街的官员视为等待各支出部门提供削尖的刀子以猛砍预算估计的“倒立的骷髅(inverted macabres)”。然而就像凯恩斯描绘的那样，人们逐步意识到，预算编制者所做的工作，提供了“针对压倒性邪恶的必要保障”。

(一)变化中的任务和要求

从对预算编制者熟悉技术但不熟悉现实(某种“傻瓜专家”)的认知的逐步变化，产生了预算编制者的一幅更加真实(无需增加)、更令人愉快的作为一个阶层的肖像画。这主要是因为预算本身所经历的大量变化——从普通的会计报表转变为政府政策最重要的工具和表达形式、一国经济得失的财政得分卡。就像阿普比(Appleby)40多年前在一篇文章中列举的那样，在编制预算时，预算编制者被期望发展出“合理的预算观点”，被期望以一种平衡的方式看待问题，被期望以一种相互联系的方式，更重要的是以相对于预算总数的方式看待问题。继续影响今天的争论的潜在的期望是，预算编制者是某种冷静的技术人员，不受伦理道德的约束，是经济和政策的客观分析师，是一个道德上中立的科学家。的确，这以前是、现在仍然是离谱的要求。预算编制者同样被期望对预算的经济含义充分敏感(宏观经济视角)，对每个成本中心动态的成本后果充分敏感，对每个活动中心的反应充分敏感，对由政府授予的上百万个合同的复杂方面充分敏感，以及创造性地熟练于人力资源管理。预算编制者现在是某种财政武士，献身于他的任务，忠诚于他的国家的最高利益。其中一些任务是与其他公务员共有的，而另一些则为预算编制者阶层所独有。

(二)预算编制者的演变：一个全景

有人说旧约上提到了收税员；然而却没有提到会计、支出管理者或预算编制者。收税员代表着没有公民能忽视的那个人。尽管收税员不是一个受到训练的人，但是由于在工作上的长期经验和案例知识的积累，他马上成为一个专家(专业人员)。

即使近年来，在政府采用了预算后，尽管做了广泛的工作，还没有出现预算编制者阶层。英国有很长的提供政府预算的历史，却从来没有单独的预算办公室。到现在还没有。印度政府1858年首次提交预算，遵循的是类似的组织方法，因为也没有单独的预算办公室。相反，它是财政部门的其中一个职能。负责预算和会计的人大部分没有各个学科的专业知识。他们有基本的算术基础。在1691年前，当英国组织第一个公共账目委员会审查政府收支时，产生的信息大多用于内部目的，公众无法获得。但是公共账目委员会是开拓者，它为立法机关评价公共资金打下基础。在此期间，由于缺乏一个中央文官制度[直到19世纪末，在诺斯科特（Northcote）—屈勒味林（Trevlyan）[1]提出的建议的基础上，该制度得以建立]，人事任用由各部进行，几乎没有流动性。在那种环境下，作为多年在一个部门服务的一个扩展，部门忠诚度变得更强，“出现了官僚王朝”。这也导致出现了一个财政管理者王朝。他们的力量不是来自技术能力，而是来自多年来在一个工作上的经验。

到了19世纪末，当有组织的公务员成为管理的主要工具时，招录了包括会计在内的种种服务。那些做会计的后来有时被抽调来做预算。即使在那时，人们也承认，与会计拥有的技能相比，预算工作要求更一般的技能，尽管政府会计开始被这么称呼是因为干的工作、而不是因为任何的职业资格。因此，预算和会计工作开始被管理者而非专业人员占据。日本的一位作者井原西鹤（Ihara Saikaku）最好地表达了背后的哲学，他在17世纪写道“每个人的人心是一样的：给他一把长剑，这个人是武士；给他一顶乌帽子，这个人是神道教教士；给他一袭黑袍，这个人是佛教和尚”。以相同的方式，一个官员成为地区行政长官、渔业部门领导或者预算专员，这些都取决于机会。在会计领域，同样地，只有很少的专业主义，大多数人在工作时获得有关规章制度的知识。在某种程度上，在政府会计被视为与商业会计很不同的背景下，这种非职业化路径是不可避免的。和预算一样，前者不是大学里面研究的一门学科。

尽管预算成为许多政府的正式特征已经有100多年了，但一直到1921年美国通过《预算与会计法》并在行政机关建立预算局后，预算才开始成为一个独立的组织，有它自己的活动纲领。到了一定的时候，它导致形成一个预算评

1　即《诺斯科特—屈勒味林报告》（Northcote - Trevelyan Report，1854），该报告促进了英国公务员制度的建立。——译者注

价者阶层。在其他国家,这些任务以前由、现在仍然由一些公务员来承担。这些公务员经常流动,从一个职位调到另一个职位。预算评价者群体很小,很少有职业晋升机会,它没有形成一个拥有自己的规则的独立部门,就像政府中的会计部门那样。许多政府也没有财务分析师。在这些情况下,在要进行项目评估的地方,初始可行性报告的准备经常被外包给私营部门咨询公司。

对众多国家的粗略一瞥表明,政府中由非专业人士做的专业工作之一,是编制预算。这些工作大部分由管理部门的成员轮流承担。至少在一个发达国家,预算领域的大部分高级管理人员被期望得到法学训练。类似地,在一些拉美国家,只有训练有素的律师才会被任命为总审计长。在那些努力采用商业会计的国家,一直有专业上合格的、训练有素的专业人员进入政府任职。这种数量一直很小。

经验也显示出悖论。在一些国家,特别是英国,地方政府在招聘财政管理职位时,要比中央政府具有更强的专业主义。郡政府的首席财务官被期望是一个合格的专业会计。在某种程度上,这是英国地方政府制定并执行了单独的会计准则的副产品。在发展中国家,地方政府的招聘模式和中央政府一样。然而,发达国家、发展中国家和转轨经济体(从中央计划转变为市场导向)的国有企业有不同的传统。由于这些企业遵循商业会计制度,或者在中央计划经济国家的情况下,遵循的是这种制度的等价物(实际上,中央计划经济国家的会计制度类似于在其他国家发现的商业会计制度),承担责任的职位一直由受过训练的专业人士来担任。

苏联和西方世界的一个重大区别在于,在苏联(及现在的俄罗斯),大多数财政管理领域由俄国财政学院的毕业生管理。中国类似的职位由中央财政金融学院[1]的毕业生担任。这表明这些国家意识到,在政府中履职资格的需求。

(三)有对文凭的需要吗?

现在提出的问题是,是否有对文凭的需要?比如,可以认为,迄今为止,还没有发现缺少文凭成为一个重大缺陷,所以,没有迫切理由根本偏离过去的做法。尽管很难在预算官员的专业主义和一个国家的财政健康之间确立因果和

1　即现在的中央财经大学。——译者注

经验关联，很清楚的是，缺少文凭会导致凭直觉决策的广泛流行。但是，也可以这样反对上述观点，即许多发达国家的大部分政府支出由立法决定，所以预算编制者的贡献无论如何都被实质性削弱了，现在留下来的所有工作，是使用合理的精确性估计年度产出。

反对文凭需要的观点，或者延续现状的观点，在狭义上有某种有效性，但是它们无法压倒对文凭的广泛支持的观点。这些观点可以以下列方式进行展示（以说明的方式）：

· 现在对政府有些经济压力。这包括实现预算平衡的需要，恢复和加强财政纪律的需要，以及在规定期限内分阶段削减公债的需要。

· 在一些国家，经济调整要求财政管理的实质性改革。实现公共支出结构的变化，也会有使得非生产性支出最小化、减缓支出增长率的效果，这是一项令人畏惧和复杂的任务。要实现这项任务，需要一批得到良好训练的管理者。

· 公共支出的社会方面正在稳步扩大，除了传统的收入支持项目，还包括多种多样的针对日渐增长的老龄人口的安全网，以及一些旨在保护婴儿、母亲以及其他贫困群体的项目。尽管这些项目都是新的，它们对于人类发展的贡献要求对从事公共财政管理的官员有不同的定位。

· 来自改善治理的视角提出的需求，要求对政策的制定和执行予以更具体和持续的关注。这种关注是通过一个强有力的公共部门实现的，这个部门也是有效、透明和负责任的。治理同样要求持续关注得到授权的人、行政系统的民主化、政策执行的分散化、为公民提供合理的机会和选择、缩小贫富差距、鼓励文化多样性和社会一体化、保护环境以及支持性别平等。这些需要被要求得到满足。同时，在不危害满足未来需要的能力的前提下，要求为现在这一代提供更大的便利。这些方面转而对预算编制和财政管理的环境具有深刻的含义。

· 和迄今所知的相比，会计现在是一个大大膨胀的概念。现在强调的重点是在结果上。

· 在国家的角色发生变化的背景下，服务不再直接由内部提供，而是通过和私营公司部门以及包括志愿者组织、合作机构及其他组织在内的机构之间的合同及非正式关系的复杂结构来提供。新的关系要求公众可以持续确信，授予的合同是物有所值的。

·对于公共资源管理出现的需求，要求根本偏离迄今为止实施的集权化的控制制度。现在，需要参与式的管理风格，这种风格具有更少的官僚主义色彩，更不正式、更加分权、更加技术导向。

因此，需要不同的方法，需要更有效的管理文化。

（四）基础深厚的财政管理者

没有足够的、得到承认的专业主义标准，可以完成上述所有任务吗？如同多数人会同意的那样，答案是“否”。但是不应将对专业主义或文凭的需要视为局限于预算编制者阶层。实际上，这种解释应该会严重地限制活动范围。相反，需要的是基础深厚的财政管理者阶层，其任务包括编制计划、编制预算、监控、评估，以及日常任务的一般管理。在这种背景下，出现了两个问题。将财政管理自身的产生作为一种重要的潮流，会对一个机构的整体管理带来不利影响吗？这种被提议的安排会导致公共和私人部门之间更多的人员流动吗？对这些问题的回答，会随着回答者背景的不同而不同。基本上，必须承认的是，建立具有专业资格的财政管理者队伍并不是没有问题的。比如有人会说，财政管理者的存在会导致独立于（或平行于）一个机构的主流政策管理的第二种管理的运作。但是公共部门目前的要求是，任何没有对其财政含义进行专业分析的政策建议的考虑，充满着太多的断层线（fault line），这是一个社会难以负担的。因此，应该将财政管理者的角色视为对整体政策管理的一种积极的投入，这种投入会让政府清楚意识到资源限制及资源使用模式发生变化的含义。他的投入以及平衡的估计会加强而非削弱管理。这也许是提供持续保障的唯一方式，这种保障抑制了隐含于政治修辞术中的过度热情，对一个国家的经济命运会有相应的影响。

确实，私营公司部门可以为公共部门提供很多东西，包括它非常熟练的财务分析技能、风险和成本估计技能以及许多其他相关的方面。然而，当一个来自私营部门的财务管理者调动到公共部门时，他要做出的调整，要多于专业上训练有素的财政管理者作相反调动时所做出的调整。公共部门有区别的特征在于机构、发言权、决策中心等的多样性，更不用提无限变化的具有巨大规模的客户群体，以及公共部门提供的具有同等变化的服务范围。它的规则不同于其问责与治理模式。考虑到公共部门的这些现实，公共部门的财政管理者如果用广泛的专业背景武装起来，那是最好的了。

因此，努力为政府官员提供机会以在上述方面取得专业能力，是有必要的。为了未来招录的目的，可以坚持专业文凭。这些目的都需要清楚意识到专业主义的需要，组织合适的职业标准的需要，以及在这个领域持续教育的需要。

第十三章　支出机构的财政管理

因此，管理者的第二个职能是使用人力资源和物质资源组织一个有生产力的企业。具体而言，这是管理管理者的职能。

——彼得·F.德鲁克，《管理的实践》

尽管有很长的历史，迄今为止，政府各机构的政策、项目及活动的内部管理具有某种程度的神秘性。在传统上，它一直是一个封闭的世界，留给外部世界去想象内部的结构、制度和管理过程，这些都是以服务公众的名义保留下来的。

由于种种因素，需要对支出机构（为目的的需要，包括各部、各部下的各部门、各处，也就是决策和执行层）中运转的各种制度进行更仔细的考察。所有这些因素现在聚拢到一起，取得了它们自己的力量。就像一个加拿大研究提到的，“许多过去的条件和假设不再适用”[1]，变化的需要不是用来强迫人，变化已经被承认是需要的。现在的问题是，如何最好地前进。支出机构站在一些关注的汇合点。它们是最接近顾客的部门。作为整体的政府的成功，更具体而言，经济、有效地提供服务，取决于各机构的管理能力，以及其和服务的公众的关系框架。支出机构易于被既得利益影响。长期而言，无论来自亡故的经济学家还是其他人的思想都认为会终会战胜既得利益。但是在短期，特别是制定和执行财政政策及政府的年度预算等重要事情，既得利益（特别是官僚

1　加拿大，1997，第2页。

机构、商业世界和政客的铁三角)注定会对支出机构的方法产生影响。巧合的是,支出机构也是执行政府财政政策的工具。调解这些不同意图的困难很严重。

20世纪70年代稳步上升的预算赤字,以及自那时起发起的一系列旨在削减赤字的努力,经常导致下述断言,即各个机构正在为了一个太短暂的现在,牺牲无法追回的过去和无法估计的未来。也有人经常提出,公布大量法律,或者旨在制度发展的各种详尽努力,不会有令人满意的效果。政府一直在忙于变化,使用组织作为实现最大化的手段,并回应变化中的需要。然而批评断言,这些措施并不够。

政府的组织领域正在快速变迁。但是悖论在于,尽管政府似乎在变得强有力,日常经验表明,它们在实现自己声明过的政策时却显得软弱无力。目前,正在通过传播一些诸如权责发生制预算和会计等新思想,以寻求避免这种形势。这些思想有巨大的重要性。如果得到适当运用,它们具有改变政府运作的财政环境的潜力,以及转变中央预算机构及支出机构习惯的潜力。

一、支出机构财政管理的发展

支出机构财政管理没有统一的模式。在不同类型的政府之间,以及公司部门不同类型的组织中,它的特征会变化。尽管具有过度简化的固有风险,或者存在所做的概括必然具有更多的警告的固有风险(如同赫胥黎在《美丽新世界》中所说,对于知识分子而言,概括是必要的恶),按照下述四种宽泛的分类来考察,具有分析上的优势:(1)行政型预算制度;(2)立法型预算制度;(3)中央计划经济;(4)公司部门或企业型的组织。

二、行政型预算制度

有一些国家的立法机关扮演的角色较少具有支配性。在一些国家,立法机关的角色限于对预算的一般讨论,在拨款过程中,并没有给它规定角色。这里描述的行政型预算制度主要指的是英联邦型预算制度,在这些国家,预算程序仿效英国白厅(Whitehall)[1]和下议院的模式。在这些国家,国家的法律规定行政机关负责准备预算或者年度财务报告。准备该文件涉及核心预算机构和支出机构间集中、经常是秘密的讨论。支出机构经常在事先得到支配下年预算的各种参数的指导,最终包含在预算中的估计数反映了政府对经济状态和要解决的短期和中期问题的最佳判断。在一些国家,由立法机关成员组成的咨询或常设委员会评价每个支出机构的预算,并提交给议会,作为立法机关预算决策的依据。立法机关对于支出机构预算要求的讨论有明确的时间限制,不太经常地,许多机构的预算要求会在截止辩论以付表决(guillotine)时限期间(或者是立法机关时间表的最后阶段)得到批准。

在预算批准后,拨下来的资金或者是整个预算年度都可以花,或者是分阶段可以花,或者通过由财政部主计长运作的基于授权的系统可以花。正是在支出过程中,预算数字才成为支出机构自己的。只要遵守规定的规章制度,在理论上,支出机构可以随便花钱。然而实际上,支出机构经常被要求和核心预算机构进行定期磋商。年度预算经常被视为是一种临时性协议,需要在财政年度中和核心预算机构进行更集中的讨论。在其中许多国家,追随英国的传统,每年向立法机关提交3次补充预算估计。有些人将这个特点看作是为了防备预算初始阶段草率的预算编制,预算本身被视为是假定的,在财政年度中被赋予经常修改的相当大的可能性。

三、立法型预算制度

与行政型预算制度形成对比,立法型预算制度在政府部门的所有活动中设想了一个更加积极和确定性的角色。两者之间的共同因素是,在行政机关存在(并运转着)一个负责编制预算的核心预算机构,通常模式是,预算办公室和支出机构共同行动。但是在立法型预算制度中,这经常是立法者和支出机构间更详细讨论的第一步。作为这种协商的结果,支出机构提出的资金需求经常被增加、否决或削减。这种制度的一个重要特征是官僚机构和立法者之

---

1 白厅(Whitehall)坐落于英国伦敦中部的威斯敏斯特市。这条街被认为是英国政府的中心,包括英国国防部、内阁府、外交部、财政部、卫生部等在内的一些英国政府机关就在这条街及附近。因此人们用白厅代称英国行政部门。——译者注

间的直接互动。从支出机构的角度来看，与立法机关的直接接触会带来更多的问责，有会带来更多的拨款，也存在内在的风险，因为当机构的议程和立法者的议程不匹配时，机构的拨款也会受到削减。

四、中央计划经济

尽管许多国家已经正式放弃了中央计划经济，并正在快步迈向市场导向的管理，一些程序还是挥之不去。在这些国家，一般印象是命令经济，各个机构除了遵守命令，没有什么自由。即使当结果可能昂贵、会产生相反结果或者两者兼有，也是如此。然而，现实要复杂得多，与普遍持有的观念有点不一样。像其他所有国家一样，准备预算不仅涉及支出机构和核心预算机构之间的磋商，还涉及支出机构和地方政治统治集团之间的磋商。尽管资源的可获得性不是问题，核心瓶颈被认为是吸收能力(absorptive capacity)和建设所需的物质资源。一旦编制了预算，设定了背后的物质目标，预算目标就会成为命令，执行阶层就有责任履行这些命令。预算本身及年度计划或多或少由党代会审批，没有任何修改，经常也没有多少讨论。

在预算执行阶段，与行政型预算制度及立法型预算制度中的相应机构相比，前中央计划经济体的各个机构被赋予了多得多的灵活性。预算中提供的资金在账户中被转化为各个机构的存款，这些账户由为经济中的重要部门建立的专业银行机构维护。各机构被要求每个月提交 3 个报告(每个 10 天)，偶尔核心预算机构也会进行检查。准备下年预算时，该过程会重复进行。这些过程现在正在发生变化。在许多情况下，撤销了专业银行。政府交易通过保留在中央银行的单一银行账户来进行。各支出机构的支票发行权并不一样，在一些情况下，集中支付制度正在流行。

五、公司式的财政管理方法

在公司，无论是私有或公有企业，在实践中会发现一些共同的习惯。董事会通常会有一个从事财务方面的成员，因为所有财务管理方面的职能性责任会被赋予这个成员。因此，预算、会计和资金管理(维持现金平衡；管理信贷预算)被视为那种职能不可或缺的一部分。然而，在董事会对公司管理没有职能性责任的地方，会有一个审计官承担财务管理职责。总而言之，年度预算一方面和公司战略计划放在一起准备，另一方面和产品成本上限一起准备。现代公司有敏锐的成本意识，商品交割、存货及营销计划的任何微小变化（更不用提利率的变化）会对公司财务有严重影响。因此，不再是传统实践的延续——一方面计算成本，另一方面计算销售收入。相反，收支报告的两方，资金的来源和使用，放在一起考虑，得到公平管理。经常地，会有涉及工资单、物资管理、销售收入、应收账款和应付账款管理的信息系统。所有支付通常是由核心渠道做出的。然而，公司的不同部门有按计划执行自身预算的自由，而审计办公室作为便于公司平稳运行的辅助机构而发挥作用。审计官也被视为，其对公司管理的财务方面的投入会有无法估计的影响，因为这个职位靠近对于终端的监控，它可以对公司的信用等级管理提出建议。

根据上述广泛框架，在既定国家分析支出机构财政管理的发展是有益的。这种分析有助于描绘在目前的讨论中在政府内部和外部都有重要性的不同因素。然而，这种分析不寻求提供事件的综合史；相反，这里尝试处理一些里程碑事件，这些事件对于今天形成的制度具有重要影响。

六、英国

与许多其他欧洲国家一样，英国的历史，特别是 17 和 18 世纪发生的一些事情，对开辟一个会计的时代有显著影响。这些会计致力于为立法机关和公众提供信息。更具体而言，信息是投资者将钱借给政府承担其日渐增加的军事承诺的基础。这些承诺的大部分由税收及国债的增加提供资金。对这些活动的管理需要公共管理规模的大量增加。交易太多了，如同布鲁尔（Brewer）所提出的“对这一时期商业账目、财务记录及政府文件的快速一瞥，见证了没有得到任何机械复印手段帮助的男人和女人们完成的书法奇迹”。[1] 在这些操作的底端，是记账员。布鲁尔断言“这些无力的、躲在阴影中的人们从来没有得到他们应得的”。[2]

维持公众的信心（特别是在动荡不安的战争时期）需要披露政府活动的有

1 Brewer(1989)，第 xvi 页。

2 同上。

关信息。这种需要被立法机关的意愿大大加强。此后的感觉是，在对财政运作的掌控方面，管理是薄弱的。在威斯敏斯特，与由各部门提出的有关国家财政管理的提案相比，对在议会里提出的相关提案，有提出相反提案的偏好。独立的倡议来自公共账目委员会的成员。该委员会由下议院设立，用于评价收支。由这些委员会提供的数据来自政府各部门。(经常以过高的利率)将钱借给政府以为战争支出融资的银行家、投资者和投机者也对这些数据有很大的兴趣。所有这些数据取决于记账员的技能。记账员经常由各部门委任，在19世纪末(当时开始建立管理、执行和文书等三大公务员体系)，他们之间很少有流动性。在当时，部门忠诚是自然而然的事，因为人们的整个职业生涯都在一个机构，并随着经验的积累往上升迁。

这种记账员阶层，或者最开始的会计，成为管理各机构财政的核心群体。随着建立有组织的公务员制度，财政部以及负责财政管理的官员的角色开始得到更清晰地定义。在各部门的相应官员开始被称为首席财务官。他们或者由财政部任命，或者经由财政部协商任命。首席财务官的任务，是协助部门常务次官组织和管理部门预算。然而有一段时间，首席财务官的职责变得有问题。各部门往往更多地将首席财务官视为财政部的伸展臂，而不是打算来帮助自己的；将首席财务官视为忠诚于财政部，而不是它们。另一方面，财政部里面有种感觉，觉得首席财务官较低的地位以及缺乏权力，导致他们没有效力。因此，在第一次世界大战末期，有一种观点认为，应该提升首席财务官的地位，需要给予他们充分的保护，以便他们的贡献可以更有效。但是在处理根本问题时，这类措施在性质上显得更为肤浅。

根本问题在于这种局面里内在的不和谐。各个部门更关注于追求它们的政策目标，而不怎么考虑其财政含义。长久以来，只要对某个政策的追求得到其他考虑的辩护，政策成本就是第二位的。财政部则关注受托责任的管理。然后，问题是给各机构反复灌输财务意识，而不是配备一系列警岗来监控交通。同样有人意识到，财政部不能将经济性“作为偿付能力的唯一捍卫者”，由此“对各部门固定领导人的掠夺倾向进行不断的监视”。解决办法是，将各部门领导任命为负责部门财政管理的会计官。在这种任务中，会计官得到首席财务官的帮助。这种制度安排一直在英国延续到现在。如同将要继续讨论的那样，在英联邦国家，这种制度在发生了一些变化后，延续到现在。在英国，任命首席财务官要得到文官部的审批，直到其在20世纪90年代早期撤销，这种制度断断续续地是英国财政部的不可或缺的一部分。

首席财务官现在被视为一个部门或机构的一部分，而不是财政部的前哨。在这种角色中，首席财务官被各部门视为引导者，他理解财政部的语言和语气，他也理解各部门的政治和项目强制力。可以这么说，首席财务官办公室处于冲突的中心——在许多情况下，部门的受欢迎程度取决于花掉更多的钱，而国家的利益可能通过控制支出得到更好的服务。如果首席财务官被视为是蓄意阻挠者、反对自己机构的提议，这个职位的有效性会受到削减。经常地，短期的考虑会迫使首席财务官报喜不报忧。但是在中期，这会实质性破坏这个职位的力量。从财政部的角度而言，首席财务官的贡献在于在政策制定过程中提供帮助，以便实现项目的经济性、效率性和效果性。必须将这些特征植入项目，而不能通过实施支付控制实现。在那种程度上，财政意识必须成为一个机构构造的经纬线。

近年来还有进一步的变化。政府采用新管理哲学导致两个重要变化。首先，在具备多年的宏观管理经验后，财政部意识到，它既没有能力也没有工具去对一个部门或机构的筹资进行管理，尽管有一段时间曾经假设，这种角色可以被支出机构接受。对于财政部而言，假设和支出机构形成一种工作伙伴关系是审慎的。前者的角色限于制定财政上限及监控执行进度。这个过程非常有助于减少意外元素。其次，只要对自己的表现负责，各机构现在被给予更大的管理自身资源的自由。由财政部实施的财政控制的工具，从具体规定人员职位，变为对运营成本制定现金限制和上限。尽管鉴于资源和绩效之间的关系，财政部在具体规定绩效目标时会扮演角色，现在的行政环境有利于管理灵活性。就此而言，首席财务官现在在对经济的管理上具有关键角色。在处于机构顶端的政策和财政管理一体化框架内，首席财务官在中期规划编制、预算制定与执行以及维护成本标准方面发挥着建设性角色。

七、美国

美国财政管理的历史大体可以分成三个阶段：(1)从1789年到1921年；

(2)从1921年到1949年;(3)从1949年迄今。

在第一阶段,国会承担编制预算的责任。即使在1789年颁布《财政部法》以后,财政部扮演的角色也很少。行政机关各部门直接和国会各委员会接触。国会通过单个和很具体的拨款试图施加其控制(它很热衷于建立其首要地位)。然而,行政机关各部门发现,很难在这种高度受限制的氛围下工作。因此,它们寻求各种逃避机制,比如在财政年度开始前讨论合同,使得国会没有其他选择,只能审批通过所需拨款,或者引发支付欠款。规避现有立法的每次努力,会伴随立法机关更奋力的努力,这些努力包括堵塞漏洞,颁布更多旨在限制行政机关机动性的法律。这会带来行政机关预期中的反应,它们会进行更认真的逃避新限制的努力,然后游戏延续下去。史密斯(Smithies)在对这种情形的扼要评论中指出,"这些控制从来没有有效地发挥作用。当最重要的是预算过程的有效性时,这些控制有时会失灵。但是当国会希望确定对行政机关的权威性时,它会千篇一律地回到对拨款的使用进行限制上。"[1]为了将最近发展出来的观点应用到旧形势下,国会确立其监督权的渴望在国会内部创造了一种自发的凝聚力(或者在那种时候似乎是和谐的)。但是这并没有伴随内部控制结构及协调机制的相应增长。这些内部控制结构及协调机制有助于对另一方(也即行政机关)建立有约束力的限制。不可避免地,效果往往远远不同于立法时所想象的那样。彼得·埃文斯(Peter Evans)认为,这种内嵌的自主性可能达不到预期目标,除非这种自主性伴随着与合作者发展起适当的关系。国会的介入能够预期到,但是其短视的立法推动带来不同的结果。因为在行政机关内部不存在发展出一套共同的、一致的、标准化的运作制度的权威。

1921年,美国通过在行政机关建立预算局,以及在国会自身建立会计总署,寻求避免上述问题。预算办公室负责组织总统预算,而会计总署则接管了审计职能(之前由财政部承担),被委托评价行政机关的绩效。会计总署也负责规定拨款及资金会计的形式、制度和程序。这些安排引进了一种新制度。在这种制度下,行政机关各部门提交预算估计,在对这些估计进行详细评价

1　Smithies(1955),第49页。

后,将预算估计整合到总统预算中。该预算此后被送到国会,由立法机关进行审议,并通过必要的年度立法。在批准完预算后,由预算局分配预算(一般按季分配)。在这些分配额度内,行政机关各部门管理财政,尽管最后阶段的拨款是由财政部派到各部的代表发放。

每个部都由其管理部门负责预算、会计及审前活动。这些部门由部长助理监督,尽管在各部间,这种安排会有变化。第二次世界大战末期,在一些考虑的推动下,对各部的财政管理安排有一个新的评估。该评估倾向于采用私营公司方法。私营部门的监察官或主计长被视为顶层官员,等同于高管,广泛负责财务行为,更重要的是,对政策的财务含义负责提出建议。也有科学管理、以绩效为基础的问责以及对经济性和效率性的日渐增加的强调的影响。有人认为,保护财政资源的需要要求建立监察官办公室,这于 1949 年从国防部开始。

然而,在 20 世纪 80 年代前,一种观点正在流行,大意是,现有的安排总体而言不充分、不有效。该观点植根于日益增长的财政赤字问题,以及纳税人对政府运作中的浪费的看法。由会计总署每年公布的报告一再引起公众对这些制度的不足以及在他们看来"无法提供精确、可靠的财政信息"的内部控制的注意。[1] 审计披露,"制度问题是如此严重,以致于管理运作所需的财政信息都无法获得"。[2] 在医疗保健管理领域,一再提及因欺诈和滥用所导致的损失,这种损失估计占医疗保健支出的 10%。各机构维持了巨量的存货,对于这些存货,从各机构可获得的信息很不足。在各机构,制度表现出支离破碎的结构,有许多内部控制弱点,问责方面的短处使得政府暴露于潜在的高成本之下。在一份相当于对该制度的起诉书的文献中指出,美国政府使用不可靠的制度和无效的控制几乎花了 GDP 的 1/4,管理几百个项目的各个机构对它们的财政条件或它们取得的结果并没有充分的认识。

意识到制度失灵的结果,是引进涉及各种前沿问题的一系列立法措施。因此,在 1982 年,有了《联邦管理者财政正直法》;在 1984 年,有《单一审计法》;1990 年,有《首席财务官法》;1993 年,有《政府绩效与结果法》;1994 年,

---

1 Bowsher(1993),第 4 页。

2 同上,第 5 页。

有《政府管理改革法》;1996年,有《联邦财政管理改进法》。如果按照预想执行,这些法律的大多数有改造联邦财政管理的效果,使得各机构更有效地计划、预算、执行并对联邦计划负责。各机构会被期望发展战略性计划,设置绩效目标,衡量它们的绩效。人们设想,项目管理者和财政管理者会合作工作,以实现项目方面和财政方面的完全整合,财政管理过程会得到合理化,以考虑最高运作标准。结果正在慢慢出现。

对这里讨论的论题最重要的法律部分与1990年的《首席财务官法》有关。该法律设想了加强总统办公室中管理与预算办公室以及各部门的财政管理的两层计划。该法建立了一个领导结构,规定了机构结构及财政规划和管理的责任。为了提供核心领导力,该法设想政府拥有一支训练有素的财政管理专业干部队伍。此外,在管理与预算办公室,有一位主计长领导新的联邦财政管理办公室。[1] 在机构层面,首席财务官负责维护完整的会计和财务管理系统及内部控制、资产管理系统,开发成本信息及绩效数据。首席财务官也有责任支持员工及他们的职业道路,维护旨在增强他们的技能的培训要求。此外,按照权责发生制准备年度财务报告的责任,现在也落到首席财务官头上。

现在评价首席财务官对改进美国政府财政管理的贡献还太早。如同前文显示的那样,美国财政管理的历史一直处于一种变化的状态,部分反映了国会确定其角色的愿望,部分反映了需要调整以适应变化了的要求的基本现实。法律措施很广泛。变化的迅速性表明,部分由于设计问题,部分由于执行的不充分,并不是所有的措施都起作用。为了纠正这些问题,引进了更多的变化,这些变化如此之多,以至于政府变化已经成为政府管理的一个固定特征。从积极的角度看,变化反映了政府经常改进自身的意图。

衡量首席财务官的贡献的一种方式,是评估其给制度(更广义而言,给纳税人)增加的价值,带来的净成本。就此而言,似乎有为创立首席财务官辩护的实质性需要,尽管这是在等级制度中增加了一层。法律想要有一个高级官员,他是顶级管理层的一部分,对于有效的财政管理有总体责任。法律中的财

1　这里需要指出的是,在1951年(疑为1921年。——译者注)《预算与会计法》颁布后,建立了一个包含预算局、会计总署、财政部及公务员委员会在内的联合财政管理计划,用于倡议一种良好协作的努力。1990年的法律将政府的广泛责任置于管理与预算办公室。

政管理概念范围有些限制。它在预算和其他领域之间进行了人为的、不可行的区分——后者限于会计、成本数据、财务信息和支付。然而在原则上,后者排除了预算,有些首席财务官的权限不包括准备预算,因为这项任务在法律上没有授权给他们。在首席财务官有编制预算的责任的地方,更多的是机构领导和首席财务官之间建立的非正式安排的结果。这种区分也意味着,预算执行也被视为一种单独的活动,然而实际上,它是相同过程的延续(具有不同的定位)。资源的使用对分配的依赖和对使用的依赖一样多。而且,支出结构的改变在某种程度上意味着首席财务官角色的减小。较多的支出部分被越来越多地支付给承包商及第三方服务。这些特征在提供资金和提供服务之间增加了相当大的距离。然而,既由于设计,也由于选择的原因,首席财务官距离服务提供很遥远。因此就普通公民看来,首席财务官被视为遵循立法机关命令的角色,而非考虑客户或公众的即时需要。同时,首席财务官在处理合同管理、存货、应收账款管理等传统问题上的贡献仍然在联邦财政事务中占据支配性地位。在某种程度上,需要承认,这些高风险领域的其中一些具有长期存在的性质,无法马上改进。然而同时,福利项目中欺诈、浪费及滥用的日常发生,通过印刷媒体及视觉媒体引起公众的关注,无助于公众对政府运作信心的恢复。[1] 西西弗(Sisphyian)经验的出现对于增添首席财务官的光彩作用很小(如果有的话)。在风险和不确定性管理方面,首席财务官没有具体安排的角色。对他们而言的风险是,现在承担财政管理任务的许多计算机系统的可能中断。从管理的角度,风险内在于程序的操作性任务。在这方面,首席财务官受命进行的工作以及日常任务会导致一种独立的文化的出现和维持,而不是与机构的管理文化进行整合。首席财务官收集的信息涉及财务方面,适于编辑月报及年度财务报告,不会按照对项目经理有吸引力的方式分析或提供数据。在那种程度上,首席财务官仍然远离政策及机构运转的中心。然而可能的是,通过首席财务官的刻苦努力,会带来对运作的财务方面的更大承认。如果实现了这个,这大多要归因于首席财务官的个人努力,而不是法律中的想象力。

---

1 对联邦政府这些领域的有趣评价,见会计总署有关高风险系列的出版物(1997)。

八、西欧的实践

不像美国见证的一系列改革措施，西欧的一些国家财政管理的责任见证了很少的变化。法国就是这样一个国家，除了应用计算机技术和依赖银行系统维持现金平衡，在前后5个共和国期间很少或者没有变化。与其他国家一样，法国的预算编制及其执行之间有重要区别。在执行预算时，管理阶段和会计阶段之间存在区别。各机构领导被承认是得到授权的官员，他可以再将任务委派给他的许多下级。得到授权的官员负责分配预算中规定的支出，发起诸如准备法律文件等管理行动。然后文件被送到评价这些文件的会计官员，验证它们算术上的精确性、法律上的合规性，在此基础上，授权支付。在做出支出承诺前，也会与会计部门磋商，为此目的，需要从它们那里得到一张“签证”。在年末，会计部门负责编制年度账目。会计部门的工作人员由财政部长控制，在那种程度上，预算执行的责任由财政部分派到各个机构的工作人员承担。这些官员实施的控制的基本假设是验证文件，而不是将任何与管理相关的要素包含在内。

上述这些工作被视为财政控制或财政管理工作的一部分。法国财政部有久远的过去，[1]持续了两个多世纪。当财政部发现商业银行赚了许多钱时，对于财政部而言接受公共基金似乎更加合适、当然也更加有利，这种公共基金的实践以某种措施延续了下来。在这种制度下，财政部负责会计、报告和支付。这种制度经过某些变化，可以在其他欧洲国家发现。其中的例外是瑞典。在瑞典，制度是分散的，各个机构负责其中一些任务。

九、澳大利亚和新西兰

澳大利亚和新西兰的财政管理制度紧紧模仿英国白厅的实践。像英国一样，部门次官被视为首席会计官，他提出财务主管的提议以帮助机构领导来管理机构的日常运作。然而，随着计算机技术的采用，在澳大利亚，支付过程集中于财政部。这么做更多是因为技术方便，而不是遵循任何管理哲学。

1　见 Stourm(1917)，第454—475页。有关持续实践的更近的陈述，见 Hel-Thelier, Me y, and Quinet(1996)。

1989年以来,新西兰发生了影响深远的变化。政府各部门被重组,每个部门的领导被重新定名为首席执行官,他在一段时期内得到任命。为了让首席执行官执行他的任务,各部门被授权由普通职员编制预算和账目,编制基础也从收付实现制转变为权责发生制。首席执行官负责通过年度绩效合同为分配的资金提供服务或产品。各机构按月分配得到预算资金,这些资金然后存在当地银行。财政部对各政府机构和银行系统间维持的平衡进行日常监控,这样,当政府下属各部门和机构维持流动性平衡时,政府作为一个整体不用从市场借钱。在澳大利亚,各个机构被允许将没有花完的拨款选择性地从一个财政年度结转到下个财政年度。然而在新西兰,尽管各机构被授予完全的使用预算拨款的权力(只要被授予的权力被用于追求预算目标),但是各个机构没有将未花完的资金向前结转的自由。

与在新西兰一样,澳大利亚也转变为权责发生制预算制度。一旦得到完全实施,这个制度的整个运作可能给核心预算机构和各支出机构间的关系带来更多的变化。各个机构会既被期望编制成本数据,也被期望编制年度财务报告,该报告会显示未偿付的债务,以及运行中的政策的持续财务含义。这些活动以及整体的会计制度会服从于可接受的标准。在这种环境下,核心预算机构的角色从传统的评价不重要的细节变为分析政策和项目。许多预算,特别是那些与持续性项目相关的预算,大部分会包含于以各个机构的证明为基础的预算中。这具有削减许多与年度预算相关的文书工作的潜力;核心预算机构主要负责抽查和合并预算。在适当的时候,需要重新设计核心预算机构和支出机构之间的关系,以考虑内在于权责发生制中的代理权限。这些变化还有待执行。

十、印度

印度的经验代表着给支出机构委派更多的权力,同时仍然探索正确的做事方式这一主题的一种变种。在50多年前的独立前夕,这代表着这样一种局面,当时除了国防部,其他支出机构在财政管理事务方面很少具有自由。各机构依赖财政部编制和执行预算,会计则是遥远的总会计师的责任。这种局面被认为是无法维持下去的,因为各个支出机构的日渐依赖也使得它们无法意识到经济性或效率性。为了改变这种根深蒂固的习惯，印度中央政府采用了附加财政顾问制度。在这种制度下，向选定的各个部门委派财政顾问，尽管这些官员属于财政部，他们会努力帮助各个机构评价处于萌芽阶段的财政提案。尽管是对以前制度的重大偏离，这个制度带来财政顾问的身份问题：他代表谁？他为谁的利益服务？尽管目的是便于整合管理和财政责任，财政顾问被支出机构带着可以理解的犬儒主义看待。因此，在经过进一步的试验和磨难后，以及随着核算从审计独立出来，从 20 世纪 70 年代早期开始，财政顾问负责所有的财政事项，帮助各机构领导（他们仍然是会计官）或者负责各机构的所有运作的人。原则上，这种职能的恢复有助于工作环境的改善。但是由于身份问题一直使争论处于混乱状态，这并非实际情形。财政部一直在大事上容忍，却开始拘泥于细节。除了赋予部门会计官的固有权利，财政部坚持具有评价财政顾问年度绩效的权利。从支出机构的角度来看，在缺乏任何经验上可验证的制度标准的情况下，它们按照财政顾问提出的辩护，以及他或她成功取得更高的预算分配，或者至少和财政部保持距离来判断其忠诚度。这被证明是另一种情形，在其中，当没有在那些涉及运作者中建立充分的制度渠道时，内在的自主性会具有较少的生产力。从财政部长的角度来看，财政顾问被视为执行其支出政策的主要工具。这些相反的牵引力有预期的结果，通过这些安排产生的信任也许会成为这一过程的牺牲品。更重要的是，尽管总是作为一种原则达成了一致，但是对支出机构财务意识的灌输一直是一种模糊的现实，从来没有在实践中实现。

十一、拉美国家

该地区同时提供了集中和分散管理的财政管理制度的例子。在 20 世纪 80 年代经历了一系列经济危机后，以及在利用对数据的电子处理的丰富潜力后，许多国家采用了计算机一体化的财政管理系统，该系统将预算、国库、公共信贷以及会计的运作整合在一起。作为这个过程的一部分，支付责任在一些情况下（如巴西）得到了集中，在另一些情况下（如智利）得到了分散。然而在很大的程度上，在地区的大多数国家将预算执行视为核心管理职能。一些国家将总的预算执行权转交给财政部办公室。一些国家将预算执行权保留在预算办公室，而在一些国家，支出机构有责任运作该系统，但是核心预算机构可以在线获得它们的计算机信息产品。

十二、回顾的结果

前述回顾显示了过去几十年来，公共财政管理所经历的里程碑事件。它表明在政府中，与公司部门相比，财政管理的等级远为多种多样。表13.1总结了适用于政府整体及支出机构的等级。核心预算机构和支出机构处于命令的接收端，它们接受来自宪法所规定的权力机关以及宪法规定以外的权力机关所发布的命令。上述每个中心会追求不同于其他中心的议程，因而使得磋商和协调变得重要。在经济危机期间，会有诸如国际金融机构的其他机构，它们也会参与决策过程的辩论。将经批准通过的政策转换为有意义的年度项目，是每个机构官僚体系的责任。然而，如表13.2所总结的特征显示的那样，这种官僚体系的任务一直在变化。回顾同样表明，除了英国式制度外，无论财政管理者是由支出机构还是财政部雇用，他们的任务主要涉及支付与会计。在这种过程中，控制在类型上是一种核实。尽管在过去的年代里这有相关性，它实际上是一种争议事项，即这种控制是否应该一直像以前一样重要。支付代表着财政管理的最后一个阶段，在该阶段，主要的关注和提议的支付对流动性管理的影响有关，与确保收款人确实是该项支付想要支付的人有关。在那个程度上，必须意识到，核心预算机构所认为的财政管理的核心部分（如同一些国家所实践的那样）实际上是空洞的。此外，这种对核实的过度关注意味着项目管理者和财政管理者之间的分歧进一步固化，前者旨在更有效地提供服务，而后者注重的是遵守规则。更重要的是，计算机技术的发展和使用意味着，作为政策工具或管理工具不具有重大重要性的支付活动（特别是工资和养老金支付），可以外包给公司部门。回顾同样表明，无论是立法机关或是行政机关发起的改革，都不是一个完美的过程。被忽略掉的要素经常证明是最重要的要素——比如在美国，由立法机关授权的首席财务官的任务，在那个阶段之前，不包括预算编制或财政计划编制。

表 13.1　　支出管理:一种等级制方法

宪法、立法和行政	机构内
宪法规定以外的权力机关	会计官/机构领导/首席财务官/主计长/总财务官/财政顾问等
宪法规定的权力机关	
· 立法	责任中心
· 行政	
· 司法	会计主管
行政机关	支付官员
· 核心预算机构	
· 支出机构	
· 规定的管理机构	
磋商性安排	
· 捐赠者	
· 国际金融机构	

表 13.2　　不同财政管理制度中设想的支出机构角色

种　类	特　征
行政型预算制度	· 除非要变更政府,立法机关一般不改变预算建议。 · 政府各部门的预算会由磋商性或常设立法机关委员会评价,在对部门拨款进行投票前,该评价会向立法机关整体报告。各部门代表会出现在这些委员会面前。 · 在预算审批通过后,各机构会按照财政部设定的政策支出拨款。 · 各机构会有预算、会计和支付部门。这些部门会从一般干部中配备职员。一些机构也会有规划部门。
立法型预算制度	· 由行政机关提出的预算会被立法机关广泛修改。 · 机构领导会出现在立法机关,以为他们的预算辩护。 · 支付时间安排会作为年度立法的一部分得到规定。 · 会由核心预算机构规定会计责任,并由各机构编制账目。

续表

种　类	特　征
中央计划经济	• 大多数机构有计划、预算和会计制度。 • 预算由核心预算机构(如财政部或计划部门)审批。 • 预算由党代会批准。 • 对于预算执行,各机构被安排有专业的国有银行,支付通过这些银行进行。在诸如阿尔及利亚或越南等国家,也会运行传统的单独的国库服务制度。 • 各机构负责编制账目,然后这些账目汇总形成整个政府的账目。
企业化制度(公司部门方法)	• 预算、会计和支付职能一般按照集中制组织,一般由审计官负责。 • 预算既会采用自下而上、也会采用自上而下方法。 • 预算由董事会批准;很少做出改变。 • 在批准预算后,所有支付都通过集中的渠道来进行。 • 为每个活动设定成本促进了服从。 • 在各个公司,各部门的自主性并不一样。整体而言,在公司的所有活动中,战略计划的影响往往至高无上、无处不在。 • 审计官有义务使用闲置资金进行投资,以实现公司收益最大化。
地区和国家实践	• 大多数国家的共同特征是,在政府各部门和机构,存在并日常运作着计划、预算和会计部门。在前计划经济国家,许多政府机构往往取消计划部门。它们以中期宏观经济计划、财政计划或滚动支出计划的形式再次出现。在这个总体框架中,一些区域和国家显示出具体的特征。
澳大利亚	• 具有上述行政型预算的广义特征。 • 各部委和机构有自己的预算部门。它们也按照会计准则负责编制自己的账目。 • 支付(大部分采用电子方式)集中于财政部。采用带有造价条款的权责发生制会计制度提升了支出机构的资源使用意识。
印度	• 各部有财政顾问负责预算、会计和支付管理。他在各部常务次官的监督下工作,但是他的年度绩效也要接受财政部的评价。 • 每个部被安排有一个国有银行,通过该银行进行支付。 • 各部会计和支付部门的人员从由财政部管理的集中人才库中选拔。
拉丁美洲	• 如上所示,大多数机构有自己的预算、计划和会计部门。 • 支付通过集中国库系统来进行,该系统的代表会被委派到主要机构。 • 在一些情况下,由主计长(Controlloria)或总监查官集中编制账目。 • 如同在智利那样,给资本项目分摊利息成本大体上给各部委增加了更多的财政责任。

续表

种　类	特　征
新西兰	•各部/机构的首席执行官负责财政管理。 •支付和账目维护是各机构责任的一部分。 •首席执行官对立法机关负责，他们的绩效由公共服务委员会监控。 •引进资本费用以及资本成本的分摊促进了各机构更大的财政意识。
西欧	•大多数机构有自己的计划、预算和会计部门。 •在法国和意大利，所有的承诺要服从由国库服务中心或者同等机构批准的“签证”。通过国库服务中心进行支付，该机构也编制政府账目。 •在其他国家，各机构会被授权发行支票，或者支付可以通过财政部委派到各机构的代表来进行。 •在采用权责发生制会计制度后，各机构被期待编制自己的账目。 •通过电子方式进行支付会成为主要特征。
英国	•部领导负责部及机构的财政管理。在这一任务中，它们会得到总财政官的帮助。以前，该官员的任命需要和财政部磋商。 •部和机构可以做出自己的支付安排；它们也负责按照会计准则编制账目。 •在采用权责发生制后，资本费用和折旧会计以及相关特征被期待促进更具目的性的财政管理。
美国	•在现有法律下，各部有一个首席财务官，他是所有部门财政管理的焦点。 •在一些情况下，首席财务官负责编制部门预算。这不是立法要求，这种事务本身取决于部门常务次官的方法。 •采用权责发生制会计被期望促进各机构更大的财政责任。 •除了国防部(国防部被授权发行支票)，支付一直由附属于各部和机构的国库支付官做出。

近年来，这些得到承认的缺损被寻求通过两类努力得到清除——旨在描绘各个机构内部控制结构的努力，以及旨在合理化核心预算机构和支出机构间关系的努力。由于这些努力代表着政府财政管理的前沿，详细考虑它们的内容和相关性是适当的。

十三、支出机构的内部控制结构

近年来，特别是1980年以后，已经做出许多努力以识别公司部门和公共部门的内部控制的性质。其意图是加强公司治理。如英国的凯德伯里(Cadbury)委员会在1992年指出的那样，“有效的内部控制制度是有效的公司管理的基本部分”。该委员会建议，公司董事应该报告公司内部控制制度的有效性。重复着相同的主题并将那些规则运用于政府，最高审计机关国际组织（the International Organization of Supreme Audit Institutions，INTOSAI）指出“就其规模、多样性、交易量、记录的多样性及法律规章制度的众多而言，在政府中建立高要求的内部控制标准特别有必要”。[1] 自那以后发展出的思想，可被用于和政府内部控制相关的事项，以及与审计的发展相关的事项。

INTOSAI 为适用于政府的内部控制提供了一个宽泛的定义。

内部控制结构被定义为一个组织的计划，包括管理态度、方法和程序，以及为要实现的目标提供合理保证的措施。这些目标是：

· 促进运作的有序、经济、效率、有效，促进和组织使命一致的产品和服务的提供；

· 保护资源不因浪费、滥用、管理不当、错误、欺诈和不正当行为而带来损失；

· 坚持法律、规章和管理指令；

· 发展并维持可靠的财政及管理数据，在及时发布的报告中公正地披露那些数据。

从公司部门过渡到政府主要在于前进到“保护资源”，而不是限于“保护资产”。该定义似乎还包括诸如态度等无形因素。尽管 INTOSAI 提到了管理态度，但是当加拿大特许会计师协会（the Canadian Institute of Chartered Accountants，CICA）做出下述陈述时，就更加全面：“控制是一个非常广泛的概念。它包括一个组织的所有要素——它的资源、制度、过程、文化、结构和任务，这些要素一起支持组织中的人实现组织的目标。控制的含义要比传统的财务报告、合规性及资产保护内部控制更广”。[2] 这些定义忽视了公司部门和政府的区别，涉及一个组织本身，而不考虑其所有制及运营的动机——无论是利润还是服务。这种制度会被整合进一个机构的管理框架。因此基本上，控制制度必须在管理流程的各个阶段建立良好的记录和控制制度，应该有监控和修正活动的确定模式，应该有编制信息的确定模式，应该有将这些信息和利

1 INTOSAI(1992)。

2 引自独立评价小组(1997)第 46 页。

益相关者及股东进行沟通的既定工具。表 13.3 列举了这些方面。内在于这些内部控制制度中的任务对政府而言决不是新鲜事。不考虑它们的启示，大多数现有的财政管理制度已经被发展为确保一个有序的过程，该过程旨在防止欺诈和浪费。颁布的法律有防止弊端、并惩罚那些被发现违法的人的目的。会计制度具有为立法者或统治者提供数据的目标，这些数据有关资金如何筹集和支出。许多从事财政管理的机制、许多规章制度(包括那些管理承包的规章制度)都有高尚的意图，这个意图是精确地实现现在作为内部控制目标而确立的那些目标。

表 13.3　　内部控制制度

定义：	一个控制系统提供如下合理保证： · 有效运作 · 内部财务控制 · 遵循法律和规章制度
控制环境：	· 管理部门承诺 · 支持性组织文化 · 财务报告的专业方法
风险识别：	· 识别风险 · 具体规定旨在处理它们的措施
信息和报告系统：	· 及时准备财务及绩效报告 · 内部管理信息系统
控制程序：	· 明确的会计制度设计，该设计显示财务交易和资产损失的可能披露 · 确保遵循法律和规章制度的程序 · 有效的监控系统

正是在这种环境下，才让人们意识到，包含在内部控制结构中的东西并不是新东西，有些东西是有缺陷的。有缺陷的东西体现于最近得到发展的监查概念。监查官的概念也是一个旧概念，受到公司实践的影响。诸如美国这样的一些政府在一些部门里有监查官。在其他一些国家，这些职能和审计长有关。在一些国家，国家审计机关领导人的完整头衔是主计审计长(Comptroller and Auditor General)。监查的概念不再限于一个既定的官员，也不是由一组专家实施的一项活动。相反，它是这样一种哲学，这种哲学被视为处于执行和管理责任的核心。就像加拿大独立评价小组所指出的那样："监查是由一

种指导哲学所支持的一套原则。这套原则描述管理部门希望如何执行其对机构及其主管部门的责任的管理工作维度”。[1] 该小组也识别了构成监查工作一部分的一些原则和任务。表 13.4 总结了这些任务。监查现在被视为一种整合力量，这种力量将组织的不同责任以及旨在履行这些责任的刺激性力量集合起来。作为对过去努力的一种偏离，加拿大独立评价小组按照 4 个关键要素设想监查概念——绩效信息（财务的和非财务的）、风险管理、控制制度、伦理实践。在这 4 个要素中，控制制度及伦理实践也由其他调查前述事项的委员会接触。[伦理实践是一个单独的问题，因此这里不考虑。它的范围远远超出政府财政管理（无论以任何方式确定的）已知的界限。]尽管没有得到清晰的陈述，绩效信息可以被假设为其他人所提及的信息与沟通的一部分。无论如何，它要求绩效导向的预算措施作为先决条件。当这样一种制度在运转时，不可避免的副产品是绩效数据，以及在一段时间内，资源和绩效之间的关系变得清楚。

十四、风险管理

新的要素是风险管理。在任何情况下，只要个人或组织被委托以一种责任，风险都是固有的。那种责任的实施产生了风险。公司部门也有一些风险。它的成本结构可能受到工资谈判的影响，会受到汇率变化的影响（如果进口对生产日程有重要影响的话），国内外经济的变化对公司的运营带来了风险。这些风险由管理层识别，由审计官办公室量化，并发起修正活动。一些风险可以采用常规方式解决，而源自变化了的需求模式的风险会要求运营的结构性变化。公共部门也有一些风险，这些风险需要被内化。然而，总体上，公共部门被视为是风险规避的。对政府的典型批评是，它的雇员关注法律遵循，而不是探索风险，这种探索会导致更低的成本、甚至是更有效地提供服务。在政府的大多数运营中，成本是未知的，或者成本相关的风险可以由承包商内化。

1 独立评价小组(1997)，第 3 页。

表 13.4　　监查的原则与任务

原　则	任　务
领导:创造并维持一种促进有效的监查的气氛。	• 意识到需要在机构(核心部门或机构)、审计机关及立法机关中识别领导阶层。 • 机构官员应该负责推进管理工作和问责。
标准:制定并实施清晰的、以绩效为基础的预算标准,以及财务和非财务信息标准	• 制定财务和非财务信息准则。 • 维持一个计划,并监控其分阶段执行。
报告:对监查责任的正式履行进行报告	• 形成严格的、以事实为基础的、透明的报告格式和内容。 • 对监督范围内的活动进行统一报告。 • 将商业周期和绩效信息联系起来。 • 整合财务和非财务信息。
清楚的责任:清楚理解并尊重核心预算机构及支出机构的责任	• 明确说明各机构在管理链条中的责任,以及核心预算机构与支出机构之间的责任。 • 明确说明监查官的顾问和分析师的角色。
能力:配置并维持和责任及需求相称的管理能力	• 将合适的人放在合适的位置上。 • 通过清楚识别涉及的风险,来授予及下放权力。
识别绩效:将责任与单个监查进行匹配	• 在每种情形下,重新检查所需的能力。
行动:对实际和预期绩效之间的差距做出反应	• 愿意评价和修正。

资料来源:独立评价小组报告,《加拿大政府监查工作现代化》,渥太华,1997。

这里提到的风险是在预算开始执行后出现的那些风险。风险涉及广泛的领域,可能是管理相关、技术相关或项目特定的风险。它们来自内部或外部因素。这里关注的是财政风险,或者源自预算执行的那些风险。作为最终产品,预算建立在一系列假设基础上,这些假设有一个共同特征——脆弱。当预算假设发生变化经济过程不同于预期而预算结果可能不同时,这种脆弱性变得更加突出。除了作为形成预算的基础的增长率,结果可能会受到下述风险影响:与导致更高的利息费用的过度净负债相关的风险,源自政府开展的商业活动可能失败的风险,与受到侵蚀的税基相关的风险。在那些依赖外援的国家,和外援的可获得性相关的不确定性是影响预算结果的一个重要因素。类似地,汇率的波动提出了一个需要解决的宏观经济风险。

在支出机构层面,低劣的服务质量会对需求模式产生不利影响,更重要的是,会导致政治市场的混乱。在宏观经济层面,特别是在追求宏观经济稳定的环境下,提供资金不足是棘手的预算问题的解决办法。表 13.5 说明了核心预算机构和支出机构所遭遇的不同风险。

表 13.5 **风险管理**

宏观管理风险	微观管理风险
· 源自过度净负债的风险 · 源自企业所有制和管理的商业风险 · 源自税基侵蚀的风险 · 源自资产及负债管理的风险 · 源自汇率波动的风险 · 与外援可获得性相关的风险	· 源自提供不合时宜及质量低劣的服务的风险 · 资金提供不足的风险 · 源自合同管理的风险 · 源自缺乏对预算估计及绩效目标的完全遵循的风险 · 源自资产及负债管理的风险 · 源自道德风险的风险 · 源自控制结构的风险 · 源自汇率波动的风险

问题在于,在政府中,如何处理这些风险?更经常的是,宏观经济风险由财政部通过调整预算、通过新法律或新政令来处理。一般的观点是,在处理财政压力问题时,在政府各机构之间没有多少磋商。因此当突然公布措施时,各支出机构仓促地完成它们现在的努力,以便它们可以遵守调整后的预算上限。在一些国家,特别是澳大利亚和英国,有一个中央应急储备金用于应对出现的危机。在一些情况下,当危机很严重时,那么应急储备金会不够,此时需要通过其他领域的储蓄获得额外的资源。然而在大多数国家,没有处理宏观经济变化的制度性保护措施。

政府是庞大的组织,这个因素本身就提出了做出快速转变的可怕问题。但是,在存在尽可能清楚地处理风险的制度安排的地方,那个过程会相当容易。风险的识别和管理应该成为政府管理的一部分,而不应被视为一种随意的活动。[1]

1 澳大利亚和新西兰政府已经制定涉及政府中的风险管理的规章和准则。在这些情况下,主要的重点是在灵活的管理方法上,因为只要认为风险是可以接受的,项目经理会冒险进入新服务的提供,或者甚至改变现有的政策框架。只要物有所值,承担风险就被认为是可以接受的。将风险管理作为内部控制程序的一个元素的主要目的,是向公众发送一个重要信号,以达到这样的目的,即对规则的遵守不应该是机械的,无论何时,只要有取得更大的价值的空间,就应该做出变化。更重要的是下述思想,即应该将风险重要性评估作为常规管理的一部分。

由美国会计总署(1998(ii))公布的指南(草稿)拓宽了风险管理的范围,同时包括外部因素(技术发展,国会和公众期望的变化,新法律以及商业、政治和经济变化)和内部因素(包括再造,分散化的项目运作,合同安排等)。

十五、适合某些国家的一种尺寸

前面已经提到，大多数支出控制（下文将更详细地讨论对谁施加什么控制）往往具有一致性，因为它们会关注诸如人员或运营成本等投入控制，一旦发展出评价标准，它们会以统一的形式应用到所有机构。因此有人认为，支出控制具有一种一刀切的方法。然而需要意识到的是，这种立场只有部分是正确的。在一些政府中，在运用支出管理工具时，进行了精细的区分。

在许多政府中，国防预算不像其他部门那样接受同样的审查。它们是一种合同预算，因为核心预算机构往往确定预算上限，将预算资源的内部分配留给国防部。在有发展预算的国家，包含在计划中的预算在要求给予资源时获得了一种新的合法性。类似地，从事科技活动的机构也得到不同的待遇。在许多发达国家，应享权益支出不受预算上限的约束。由于是受需求驱动，相关机构无法控制它们的结果。然而除了这些特征，一刀切的观点具有许多有效性。

如果支出机构的内部控制制度必须是可行的，按照各机构的任务、资源定位、与市场的关系对机构进行检查就很重要了。为了阐明这些方面，表 13.6 说明了一个典型的政府的各种活动。不同机构的风险无论就性质还是规模而言都不一样。这一特征本身意味着，内部控制制度也应该根据一个组织的性质和范围进行变化。这些标准可以根据情况进行适当增减。需要承认的是，各个机构内部控制的机制和焦点应该不一样。

表 13.6　　对需要多样化的支出控制框架的说明

种　类	特　征
国防	服务提供：独特特征——资源分配的标准在性质上更多是政治上的。内部控制关注用于内部的商品和服务的采购。
国内安全	同上。
包括司法在内的一般管理	需要反复辩护的一个领域。这里对经济性的要求更加明显。
社会服务	
· 教育和医疗	其他机构提供类似的服务；往往是劳动密集的；会依赖于其他各级政府、承包商以及非政府组织提供服务；会涉及许多采购；有征收使用费的余地。

续表

种　类	特　征
・其他社会服务 ・儿童、贫困人口等	软领域：意图是提供补贴服务；会涉及通过志愿者组织、其他各级政府提供服务；往往是劳动密集型的。在这些情况下，由于服务是需求驱动的，预算结果会不同于预算估计。
管理机构[1]	一般比较小；存在征收使用费的相当大的潜力。
发展机构[1]	从事升级服务；政策制定；会涉及向其他各级政府的转移支付；会涉及输送补贴；包含补贴会成为一个重要的目标。
基础设施服务	主要的投资活动包含在建设中；业务活动可以直接开展，或者外包出去。取决于经济气候，为了取得合意的经济结果，这些支出会变化。
科技部	促进研究和科学活动；涉及向自主组织及其他组织的转移支付；支出和结果间的关系往往具有倾向性。
所有权服务(空气和土地权利)、制造和商业服务	活动是市场导向的；强调成本回收和剩余。
公债费用	尽管在一些预算中很重要，其任何提高取决于一般经济形势。

[1]这些任务经常由一些部门和机构一起开展。因此，每个机构需要有不同的支出控制框架，以处理其各种各样的任务。

十六、财政部和支出机构间的关系

当考虑在支出机构建立内部控制时，不能仅仅考虑支出机构本身而不考虑像财政部这样的核心预算机构的需要。有人经常提出，实施控制的热情会导致过度集权，不太经常地导致整个过程的琐碎化。作为结果，这意味着各个支出机构已经不知不觉地依附于核心预算机构，因为它们已经丧失了对具体项目进行创造性的企业化管理的所有热情。人们同意，这种形势需要作根本的改变。为便于对情况进行更明智的评估，表 13.7 描绘了财政管理的各个阶段现在使用的控制的范围。控制被按照性质分成政治/立法、中央/命令、松/紧、谈判/交易、包括竞争性投标和外包在内的市场导向。该表表明，许多机构实施的控制实在是太多了。就资源的经济使用而言，它们的影响是可疑的。实际上在控制过程中，有两个问题被忽略了——分配阶段以后资源的经济使用、公共服务提供阶段消费者的需要。对控制本身的遵循已经成为注意力的中心，已经成为核心预算机构和支出机构官员的活动的关注中心。在这种对详细规定的操作程序和命令的垂直链的严密专注中，规则会得到遵守，说明了过程战胜目的这一公理的正确性。

因此有变化的需要。变化的原因内在于情势中。它们可以被这样概括：

集权并没有促进资源的经济而有效的使用。促进资源的经济使用要求任务、财政资源与旨在促进资源有效使用的管理自主性之间的一致与和谐。而且，在信息时代，很少有理由来延续一个官僚主义的结构，这一结构是为不同的时代设计的，现在太昂贵、太适得其反了，以致无法维持下去。在执行既定的任务时，各组织要求留下它们自己的空间以做出创新。如果它们所有被期望做的是遵守命令，维持它们的唯一活动，是对下个命令的期待。此外，从辅助性原则的角度来看，由上级来开展一项本意是由下级执行的任务，这是一种恶。将这一原则应用于财政管理意味着，所有的划船的事都应该由各支出机构来做更合适，而掌舵的事应该适当地留给核心预算机构。

表 13.7　　控制结构

财政管理活动的种类	政治/立法	组　织			市　场	
		中央/命令	松/紧	谈判/交易	合同	对商品和服务的其他购买
1 宏观经济政策目标						
• 赤字控制战略 • 明确说明赤字水平 • 明确说明未来几年的支出和收入水平	• 会涉及立法讨论或批准 • 会涉及未来赤字及支出的法定水平 • 预算立法每年一次或者有规定期限 • 有关债务水平会有约束性立法		对核心标准有有力的承诺，但是有关过程和操作方法具有灵活性			市场趋势对决策具有重要影响
2. 编制年度预算						
确定总的收入、支出及债务(内债和外债)水平	• 在大多数情况下，会涉及由立法机关或者同等机构进行立法 • 在一些情况下，会通过行政命令传达	在中央计划经济，在经过讨论后，集中决定		这些水平作为政府内外不同权力中心之间集中谈判的结果来确定。		关于财政政策的广义方法，会和公司部门进行磋商。
确定部门支出	在一些情形下，这些支出会接受咨询委员会或拨款委员会的评价	• 由计划机构确定支出计划 • 捐赠机构扮演着角色		在各个参与者之间也有广泛的谈判		市场趋势有重要影响
确定经常性支出、资本性支出及两者间平衡	对项目的积累性立法批准会对资本/投资预算有影响	推进的项目会限制年度灵活性	会有广泛的内含标准	这一领域也经历了许多谈判		

续表

财政管理活动的种类	政治/立法	组　织			市　场	
		中央/命令	松/紧	谈判/交易	合同	对商品和服务的其他购买
确定新项目	一般作为年度预算的一部分得到批准	• 这些作为年度或中期发展计划的一部分得到确定 • 捐赠者有重要影响	控制作为预算执行的管理过程的一部分实施			
确定人员构成	在一些情况下，法律会规定项目的人员构成	会集中制定标准	在一些情况下，机构会被给予雇佣（解雇）人员的自由		合同制员工的出现改变了传统的基于规范的制度	一些服务会被外包出去
购买其他商品和服务	法律会指示，一些东西从国内及国有服务机构采购		在大多数情况下，这基于分散的基础上		除了用途，会遵守竞争性投标和外包	一般从公开市场采购
补助、养老金和应享权益支出	对于补助和应享权益项目的合格性，可以获得政策/立法标准		标准是集中的，但是在不同地区允许变化	当提议变化时，会涉及谈判	会给私营企业提供补助	应享权益项目下的服务一般由私营部门提供，由政府资助
购买物质及金融资产			标准会得到集中指示	谈判扮演了很大角色	对物质资产进行竞争性投标和外包	
贷款、再贷款、转贷		在确定贷款和再贷款的条款时，捐赠者扮演着角色	集中指导方针	条款通常需要谈判	私营部门会收到其中一些贷款	
借款	• 有立法限制 • 在大多数情况下，无需立法授权	集中进行借款	在一些情况下，各机构可以自行借款		市场获得由政府发行的债务工具	
3. 预算执行						
发放预算授权或资金	在很少的情况下，立法机关会在财政年度中提供资金的使用模式	由核心预算机构发放		发放量需经谈判，但是会在得到批准的预算估计值以内		
承诺和合同监控		在重要情况下，承诺需要核心预算机构的事先批准	在大多数情况下，这些构成机构内部控制运作的一部分		合同要接受集中指导	
支付		在一些情况下，诸如工资等会集中支付	在一些情况下，这些支付分散操作			

续表

财政管理活动的种类	政治/立法	组　织			市　场	
		中央/命令	松/紧	谈判/交易	合同	对商品和服务的其他购买
4. 记录与会计		记录会由集中管理的财政部承担	准则会集中规定，但分散执行		在授予重大合同时，承包商会被要求按照政府规定维护账目	
5. 绩效定位	由立法机关批准的项目及其预期绩效会成为政府和立法机关间的一种契约	在中央计划经济国家，这些被集中决定	会集中开发绩效标准，但是会根据需要给予改变它们的充分灵活性		当服务由承包商代表政府提供、或者由其回应政府的需要而提供，政府会坚持绩效标准	

许多人赞成这种情况下整体文化变革的观点。继承下来的文化(在大多数情况下也是流行文化)，被认为阻碍了一个组织变得有效。新文化的号召力是更大的权力和强化问责。有人认为，更大的权力促进了更大的责任，当知道资源限制时，更大的权力促进了创新能力的提升，并持续为消费者提供服务。就像戈尔委员会注意到的那样："将决策权从沉淀的管理层释放出来，并把它交给基层做事的人"有助于"改写管理者和被管理者之间的关系。随着每个人被给予如何做他们的工作的更大权力，将双方分开的清晰的分界线消失了"。[1] 更大的问责使得对机构如何使用得到加强的权力进行评估成为可能。文化变革也要求改变核心预算机构和支出机构间的关系平衡。就赋予核心预算机构的责任而言，让它们也拥有一些控制是合适的。给它们授权不会导致过度集权。相反，给支出机构授权不会导致控制的整体损失，也不会侵蚀核心预算机构的权力基础。

为此目的，最好将控制分成3类看待——操作性控制、预防性或管理性控制以及禁止性控制。它们也可以按照交通颜色来考虑——绿色、黄色和红色。(表13.8进行了说明。)交通系统和这种控制系统的主要区别是，在前者中，红色通常是对允许向不同方向移动的一种替代。在财政管理中，红色代表对最终多样性的控制，这种控制应该在适当的情况下小心使用。操作性控制和承诺、支付、会计有关，这些最好留给支出机构。黄色区域包括应该考虑放松的

1　《戈尔报告》(1993)，第67页。

4个方面。这4个方面是对承诺的批准(高于既定的水平)、转账、资金结转以及项目的成本调整。在所有这些方面,一般需要财政部的事先允许。然而,这经常是一种形式上的允许、而非真正的允许。在大多数情况下(如果不是所有情况的话),与核心预算机构的磋商发生在除了默默接受以外较少有其他选择的阶段。一种优先的替代性选择是严格执行预算上限,同时将承诺、再拨款、结转及调整成本的自由留给支出机构,只要它们满足问责与绩效要求。这种类型的再安排不会对核心预算机构的核心责任或者宏观经济管理要求产生影响。

表13.8　　各类控制:禁止性、预防性及操作性控制

活动类型	主题的变化		
	红灯区或者禁止性控制	黄灯区或者预防性(包括管理性)控制	绿灯区或者操作性控制
政策制定及预算编制	• 如果没有制定出细节、未经规定的权力机关批准,不能提出新的政策措施,不能修改现有的政策 • 没有立法机关的批准或者类似的行政机关的法令,不能花钱,或者作出花钱的承诺	• 公布中期财政政策,规定赤字水平、支出的可接受增长率、借款水平等被用来作为一种指导	
年度预算条款			• 基于广泛资金基础的选定支出类别可以继续运作。这包括债务性筹资。 • 在大多数情况下,公债费用——利息和本金偿还——可以不经过立法机关批准继续支付。 • 对于有待批准的年度预算,支出限于以前年度支出估计的既定百分比。

续表

活动类型	主题的变化		
	红灯区或者禁止性控制	黄灯区或者预防性（包括管理性）控制	绿灯区或者操作性控制
预算执行	· 如果资源严重短缺，支付（甚至是经过批准的承诺）会被暂停，导致欠款的累积。作为这种努力的不可或缺的一部分，支付会限于可获得的现金资源。这种方法不涉及政策变化，而只涉及现金流控制。	· 项目执行的时间安排需要核心预算机构的事先批准。 · 预算授权的时间分段需要核心预算机构的事先批准。 · 使用预算外资金要受到核心预算机构的管理。 · 如果出现额外需求，需要补充预算估计。 · 承诺会要求核心预算机构的批准。 · 从一个预算部分到另一个预算部分的流转或再拨款要受核心预算机构的管理。 · 资金结转或者类似的年末流动性程序会要求核心预算机构的批准。 · 超出规定水平的工程和项目的成本修改会要求核心预算机构的批准。 · 如果资源短缺，会提出项目扣押、暂停非核心项目、动员额外资源以及其他政策措施。	· 支出机构的采购、合同、转移支付、投资等会在整体预算框架内，在经批准的预算估计数内支付。 · 要遵守必要的规章制度，预算中批准的人员职位会得到填补。

第五编

会计、审计与立法控制

第十四章　政府会计：寻找北极星

城堡所在的那个山冈笼罩在雾霭和夜色中看不见了，连一点儿显示出有一座城堡在那儿的微光也看不到。[1]

——卡夫卡，《城堡》

政府会计是多年来受到持久忽视的领域之一。会计在政府中的有效性，以及它对解决社会需要的方式的整体影响还没受到应有的关注。因此无需惊讶，在有关政府的任务以及制度设计的争论中，有关会计的争论整体是一件低调的事情。现有实践的优点以及不时提出的各种建议，经常是从事会计工作的专业人士令人激动、极富争议的争论的主题，但不是社会有关政府目前的身份和未来的方向的争论主流的一部分。每次忽略会有成本，就政府会计而言也是如此。最近美国会计总署的一项研究表明"在解决一些重要问题时，会计职业的活动整体而言并不有效"。[2] 如果这是一个发达国家的情形，在发展中国家的情形不会更好。

一、政府会计目前的范围

政府会计有长久的历史；表 14.1 显示了重要的里程碑。较之定义，政府会计更易于描述。任何定义注定是狭隘的，比如，在加拿大审计长最近的一个

1　以上译文引自汤永宽先生所译《城堡》（上海译文出版社，1997 年）。——译者注

2　美国 GAO(1996a)，第 4 页。

报告里，[1]会计职能被定义为“为管理政府以及为向议会、加拿大人及其他利益团体报告财政结果提供基本信息”。然而必须承认的是，“基本信息”的范围一直在变化。会计过程由每个财政管理周期的要求以及政府中的决策者和项目管理者、宪法渠道、外行的公众所要求的信息引导。图 14.1 说明了财政管理周期内大概的阶段划分，以及会计系统所扮演的角色。在制定政策时，该系统被期望扮演决定性角色。尽管最终的政策产品会受到政治、技术及价值考虑的影响，与普遍印象相反，会计系统所生成的数据具有决定性贡献。除非决策者处于险境，否则无法隐瞒或忽略事实。其他考虑更加无形。

表 14.1　　政府会计的成长:里程碑

早　期	为皇室编制账目
16—18 世纪	· 为立法机关和投资者编制账目 · 对于日常财政工作的系统化，出现了财政专家方法
19 世纪	· 为立法机关编制拨款账目 · 区分行政和商业会计
20 世纪	· 为发展计划的制定与执行编制账目 · 对国防合同，发展并应用成本会计 · 发展工程会计 · 应用权责发生制会计 · 国民收入会计的发展 · 为多种使用者准备的财政报告 · 越来越多地使用计算机技术 · 发展并应用总账系统

在政策制定阶段，与变化中的预算任务相一致，由会计系统承担的任务范围近年来增加了。在传统上，会计系统的角色限于提供公债数据(以往债务的利息和分期偿还情况)以及养老金债务数据。然而现在，由于引进了多年预算及滚动投资计划，由会计系统提供的数据涉及更广泛的领域。类似地，在为项目及工程准备支出简况时，需要更多的分析数据。除了数据管理过程，会计制度服务这些需求的能力取决于分类制度以及用于编制账目的基础。在准备年度预算过程中，会计系统被期望提供有关政府交易的信息，用于就政策变化形成成本估计，用于详细说明财政绩效，用于将预算筹资和债务策略联系起来。

1　加拿大，《审计长报告》(1997)，第 3—7 页。

在执行阶段,会计系统涉及资金的分阶段发放、协调资金流入和流出的年度计划、对记录收支的安排、监控应付账款及应收账款以及准备定期财务报告。在财政年度末尾,机构负责向审计及立法机关提交合并财务报告。当在内部执行时,它承担了评估的角色。在上述每个阶段,尽管在成本上是有效的,会计系统被期望内化债券持有者的希望与信任,以及利益相关者的管理便利。为了考虑这些关心的事如何得到解决,有必要考虑政府会计的设计及组织方面。

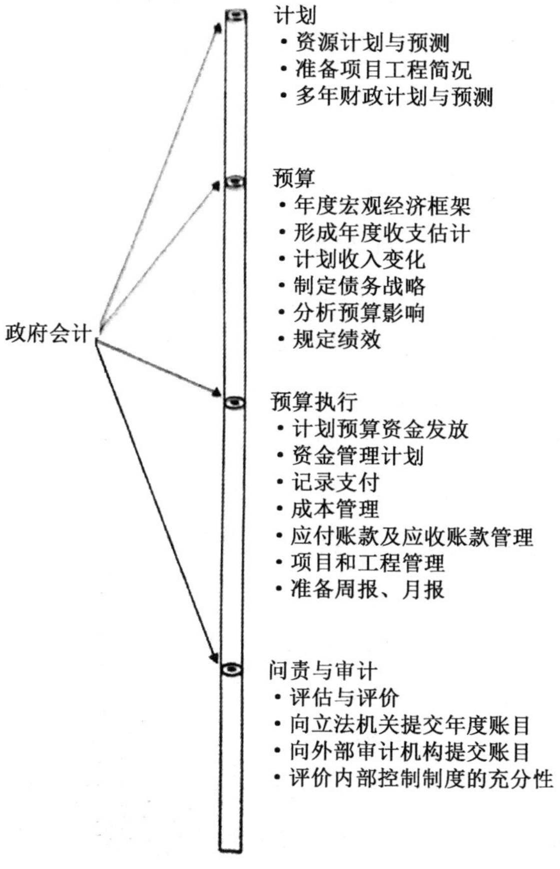

图 14.1 政府会计价值链

二、会计系统的设计:基础

同传统会计制度相关的两个重要特征与单式记账法以及收付实现制有

关。尽管复式记账法的出现已经有500年左右了，可获得的证据并没有表明，在16世纪到18世纪，当政府中的会计开始被承认为一种制度时考虑选择复式记账法。政府交易的关键，是资金收付表。在这两种情形下，无论这种记录是现金账簿还是后来的投票薄（vote book）、支票簿，交易一般都会涉及初始登记、准备支持性收据、验证交易、批准将交易登记于单一记录，。

类似地，会计基础也反映了日常交易。在没有银行制度的时代（1500—1799年），所有的交易或者是以商品为基础，或者以现金为基础。税收及特许权使用费以产品、金属（金银）、珍稀石头或金钱的形式上交给国王。当发生非现金交易时，保留单独的记录。随着经济的逐步发展以及与之相伴的货币化，政府的大多数交易以现金的形式发生。需要指出的是，即使现在，在中东的一些王国或酋长国，这种现金形式的交易仍然持续着。在这些地方，尽管银行机构无处不在，向公务员付款仍然以现金的形式进行。

即使银行制度达到成熟阶段，收付实现制仍然维持着。政府资金的存储从戒备森严的国库转移到银行，这些银行成为政府资金的保管人。在此过程中，会计获得了一个新的特征。政府内部根据发布的支付令保持记录，而银行记录表明实际的收支情况。考虑到这两个阶段的时间差，前一阶段的记录必须与银行系统提供的记录保持一致。在此过程中，在制定货币政策、或者维持整个经济的流动性时，必须同时考虑私人部门和政府部门的要求。就此而言，收付实现制被证明是方便而完美的。然而，随着政府交易的增长以及商业和准商业活动的出现，人们开始意识到，收付实现制无法完全满足决策的要求。随着第二次世界大战末期公债水平的急剧增长，这一问题被进一步放大。收付实现制被证明是狭隘的，因为就其内在属性而言，它们无法揭示政府货币性债务的完整图景。此外，随着规划经济发展成为政府的主要工作，披露资本性支出越来越重要，但是当这些资本性支出是在它们被花费时而非消费时记录，则这种披露也会扭曲政府财政的图景。由于这些原因，在20世纪50年代早期，曾经进行过调查（比如在英国），以确定收付实现制是否需要被权责发生制取代。

多年来，权责发生制得到了很多描述。在开始时，权责发生制寻求区别于以承诺为基础的制度。区别在于，前者涉及接收商品及服务，而不用考虑何时支付；而以承诺为基础的制度涉及对购买商品和服务的坚定承诺，而不考虑何时支付。国民收入账户系统当时正处于初始阶段，寻求使用承诺制（名义上叫作权责发生制——这不可避免地增加了术语上的混淆），因为那被视为对经济提供刺激的关键。权责发生制会计要求区分经常性预算和资本预算。作为后者的一个必要特征，包含对折旧的规定。然而，这被证明存在争议。有人认为，在商业环境下，由于成本中包含了借入资本的成本，折旧是有意义的，但是，由于政府的活动不是由利润而是由提供服务引导，折旧没什么意义。（考虑服务的成本本身还有点早。）这一阶段的结论是，权责发生制会计与政府的商业交易相关，与其他活动无关。收付实现制因此以某种方式得到了拓展，焕发新生。然而，在美国，在20世纪60年代末，这个问题再次流行起来。然而在此之前，经济学家和会计之间主张的分界线变得明显起来。每个团体都警告，它反映了社会的较大利益，而非他们职业的狭隘关注。会计们指出了收付实现制的局限性以及权责发生制的优点，特别是它在计算成本以及揭示政府净资产方面的优势。由于经济学家更关注宏观经济稳定，他们争论说，对政府借款工具投资的意愿更多地取决于政策立场，而不是资产及负债情况。作为这种争论的结果，诸如瑞典这样在建立并维护双重预算制度方面做出开拓性尝试的国家，放弃了经常性预算和资本性预算的区分，更加强调政府赤字规模的定义和计算。然而整体上，对于最终引进权责发生制有普遍性认可，尽管直到20世纪90年代早期，在其执行方面仍然进展甚微。然而在此之前，特别是在20世纪70年代末80年代初，政府的整体财政状况恶化了。预算赤字增加了，利率同样如此，这转而带来有关“挤出”的争论。更重要的是，财政形势的恶化以及度过危机的政治辞令的普遍失灵，导致对政府控制支出增长能力的新的怀疑时代的出现。需要根本性解决方案，以恢复政府在公众心目中的可信度。为此，没有区分一般公众和投资公众。在这种环境下，对将政府会计制度从收付实现制转变为权责发生制的需求的认可，成为一种容易的选择。这种选择以一种不证自明的方式做出。通过对债务和资产的公开描绘，权责发生制会计会改进政府内部的决策；通过明确提供资本的折旧和恢复费用，会改善资产的维护。以得到适当计算的成本的方式，该制度具有为支出管理提供实质性锚的潜力。此外，由每个机构准备年度资产负债表会导致支出机构较高水平的财务意识。资产负债表也会提高透明度的质量，因而丰富政府问责的整体水平。

然而，有争议的问题在于公共机构应该具有的权责发生制会计的类型。如果承认公共机构从公司部门的实践中有许多要学习的地方(下述事情除外：由后者通过对资产负债表的不同部分进行微妙的操纵所做出的刻苦努力，以使得它们整体的财务状况远远比实际状况显得更加吸引人)，权责发生制应该以与运用于私营部门相同的方式(大部分)用于政府吗？或者应该有所调整，以适合政府中的机构(这些机构有很不同的特征)的独特要求？政府的回答一般支持后者。为了做出那些调整，一些国家建立了自主机构以开发适用于政府的标准。然而，一些政府认为，权责发生制会计以及二元预算、折旧规定、资本费用等，无需完全运用。由于同样的原因，应该将一种较不严格但是更可以接受的、经过修正的权责发生制运用于政府。术语“经过修正的权责发生制”很长时间以来一直是个新名词，但是其意义多年来已经发生了变化。一直到20世纪70年代初甚至更晚，它代表着一种财政年度结束后具有广泛补充期的制度。现在，就像在实际制度中一样，它意味着一种记录发生于何地、什么时候产生所有权或债务，而同时没有资本预算和折旧规定的制度。就此而言，任何计算成本的尝试注定是不彻底的，因为用于生产或服务的资源不会包含在内。然而，它代表着对纯粹收付实现制的温和改进，因为应收账款和应付账款得到额外的承认。(表14.2总结了三种制度的特征。)

引进权责发生制会计制度方面的进展一直很缓慢。迄今为止，只限于一小部分国家。已经完成转变的一些国家也在寻求将它们的预算制度转变为权责发生制。有一些国家拥有转变为权责发生制会计制度必需的立法批准。到21世纪初，可能有相当多的国家采用权责发生制。然而，采用权责发生制并不意味着完全放弃收付实现制、或其中的一些要素。对于许多支出类别而言，收付实现制和权责发生制的支出之间的区别可能微不足道。此外，内部支出控制、立法批准以及类似的支出上限会一直以收付实现制的方式存在，以方便债务管理和货币政策之间的联系。在任何情况下，考虑到广泛计算机化的高度可能性，使用多种追踪制度(收付实现制、权责发生制、修正后的权责发生制)以维护国家收入账户不会带来重大的操作问题。

表 14.2　　收付实现制和权责发生制的特点

	收付实现制	修正权责发生制[1]	权责发生制
特点：			
	• 根据收支的实际流动进行记录 • 便于和货币数据保持一致 • 大多数立法和内部控制是收付实现制；促进现金管理 • 允许将绩效目标和收入在操作上联系起来 • 便于对货币增长、通胀及支付平衡的直接影响进行评估 • 尽管通常而言被认为是广泛的，但是将账簿调整和外援资金流排除在外。 • 收付实现制不揭示债务或资产，不允许计算成本；同样地，由此产生的财务图景是不彻底的，经常是误导性的。 • 所有项目在支出时、而不是在消费时或使用时记录。	• 按照产生财务效果的时间记录。也就是说，当产生索取权时记录收入，当产生债务时记录支出。 • 通过分析获取的资源、承诺的资源及使用的资源，有利于就其对国民经济的整体影响进行快速评估。 • 记录应收账款和应付账款，因此使它们便于监控。 • 对于从收付实现制向权责发生制过渡提供了桥梁。 • 由于缺乏资本预算，成本核算变得困难。资本费用反映了对现有资产的使用。 • 对于资产和负债的整体计算往往是不彻底的。	• 当产生索取权时、或者产生债务时，记录交易。因此，当表明索取权时记录收入；当对获取商品和服务做出坚决承诺时，记录支出。 • 便于更好地理解政府预算对经济的影响。 • 账户被分成经常性账户和资本账户（或运营性预算和投资预算）。资本预算也包含反映资源的使用的折旧及资本费用规定。 • 超过既定金额限制的资产在它们被消费或者使用时记录支出。 • 该制度允许对成本进行彻底计算。这些成本包括直接（资产折旧、物资、劳动力、租赁）成本和间接成本（设备使用、人事管理、政策管理及数据处理等）。 • 年度财务报告显示财政年度中的资金流动，以及机构或政府层面资产净值因此发生的变化。 • 作为立法批准和实际支付的中间环节，在将削减支出作为管理总需求的一种方法时，它提供了一种假想中的灵活性。 • 权责发生制和税收支付之间的时间差会导致波动，会导致对实际及明显的影响的误导性评估。 • 有关转让及对建造期内已做工作的评估的适用性长期以来是不够的 • 和货币政策的关系不密切

1 修正权责发生制的含义在不同国家和不同时期会有变化。以前，财政年度结束后执行的交易被认为是这种制度的显著特征。

引进权责发生制会为公众关注的问题提供答案吗？它会有助于恢复政府的可信度吗？它有助于政府决策吗？它经济吗？会对成本具有附加值吗？尽管高度相关，这些问题的答案必须等待一段时间，直到获得经验、教训。同时，有些问题是制度固有的，在这方面显示出更多的警告。与公共部门相关的第一个问题等同于公司部门的利润动机。年度资产负债表反映了机构的财务状况。但是机构拥有比资产更多的负债的纯粹事实不一定意味着，机构的活动需要上紧发条。实际上，一些机构人员众多，没有什么有价值的资产，但是在国家提供的服务体系中可能很重要。此外，资产负债表无法揭示服务的水平或服务的质量。为了确定这些方面，需要更集中的法律工作，这些工作在性质上也可能不是财务性的。第二个问题与权责发生制在内部决策中的用途有关。与对资产负债表的可能影响相比，大多数决策会参考许多其他考虑做出。比如，由政府承担的借款注定对政府的负债有不利的影响。然而，由于政策方面的考虑，不得不开展一些借款。权责发生制确实使成本的计算成为可能。但是，成本信息的可获得性本身不一定转化为对成本补偿的改进。第三个问题，年度财务报告会显示政府拥有的财产、工厂和设备。然而，被发展出来用于描绘这些财产的准则，并没有带来对制度在能够满足公众要求方面具有优越性的完全的信心。比如，在描述资产时，由政府所有的土地以英亩数和它们的假定价值来描述。甚至在最好的时候这种假定价值也可能是任意的。然而，提供面积信息并没有回答土地是否得到了适当使用这一问题。财务报告显示被使用的资源；然而，对这些资源是否被有效使用是不同的事情。第四个问题，就对公众更有用这方面而言，需要区别投资者和一般公众。前者(即投资者)由更新近的信息引导。尽管按照权责发生制准备的定期财务报告扩展了投资者的理解，政府文件中由集体做出的财政决策(无论是不是和投资有关)，可能会受到许多超出资产负债表的考虑的影响。采用权责发生制会涉及额外的准备成本，随着电子技术发展中的更多进步，这些成本可能会下降。

三、账目结构

会计系统以资金总量为中心，政府交易由此发生。在传统上，交易的很大一部分通过统一基金或一般账户进行。这些基金由服务于具体目的的一些基金进行补充。在一些情况下，它们代表着具有指定用途的税和费。在一些国家，有处理准商业活动的周转资金；在其他一些国家，会有一些预算外资金。这些资金处于政府预算(因而政府账目)范围之外。多年来，由于技术的运用，对于账目记录的处理已经发生了变化。在传统上,对于政府内的大额资金,会关注两点。第一点和所有这些资金的合并有关,这种合并是为了制定财政政策的需要以达到政府运作的整体性。在采用计算机技术之前,对这些账目的手工合并要花相当多的时间。实际上,无限延期是常规而非例外。第二点与这些资金采用的不同分类实践有关,更不用提不同的财政年度了。

就和统一账户相关的困难而言,这经常意味着,账户的数量应该很少。但是,随着计算机技术的发展,这种方法已经被取代。现在,随着采用计算机总账系统(general ledger system,GLS),已经发现了答案。总账系统被认为处于所有政府财政管理的核心,它既有利于预算执行,也有利于预算会计。就其本性而言,总账系统的范围如此之广,以至于为了为一些目的服务,可以维持任意数量的辅助及卫星账户。就预算系统以及那些处于预算系统以外的资金而言,总账系统允许跟踪资金流、各种承诺以及承诺和支付间的联系。它也使得工资管理系统成为可能,也允许为差旅、公用事业支付、养老金、存货管理、外援、收入基金以及私有化环境下的资产处置开设单独的计算机文件。类似地,也可以为应收账款及应付账款、信用及储蓄账户、外债和内债开设文件。这些便利使得政府可以克服合并资金的困难。如果说在以前,对困难的解决是通过资金结构的理性化的话,现在,计算机技术的发展使得政府可以开展所有类型的交易,而不用对账户的数量进行任何限制。

四、分类

政府账户分类的唯一指导原则是,它遵循政府预算的模式。就此而言,它没有自身的独立原理,因而最好的办法是遵循政府预算的模式。从某种意义上来讲,这种原则是对的。但是在另一方面,它没有完全反映影响会计分类的各种考虑。预算分类用于处理三个方面的关切——让立法者看得懂,这样对立法者而言,花钱的目的以及获得收入(由此筹集到资源)的目的是清楚的;有助于对预算进行经济分析;证明作为一种机构内部的管理工具,它是有用的。多年来,预算分类有了发展。在早期,预算分类反映了支出的项目(item)或目标。因此,每个组织按照这些目标或者诸如人员薪酬、公共设施、差旅费等投入显示其支出。这些支出项目的数量往往很多,反映了这样一种(误导人的)

信念，即它使得支出控制得到加强。多年来，这导致对细枝末节的控制。随着这种实践的无意义变得清晰，人们努力合理化项目的数量，同时延续根据支出目标进行分类的基本框架。在这些阶段中，在准备拨款账目时，政府账户也基本反映了相同的项目导向或目标导向的分类。年度账目描绘出拨款单位的轮廓，无论这些单位是一个组织还是组织的一部分，每个单位的支出按照目标类别显示。

对于这种分类日益增加的不满反映了两个观点——第一，这种分类没有表明在绩效方面期待什么；第二，尽管它显示了负责支出的组织，它没有显示花钱于其上的各种活动。此外，就编制预算而言，这些类别无法核算替代性方案的成本。由于这些原因，在第二阶段，采用一种项目(programme)分类。项目被描述为一组活动，这些活动具有可衡量的最终目标。这种分类在便于组织识别的同时，也允许进行必要的经济分析，这导致与中期及年度发展计划中规定的种类产生一种操作性联系。在原则上，项目是一种责任中心，或是为了会计的目的，是一种成本中心。这一时期的政府账目反映了预算中列示的项目类别，但对于成本计算的目的而言还不够。收付实现制的内在局限性妨碍了成本的计算。在第三阶段，对这种局限性的意识为采用产品分类铺平了道路。随着完全采用权责发生制，这些产品分类也发挥了成本中心的作用。然而，采用产品分类只限于少数几个国家。即使在这些情形下，项目分类和产品分类间的区别似乎更多地只是语义上的而不是实质上的。这部分解释了产品分类的有限试验的原因。随着提高问责质量的重要性得到承认，在改善预算分类方面也会有持续发展，最终在账户分类方面也会有持续发展。其中一种发展与采用权责发生制预算有关。在英国，有人建议改变预算结构，以便更清楚地显示用于追求部门目标的资源。在英国财政部出版的《资源会计手册》中，试图区分大目标(aim)和小目标(objective)——前者某种程度上更难量化，而后者代表着得到具体计划的目标，因而可以确定成就。小目标和项目不是同义词，“而是按照其较广泛的社会效应及经济利益，对这些项目准备实现什么的陈述”。[1] 提议的结构设想，为避免将大目标和小目标对应起来的重大

1 英国(1997)，第 113 页。

困难,可以按照传统的项目分类列示支出。因此,每个机构的年度预算陈述了它的大目标和小目标,以及为了实现每个小目标所需的净运营成本。这种想法的表格形式的设想如表 14.3 所示。

表 14.3　　部门预算:按照大目标和小目标列示的资源

	年　度		
	总资源	收入	净资源(总资源－收入)
第一大目标			
小目标 1			
小目标 2			
小目标 3			
第二大目标			
小目标 2(i)			
小目标 2(ii)			
第三大目标			
小目标 3(i)			
小目标 3(ii)			
净运营成本			

这种列示是基于这样的假设,即测算每个大目标下的小目标的成本是可能的、实际上也是可行的。然而实际上,就像接下来会继续讨论的那样,在测算所有大目标的成本时会有困难,特别是在分配间接成本时。在那些情况下,提议的安排设想,有关直接成本的信息可以单独列示。整体安排意味着对现有实践的巨大突破。它具有显示大目标、小目标、相关策略以及上述每一个对于资源方面的要求的内在能力。在年末,使用的资源的数量也表明,在多大程度上实现了小目标。因此,就机构追求的年度项目而言,它为立法者提供了更大的清晰性。就内部而言,它使得决策者可以明确要实现什么。公众会有机会以一种非技术性语言理解预算,并形成其对政策方向及其对社会意味着什么的观点。新的制度要求,应该按照类似的分类准备账目(更经常的是财政年度中间的财务报告)。需要指出的是,这种模式会在 21 世纪初成为通常做法。的确,这种实践也存在一些问题。编制国民账户要求将上述分类改造成按照项目分类,这种分类一直是这些账户的组成部分。另一个问题与立法方法有关。有人声称,在历史上,立法机关更适应按目标来分类,因为它显示立法机关熟悉的项目。从那种传统转变为更深地植根于成本会计的方法,涉及从人

员陈述(personnel statements)转变为直接和间接成本,在短期内要求许多努力。它也要求立法机关不是按照被许可的人员数量、而是按照获得许可的成本来起草其立法。

然而,同时有一些问题与现有的政府会计模式相关。政府会计系统的最终产品,是形成收支及资产负债的年度账目。在许多国家,这些也被称为年度拨款账目。就大部分而言,这些账目往往过于概括或过于详细。在前一种情形下,往往会存在曲解。在后一种情形下,格雷欣法则可能会起作用。在一大批惯例性细节下,真实图景可能模糊不清。对于机构的日常决策而言,拨款账目用处很小。它们的主要用途在于完成年度立法循环,以及为外部审计提供必要的基础。然而,如同实际会计报表所要求的那样,在准备资产负债表、收支报表以及资源及使用资金报表时,这一图景可能会发生一些变化。对于那些寻求投资政府债券因而力图评估政府的财务状况的人而言,这些报表可能证明更有用。对于内部决策而言,除了监控或有及真实负债,作为资产负债表要素的分析模型不太可能有重要价值。政府内部的项目管理者往往更关注项目的政策方面,而不是它们对资产负债表的含义。公众在将他们获得的服务与财务报表的任何分析模型联系起来时,也会有困难。财务报表反映了财务结果;接受服务的公众关心的是服务的数量和质量,而这些数字都不在财务报表里。因此,需要以项目为基础的账目。在调整账户分类以适应不同的客户群的不同要求时,需要记住这些局限性。

五、支付系统

政府账户系统的起点,是其收到一笔支付或做出一笔支付时。政府会计系统努力的一个重要部分,与组织安全保管资金有关,与验证证书有关(根据该证书做出支付),与确保遵守相关法律和规章制度有关。对这些交易的记录,将它们借记或贷记到正确的会计主体及科目,形成最终的账户分类的基础。因此之故,依据哪些账目记录、描绘管理过程的不同阶段的方法论,经常由财政部进行规定。在一些国家,会计组织设在财政部下面。就此而言,是由同一个机构制定和执行会计政策。在分析支付系统时,需要考虑三个相互关联、相互加强的基本部分。这些与下述方面有关:(1)支付组织;(2)支付方法;

(3)与商业银行系统的关系。在传统上，从古老的时代开始，所有支付由财政部做出和接收。多年来，随着政府的发展，在一些国家，这种活动被从国库的继承者——财政部——转移到各支出机构。这种分权的变革源于整合同一机构的政策和财务管理责任的需要，以及将财政部的活动限制在其核心职能的需要。近年来，电子技术也相当大程度上有利于组织责任的分权过程。令人好奇的是，在某地、某个组织，相同的技术也被用于集中支付责任。在这种情况下，需要指出的是，技术运转得如此之快，因而无需分散责任。然而，分权不仅仅取决于技术，也取决于确保项目和财务管理整合在一起的需要。将这些职能分开来会将会计培养成一种单独的文化，而不是作为管理制度不可或缺的一部分。然而，在每种情况下，随着在政府运作过程中技术应用的无可避免的增加，获得了更多的经验，支付会成为一个机构的形成及组织过程的不可或缺的一部分。

多年来，支付方式已经发生了变化，从直接现金支付变成发布支付令、发行支票及发起电子支付。然而，随着银行产业的发展，越来越多的政府收支可能通过电子方式进行。可以想象得到，电子支付方式以及支付责任的分散化，会导致将选定的日常运作转移到私营部门，就像有些国家已经发生的那样。由于其规模，三个领域成为主要的候选，就此而言它们是：(1)工资管理；(2)养老金支付；(3)医疗部门对第三方索取权的支付。在一些国家的私营部门，在所有这三个领域，都有足够的设施。将这些服务外包会有助于削减通常和政府部门相伴的庞大的间接费用。此外，将它们外包会给政府提供独特优势以培养其竞争力，这样社会也可以因此获利。由于这些活动被私有化，会计和支付任务因此会有聚焦到政府的核心活动的优势。

近年来，与银行系统的关系经历了重大变化。由国库保管资金的日子一去不复返了(尽管有少数国家还保留这种做法)。除了那些没有商业银行及邮局分支的偏远地区，现在大多数政府收支通过银行系统进行。实际上，商业银行渴望获得政府交易，因为这对它们而言是有利可图的(尽管在一些国家，它们一直发出无精打采的噪音，说是回报率很低)。在各银行间，存在投标获得政府交易的内部竞争。在政府各机构中，(为了旅游及相关的购买)使用银行卡是如此流行，各银行会为提供有竞争力的费率展开竞争。这些趋势表明，支付系统从商业银行机构的发展中获益良多。这种发展为专注于维护主要账户以及安排交易的电子对账提供了机会。

六、成本会计

公共支出的未来管理更可能以成本为中心,因此迄今为止以过程控制为特征的制度会发生变化。这意味着政府会计必须调整自身,以产生以成本为基础的信息。由于政府会计主要是以现金流的形式记录,就此而言它并没有反映在提供服务时对现有资产的使用,迄今为止,要生成成本数据存在困难。然而,随着有意引进权责发生制会计,与收付实现制相关的缺陷可以得到解决,因而有利于计算成本。政府中的成本核算涉及三方面:(1)建立合理的成本会计制度;(2)将成本账户和一个机构的目标及活动结构进行整合;(3)将成本会计制度用于内部管理(包括支出控制)。

成本会计涉及识别及度量提供服务或产品时使用的资源。这些成本既可能是直接成本,也可能是间接成本。直接或间接的识别取决于它是否有利于单一的最终成本目标(直接),或是否有利于超过一个最终成本目标或至少一个中间成本目标。[1] 直接成本包括提供服务时使用的人力及物资。间接成本包括差旅及交通、间接物资及供应、设备(租金、折旧及公用事业设备)、人事管理、公共服务、与政策制定相关的间接费用。考虑到由一个机构提供的服务的数量,间接成本并不总是适于被分配到具体的服务。这些间接成本通常按照同质成本池的方式进行编制,此后根据受益的成本目标和成本池中积累的成本之间的因果或受益关系按比例分摊成本。完全确定成本要求包含所有的成本,而不必顾及它们何时产生、支付或取得。对这些目的而言,按照权责发生制维护账目特别合适,因为它们让资产及其折旧得以资本化。如果缺乏这种实践,为将来使用而购买的项目无法被资本化,无法在它们使用时核算费用。在资产有望提供利益的期间,折旧会计将应计折旧的财产的成本识别为运营费用。折旧费用按照资产的估计使用寿命来确定。

在安装上成本会计工具后,同样需要意识到,需要调整预算结构。预算结

1 对美国政府各部门中这些方法的详细说明由美国会计总署(1990 年)提供。

构或账户分类承认有一个组织焦点[具有共同目标的一组活动,以及一个成本中心(或责任中心)]。然而问题出现了,前者是根据一些考虑来组织的,在这些考虑中,会计设施也许是一个因素,但不一定是决定性因素。在这些情况下,难以对成本进行归类,或者归类时会产生误导性结论。这并不意味着,仅仅是为了便于维护成本会计记录,需要修订现有的预算分类结构。就理想而言,这种分类应该清晰展示和每个目标相关的成本,这样立法者和公众会增进对于政府运作的理解。实际上,提高透明度及问责的质量要求以改善公众理解的方式展示各种活动及其成本。

上文说明了以活动为基础的会计制度具有帮助预算编制及执行过程中的决策者的潜力。支出控制的锚是成本。哪些因素导致成本的增加?其中哪个部分可以控制?可以如何对其进行控制?这些是财务和项目管理者典型要解决的问题类型。在通过合同安排提供服务的地方,提供资金的机构有责任确保承包商的系统中的成本会计安排是恰当的。在所有这些方面,有待实现的远远超过迄今为止取得的进步。在大多数政府活动中,当计算成本时,更多具有统计性质而非会计事实。为了让这变成现实,在政府会计系统的组织和日常管理中显示出大量变化。需要指出的是,这些是结构性事务,无法仅仅通过运用计算机技术发现答案。

七、财政报告

在前面各部分,政府账目在财政报告中发挥的重要角色一再被提及。这方面的主要观点,诸如广泛性、及时性、分析的便利,从来没有争论。实际上,它们构成会计组织隐含或明确的共同纲领的一部分。尽管对这些原则有广义的理解,一般认为,财政报告普遍是缺乏威信的,一般是无效的。权责发生制的局限性导致了这种理解。变成权责发生制会导致重大的改善吗?尝试性结论是,除非在增加财务报表的可理解性方面做出更多努力,采用权责发生制本身不会提升财务报告系统,因为财务报告系统本身就处于较高水平。对于活跃于金融市场的那群人而言可以理解的事情,并不会导致其对于一般公众具有类似的可理解性。

为了理解上述方面,有必要描述财政报告的贡献者、会计系统的报告产品以及财政报告的使用者。无论是集中编制还是合并编制，财政报告的贡献者涉及所有的收入筹集机构以及所有的支出机构(如图 14.2 所示)。这些初始的账目然后被送到政府的中央会计当局。[1] 由会计当局编制的报告准备为内部和外部所用。在内部，它们成为制定及监控财政政策的重要依据。因此典型地，财政部和中央银行是其中的使用者，尽管中央银行经常为了自己的政策目的，用它们自己的账目编制数据。外部使用者包括立法者、金融市场的投资者和一般公众。在那些有大量外援流入的国家，捐赠者也坚持要求就他们提供资金的项目和工程提供概括性数据及更具体的数据。因此，使用者的范围相当广，他们的兴趣往往不一样。

来自报告系统的产品众多，从每日资产负债表(以最概括的形式)到收支周报，更全面的月报，以及按照现有法律，最终需要提交给外部审计机构和立法者的年度账目。此外，政府及中央银行的一些出版物会刊载有关政府财政的数据。最近，这些数据的大部分被放在由政府维护的网站上。将来，这一做法可能会变得更加普遍。

财政报告的使用者具有不同的动机和职业兴趣，往往期待报告中不同类型的内容。宏观经济决策者需要有关现金流以及短期内等待偿付的债务的广泛(全覆盖)而及时的数据。支出机构的项目管理者可能对那些显示他们项目动向的数据更感兴趣。立法者往往考察立法时间表要求他们考察的那些方面，会对宏观及微观层面的数据都有兴趣。投资者阶层在市场上进行操作，往往考察所有的财政变量，以及由独立机构给出的信用评级。而信用评级取决于一些变量，尽管底线可能是预算赤字的规模，以及从市场上借款金额的大小。“公众”这一术语涉及许多人，他们的态度从完全的漠不关心到对接受的服务有积极的兴趣(政府账目不涉及的一个方面；作为年报的一部分，各机构公布绩效度量结果)。作为系统设计一直以来的特征，现有各种报告无法满足这些要求。拨款账目是会计系统最重要的产品，在格式及数据上无法满足上

1　这一职能会分布在两到三个机构。比如，在加拿大(1997，第 10—11 页)，作为加拿大公共工程与政府服务部的一部分，首席收款员办公室(the Receiver General's Office)负责维护政府中央会计系统，负责编制临时和最终报告。国库委员会秘书负责制定并沟通会计政策，而财政部对和加拿大财政相关的事务有广泛的责任。在一些国家，可以发现类似的组织划分。尽管中央会计系统被期望涉及所有的政府交易，在大多数情况下，预算外账户会一直逃避中央网络，由各机构独立运作。

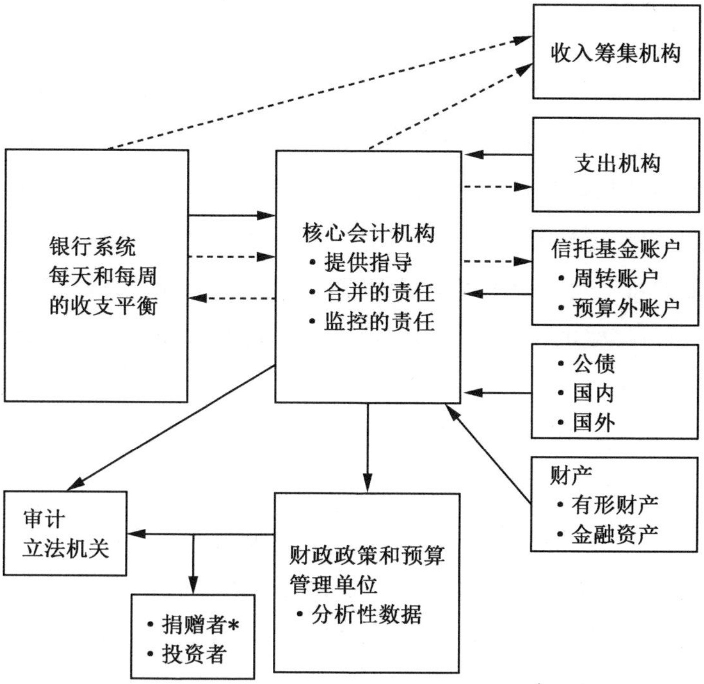

* 捐赠者可以直接从各机构得到报告。

图 14.2　财政报告

述各种要求。与其目的一样,它们纯粹提供预算估计及其在财政年度中的实际执行情况。尽管按照权责发生制编制的财务报告可以满足上述各群体的一些关注点,在大多数情况下,它们需要由满足特殊需要的其他报告补充。宏观经济决策者会一直需要按照收付实现制编制的信息,以便和货币政策进行适当的协调。投资者阶层也需要更频繁的数据,在经济危机时尤其如此。这种需要不太可能由按照权责发生制编制的财务报表来满足,他们会一直依赖于由央行编制的每周资产负债表。对于立法者和公众而言,由于完全意识到他们的要求只能部分得到满足(如果有的话),他们被要求就财务报表对自己进行重新定位。政府的会计当局有职责告诉公众它可以做什么,而其他人在做什么。同样需要表明的是,在多大程度上,透明和问责的需要在年中和年末得到了满足。如果缺乏这些努力,就会有更大的期望,以及与之相随的失望。

八、会计准则

政府部门已经有(一直有)了会计准则,但是直到最近,一直没有评价实务的标准。就其本身性质而言,各项原则往往是普遍性的、不存在例外的。作为合意的特征,它们通常推导出肯定的回答。一般而言,诸如问责、可靠性、相关性、一致性及可比较性容易得到快速接受。诸如信息应该简洁、可验证、容易理解等类似的目标会不受争议就得到接受。同时,形成什么构成"简洁"和"容易理解"的可以接受的定义经常被证明是一项可怕的任务。实际上,许多国家(特别是发达国家)的普遍经验表明,每次,当政府打算让其政策变得简单时,政策最终变得复杂,其中使用的语言经常充满着技术性术语和缩写,最终带来赶走普通读者的效果。实际上,许多由政府制定的法律往往如此具有技术性(特别是税法),以至于纳税人需要雇佣收费的职业解释者,以使得它们可以理解。政府使用的预算和会计语言证实了这种一般经验。因此,为一般目标开的空头支票,需要由旨在让这些目标变得具有可操作性的更明确而具体的行动补充。这种使得它们变得可操作的过程要求对于会计系统的每个要素制定准则。如果没有准则,有多少账目的编制者,就有多少种实践,因而难以发现一致性。一个不可避免的结果是,生成不一致甚至不准确的信息。

尽管对会计准则有内在的需要,直到最近,制定它们的尝试很少。政府经常制定公司部门采用的会计准则(比如折旧、对无法回收的贷款注销的规定、对于超过纳税年度的投资进行移后扣减),却不敢制定管理自己的会计系统的准则。很难解释导致这种无危险的忽视的因素。当考虑到一些发达国家的地方政府(比如英国、美国)制定的会计准则已经有半个多世纪的历史时,就更加难于解释了。然而广义而言,似乎是缺少计算利润的需要(这是公司部门的必需品)、政府会计系统只关注现金流(那些更容易识别、确定和度量)的事实、以及立法者相对顺从的本性有助于延续这种趋势。除非对财政政策出现新的立法兴趣和公众关注,并进而导致采用权责发生制会计制度(这种制度支持对会计准则的需要),这种趋势会延续到将来。

准则对会计原则提供了操作性连接,因而除了追求所需和可行之间的平衡外,还寻求确保更多的和统一的遵循。它们为公共机构的日常活动提供原理、哲学和操作性框架。在资产负债表两边的要素需要有准则的规范。这些要素包括财政资源、资产、负债、厂房、不动产及设备(包括国防用不动产)、贷款、贷款担保、成本会计以及外援账目。类似地,外援账目也需要准则。然而迄今为止,这一活动还处于初始阶段,还有更多需要做的事情。

九、会计与问责

政府会计的主要目的总是为了便于内部决策,以及在财政年度结束时编制财政结果,以便公众可以自己评估,政府实际上收到了什么。多年来,会计系统尝试以不同方式做这件事,并取得了相同变化程度的成功。多年来,就像政府内外对政府会计数据的使用者增加了一样,需求的范围也得到了拓展。政府会计的核心一直是其编制政府账目的任务。这一核心活动一直保持不变。区别在于,如果说在传统上是收付实现制处于核心地位,那么在将来,大多数国家的核心多半是权责发生制。这种变化对于改进问责质量足够吗?

广义地,就问责而言,社会的期望是具有政府会计制度在资源分配、资源的有效使用以及有效的资源—使用会计处理方面的角色的信息。从资源分配的角度而言,目前环境下的会计制度有望提供有关现有政策及承诺方面的成本信息,以便可以根据基本议题做出决策——那些政策是否应该延续,以及如果这些政策得到延续,作为政策一部分得到承诺的服务是否可以得到最好地提供——是直接由政府机构来提供,还是通过与非政府部门签订外包协议来提供。

在预算执行阶段,每个群体的关注点不一样:有些人对财政延误感兴趣,而其他人关注项目执行的进度。从社会的角度而言,主要的兴趣在于获得质量上有保证的服务,同时遵守成本限制。资源—使用会计显示了负债和资产的变化特征。所有阶段的共同特征是(计划的、实际的)成本以及计划和实际提供的服务。因此,与公司部门类似,政府会计制度被期望设计成具有“信息模型”,这种模型可以为成本核算提供可靠基础。当得到完全执行时,得到提议的向权责发生制的转变具有满足信息模型需要的潜质。

十、组织改进

组织改进涉及广泛领域。这里考虑的较重要方面和以下因素有关:(1)分权;(2)服务的职业化;(3)偶尔的同行评审。就组织方面而言,需要对会计制度进行基本的评价。许多政府在没有缩短操作过程的情况下进行计算机化;在声称计算机化便于集中管理的情况下,有些政府甚至集中了一些操作。然而,实际情况不同于设想的那样。在设想组织改进时,需要考虑专家们倡导的传统一揽子方案。这些方案大部分以领导权、过程的所有权、决策权以及提供激励为中心。这些方案和重组政府会计之间的相关性非常值得怀疑。尽管领导权、所有权和激励会发挥作用,它们在会计组织中的重要性被夸大了。

会计制度包含许多常规任务,在其中,个人的判断力和管理上的灵活性一定是有限的。更重要的是,无论就目的还是就默认情况而言,会计制度往往会形成一种不同的文化,在现在以及可预见的将来,需要的是看到这种文化成为一个机构管理文化的一部分。为了培养这种统一的文化,会计制度的重组会关注内部的分解(disaggregation),或者外部的分解,或者两者兼而有之。前者意味着将会计责任分散到各个机构。就此授权各个机构有利于管理的一体化,会计制度有机会获得其正当地位。乍看上去,外部分解好像是一种根本性替代方案。然而实际上,计算机技术及银行系统的发展已经达到了先进阶段。在其中,甚至工资和养老金的支付都可以外包,因而只把一小部分支付活动留给政府。这种方法允许政府关注更重要的方面,将许多日常交易性往来留给承包商。

在许多政府提供的会计服务中,都有一些人不具有专业背景,但是通过多年的服务获得一些洞察力。有必要为政府会计服务赋予专业维度。这可以通过正在进行的教育和培训项目部分得到提供。但是,为了吸引专业人士,需要改造政府会计制度本身,以便其可以提供可以用得上专业能力的各种挑战。就此而言,采用权责发生制会计是在正确的方向上所迈出的一步。这必须要伴以专业术语定义工作。在各机构最终建立监查官或类似的职能,提供了赋予专业性的机会。同样有必要的是,政府会计制度接受定期的同行评审,以便公众可以确认,正在努力改善政府会计制度。

第十五章　审计:未完成的任务

支持做一件事和反对做一件事的原因总是很多。辩论的艺术在于呈现它们;生活的艺术在于忽略其中的99%。

——马克·卢瑟福,[1]《杂志文集》(*More Pages from a Journal*)

政府审计反映了矛盾的情形。在其已经存在若干年的地方,对于其对改进政府工作的贡献、对立法机关施加控制的贡献、对公众获益的贡献等方面,经常会有批评。同时,已经实现民主化转型的国家,急于从那些已建立政府审计制度较长时间的国家汲取经验,以建立自己的审计制度。批评政府审计制度角色及贡献的人们指出,政府审计局限于其对抗性角色,更多地指出政府的疏忽,而不是其建设性努力及对社会的有益影响。人们断言,审计报告缺乏平衡,涉及领域有限,因为自主机构被排除在外,但是无论如何,它们都是重要的政策工具。审计报告经常延期出具,用枯燥乏味的语言写就。它更多地是为财政管理者而非外行人士准备。甚至有立法机关成员断言,如果不求助他人进行解释的话,他们在理解报告的内容方面有相当大的困难。按照法律和传统,大多数审计机构被禁止对政府的政策发表评论。很多宏观经济管理对人们的生活而言很关键,却不在审计的范围内。比如,中央银行在宏观经济管理中具有关键角色。但是大多数央行由独立的审计公司审计。虽然在某些情况下,这些公司会与国家最高审计机构磋商。人们进一步提出,军工复合体

1　马克·卢瑟福(Mark Rutherford)为英国作家怀特(William Hale White,1831－1913)的笔名。——译者注

(complex)、建设复合体、社会服务复合体等开始在政府运作中占主要地位,它们中的许多处于政府审计范围之外,然而它们的全部资金却来自政府预算,连年的审计并没有改进服务的提供、减少欺诈及降低成本。审计同样落后于时代,因为尽管计算机技术的应用进步显著,在发现电子欺诈方面,并没有相应的进步。类似地,在大多数情况下,它还没有尝试在观点上做出任何明显的调整,以反映新管理哲学的需要。

政府审计的支持者认为,如果没有独立的政府审计机构,政府受到的制约就很少,财务混乱的结果是社会不堪忍受的重负。在反事实的逻辑中,可以发现建立政府审计机关的表面论据——对于社会而言,缺少政府审计机构带来的破坏及成本将大得多。与可能存在的情形相比,如果财务违法乱纪的行为较少、亏空适度,这主要是因为审计的威慑作用。审计的存在具有导致更理性的行为及更加遵守法律的作用。

一、演变与发展

审计的职能多年来一直在演变。在其发展过程中,留下了每个时代的印记。在西方,在古希腊雅典的政府实践中,最早涉及审计;在东方,则是在中国和印度前基督教时代各王朝中,最早涉及审计。这些发展(或多或少是同时发生的)强调引进报告和检查制度,以查明君主国的财务状况。因此,比如在中国,皇帝自己听取官员提交的报告,这些报告汇报不同地区人口的变化、耕地的变化,记录钱币及谷物的收支交易。这种制度以听证制闻名,[1]用于确定记录是否恰当描述了人口和财产的真实情形,是否有足够的程序以确保皇家财产不受内部腐败的影响。大约同时,考底利耶[2]写道:“国王应该每天调查各部部长的工作。因为人天性易变。就像马一样,在被安排去工作后会发生变化。因此,国王自己应该熟悉所有细节——负责的官员、工作性质、工作地点、工作时间、所做工作、支出及利益”。在几个世纪之后,这些考虑导致政府建立了经济官员会计学校(the cameralist school of accounting)。这种努力是双重的——编制精确的信息,同时确保编制的信息确实是精确的。后者成为审计

1　参见德州大学达拉斯分校(1987)第 171 页。

2　参见考底利耶(1992)第 283 页。

的职能。由于对更精确信息的需求在增长,这一职能日渐增长。对于政府财政信息的需求及其满足方式,17—18 世纪英国的例子提供了典型洞察力。布鲁尔(Brewer,1989)写道,为了制定和执行政策,需要精确的信息,以确认政策是否确实有效,公众可以完全了解和政府财政相关的各种变化。[1] 这导致"政治算术"的出现,但是政府各部门不愿意披露信息,小心翼翼地保护它们的小领地(small turf)。但是过多的数字及其特殊性不应该与真相相混淆。这要求的不是每月收集数据,而是有一个机构可以用让公众(包括纳税人,以及政府部门的实际投资者)明白的方式鉴证数据。这一时期,开始发现通过强有力的财政利益对国家进行殖民化,以便控制国家资源。更重要的是,议员需要财政信息,以便理解财政政策的意义。尽管"根据我们的宪法…王权是所有公共资金的管理者",他们发现,国王对财政的管理很薄弱,立法机关成员一般提出自己的议案。由于意识到"保障我们自由的,不是法律(原文如此),而是人民掌握钱袋子",同时得到立法机关实践需求的支持,最终导致议会设立公共账目委员会,以审查政府收支。各公共账目委员会确保对公共资金进行详细审查,同时开始调查改进财政廉洁的需求。[2] 在 19 世纪下半叶之前,建立起了审计机关以承担独立的职能,每年向立法机关提交有关政府财政的报告。这一经验有助于印度[3](当时是英国的殖民地)的类似努力,也有助于独立后的美国的类似努力。

就已经演变形成的审计而言,其主要目的是确保在管理公共资金的过程中,所有确立的财政适当性标准都得到遵守,规章制度得到坚持,资金用于明确的目的,存在有效的控制以确保目标得到实现、资源得到保护,账目得到公允记录以反映财务状况,结果和目的相称。然而,这种定义浓缩了一个世纪的演化,就像将要进一步讨论的那样,其中包含一些要素,仍然是许多国家审计制度的一部分。审计最开始被设计成一种"听证制度",以查明政府活动的不

1　参见 Brewer(1989)第 222 页及其后。

2　人们将这一时期描绘为欺诈和腐败的时代。布鲁尔写道:"财政部官员受贿,海军官员向商船敲诈保护费,承包商伪造账册,储粮专员提供没法吃的事物、无法饮用的啤酒,陆军官员克扣下属的薪水,税务官忙于欺诈。"(第 151 页)。需要记住的是,这是对 1690 年的英国、而不是对现在英国的描绘。

3　对于印度审计发展的描述,参见普列姆昌德(1966)。审计机关开始放在总督办公室下面。其后以审计委员会的形式存在,1865 年后,它成为独立于政府的部门。

同领域进展如何。其后，它越来越局限于财政领域，财政管理过程成为一个制高点，由此，各项政府活动得到评价，其结果同时提交给立法和行政机关。在初期（直到20世纪中叶），审计的范围局限于支出，而不包括收入。直到最近，公债一般也在审计范围之外。即使现在，许多审计机构还不能审计公债。与内部控制相关的规定、财务审计或对收支和相关陈述形式的财务报告的审计，以及对结果、或绩效、或效率的审计，都是相对晚近的事。这些已如上所述，因而可以识别不同于实践的总的概念范围。需要注意的是，有人提议，大意是，在其目的是评价绩效的地方，使用术语“检查”（inspection）更为适当。[1] 为了支持这一建议，有人认为，不像主要关注财政管理的审计，检查具有更广泛的含义，它涉及对任何程序的调查，会涉及使用“工具性判断”。然而，这种区别忽视了审计的起源，会同时带来对审计范围的不必要的限制。审计也是从检查开始，作为确保监督和问责的整体努力的一部分。多年以来，问责这一术语本身也在发展，具有更广泛的解释。尽管在开始时限于报告公共资金的用途，现在它则包含对结果的评价。此外，考虑到检查的目的是扩大监督及问责的领域，使它变得更切实可见，这里使用的“审计”术语也包含检查。[2]

然而审计应该和内部审计有区别。[3] 这里讨论的审计，主要是居于政府之外的机构所承担的责任。由于位居政府之外，它可以发表独立、客观的观点，不受行政部门管理考虑的影响。人们将审计（或者更精确而言是外部审计）视为立法控制的工具。作为这种洞察力的结果（as a process of this vision），审计机关的报告被提交给立法部门，为其采取行动服务。因此，审计完成了政府内部财政运行的循环。就立法部门的角度而言，审计是最后一步，因为反映一年内所完成的财政交易的年度账目，被提交给立法部门，同时还附有审计机关对其的评估报告。内部和外部审计的区别在于，后者主要关注已经完成的交易（事后审计）；而对内部审计而言，即使交易还在筹划和开展，也要进行关注。内部审计也研究对法规的遵循；类似于绩效审计，内部审计也考察

1　参见OECD（1996）第20页。

2　美国发布的审计准则（美国GAO，1996）将所有上述方面列入审计范围。

3　从这里的语境来看，前一个“审计”当指外部审计，即由居于行政机关之外的审计机构开展的审计。——译者注

投入、产出和结果间的相互关系。然而,组织内部审计,是为了管理的需要。

二、审计的类型

随着多年来的发展,外部审计包含三个不同的要素——法定审计、同意审计(consent audit)和自主审计(discretionary audit)。法定审计涉及施加给审计机关的义务,审计机关必须开展这种审计。同意审计涉及相关实体机构和审计机关双方同意的活动。这些活动主要与形成灰色区域的自治机构有关,因为它们由来自政府预算的转移支付提供资金,但是它们又不被视为政府的一部分。但是对这些机构的审计可以通过双边协议展开。实际上,审计机关甚至可以因其努力而在财务上得到补偿。自主审计涉及这样一些活动,这些活动属于审计机关的整体职能范围(overall charter)内,但是它可以随意处理。调查审计正是这样一种活动,涉及对某种或某组交易的详细调查。这些活动既可以是审计机关自发的,也可以是立法机构推动的,或者是对公众要求的反应。在其演化阶段,审计更关注财政管理中涉嫌舞弊的交易。正如亚当・斯密在 1776 年写的那样:"作为其他人而非自身资金的管理者,无法期待这些公司的主管以私人合伙公司的合伙人照看自己的资金那样的警觉性来看管这些资金"。审计用于发现"警觉失灵",并引起立法机关的关注。然而多年来,在一些情况下,调查的领域扩展到对现有活动的评价,包括对政策的可能影响的评价。

审计可以以两种方式开展——作为评价的最初及唯一来源,或作为补充审计。大多数政府的初始审计由国家审计机关开展。但是不同国家的审计范围并不一样。在一些国家,对国有企业或附属于政府部门及机关的自主机构的审计,由国家审计机关以外的机构来进行。但是初始审计师的安排经常会和国家审计机关磋商,或者得到其批准。但是,国家审计机关会保留对上述委任审计师开展的初始审计进行补充审计的权利。在美国,对于机构的初始审计由该机构的监察长负责。GAO 也会进行补充审计(从 1998 年开始有效)。在有必要进行初始审计的领域,GAO 也有权利开展初始审计。法律赋予 GAO 必要的权力,根据审计长的判断或者国会委员会的要求直接审计财务报表。

一些国家的宪法规定审计执行的任务，并委托审计机关来实施这些任务。在其他国家，这些任务会作为法规的一部分得到详细说明。审计发展的第一步，通常被称为账表审计（accounting audit）或凭单审核（voucher audit）。这种审计模式的思路在于，根据支持性凭证或证明文件来评价账目。账目和证明文件间的任何差异，会上报给行政当局，以引起其注意，以便其采取纠正措施。作为账表审计的一部分，还同时实施拨款审计。这一审计的目的在于确保，得到批准的拨款用于立法机关因而进行投票的目的。如果上述立法机关不存在，则由规定机关来实施。在一些情形下，可能是国家的最高宪法机关，比如国王。每个国家对超支的处理并不一样。在一些国家，根本就不会发生超支，因为不支付拨款以外的支出。然而，这会掩盖事实，因为在收付实现制的情况下，会出现隐性债务或未付票据的情形。在一些国家，超支原则上由负责额外支出的官员筹集。在少数几个国家，法律框架规定，如果没有得到立法机关清楚而正式的批准，不许出现超支。但是该法律框架也规定，在发生这种额外支出的地方，由于对实际支出水平缺乏及时的信息或者其他原因，如果得到审计机关的建议，可以通过立法机关的事后批准，以使这些支出合法化。上述做法隐含的哲学是，控制钱袋子的权力牢牢掌握在立法机关手中，行政机关不能破坏该原则。审计机关被视为“看门狗”，确保对这一规则的日常遵循。同样应该注意的是，有一些种类的支出（明确地或者是按照惯例）不受这一原则的约束。这种支出种类的两个例子是公债费用和用于应享权益项目（entitlements）的支出。公债偿还支出一般不需要立法机关的投票。按照法律，应享权益福利支出不受拨款的限制。提供这些福利时，并不考虑预算资金的可用性。

法定审计的第三个要素通常是，确保规章制度得到遵守。这种审计被称为管理审计（administrative audit）或合法性审计，它要求审计机关鉴证，账目使用恰当的会计制度进行管理，会计分录如期进行登记，对与工作计划有关的违法乱纪及欺诈行为的检查充分、有效。在20世纪90年代，一些涉及公共及公司部门的委员会一直在强调的一个特征即是管理的需要，同时要求审计机关确信内部控制机制的充分性。在审计的发展史中，管理审计是这种对内部控制机制强调的模式的先驱，尽管在过去它并没有进行这种强调。

最近10年,为了跟上政府会计领域的进步,对政府交易的审计实现了(或者正在努力实现)巨大突破。现在,人们设想政府会计在权责发生制的基础上开展。作为这种努力的一部分,现在人们期待政府机构提交年度财务报告(也可以是半年报)以披露收支情况,提供资产负债情况以及资金的来龙去脉。因此,审计机关审计政府部门的财务报告,也成为必须。这种审计被称为财务审计,在一些发达国家,现在[1]已成为法定审计的一部分。

三、自主审计

除了源自现有立法机关的责任,近年来,出现了其他形式的审计。这种实践限于少数几个国家,基本包括两个要素——调查性审计和绩效审计。在一些国家,后者已经成为法定审计的一部分,而在其他一些国家,绩效审计主要由审计机关倡议,作为自主审计的一部分而开展。调查性审计主要用于深入调查具体的财务交易,以确定浪费、弊端及欺诈的程度,进而采取补救措施。在大多数情形下,人们认为,会存在一些交易,这些交易无法等到财政年度完成、编制好年度拨款账目才发生,因此需要对这些交易进行审计。然而,如果要实现经济性的目的,需要对一些领域进行调查,即使政策正在被执行。在一些情形下,这种调查的发生很偶然,取决于财务丑闻的发生。在一些国家,比如在美国,调查性审计已经成为审计的固有特征。美国有一个特别调查办公室,它作为GAO不可或缺的一部分发挥职能。在很大程度上,这种特征反映了国会扮演的动态(如果有时会有所偏袒)角色。有很多理由支持调查性审计,因为它有具体的焦点;更重要的是,它具有可以适时介入的优点。然而,一些评论者认为,特别调查单元的存在,会让人们更加确定,审计机关的姿态是敌对的和对抗性的。它也会重复其他机构的工作。

绩效审计或效率审计则是另一个领域。近年来,这一领域已经获得更大的力量。在20世纪50年代早期,许多人提倡,按照瑞典审计署的实践开展效率审计。此后,效率审计被用作一种便捷的标签,涉及测试组织绩效标准的所有单独测量过程。

1　在某种程度上,也可以说审计机关一直在做财务审计。这里涉及的是,对按照权责发生制编制的财务报告进行审计。

对许多人而言,绩效审计是个意味着很多事情的术语。这主要是因为,尽管各个术语之间很类似,内容却没有得到精确定义,这导致 OECD 的一个研究称之为“语言困难”。[1] 通过近来对其进行定义的努力,这一问题部分得到了解决。到目前为止,GAO(1994)[2]发布的有关准则,提供了最广泛的描述。绩效审计的目标是“对政府组织、项目、活动或职能的绩效”提供“评估”,“以便为改进公共问责提供信息,以及便于负责监督或发起矫正性行动的各方进行决策”。[3] 这种类型的审计有两个重要的要素——经济性及效率性审计,以确定组织是否有效使用资源,以及导致不经济的实践的因素;项目审计,这种审计旨在确定事先规定的绩效目标是否实现,并且评估管理控制的充分性,以便对不利于实现目标的任何系统性特征进行识别、测量及报告。迄今为止,绩效审计的范围要比乍看上去更为广泛。

为了完全发挥绩效审计的优点,要求满足一些前提条件。它要求预算过程及预算制度具有下述特征,即预算项目结构和绩效目标之间完全保持一致。它同样要求,一个机构的预算项目结构和其他机构的项目尽量不存在重复。它要求,每个机构应具有年度绩效计划,该计划设定具体目标及可测量的绩效指标。除了其中涉及的困难,确保增强问责的运动是如此强烈,这使得绩效衡量及审计可以拖延一小段时间,但是无法长期拖延下去。绩效审计是一项广受欢迎、广为采纳(internalized)的制度。

四、作为内部人的审计

如前所述,审计是独立机构,在行政部门以外开展工作。在一些国家,人们认为,审计机关是在立法机关的直接控制下发挥职能的机构。尽管有这些外观,在一些国家,审计也作为内部人发挥职能,经常参加政府的一些活动。尽管在各国,这些活动不尽相同,但是需要对这些活动进行识别,以便完整理解审计机构的角色。在一些国家,包括欧盟的一些成员国,审计机关被委托核实所有的法律草案,以确保其遵从宪法的精神和内容。就此而言,审计成为宪

1 OECD(1996),第 17 页。

2 美国 GAO(1994),第 14—17 页。

3 同上,第 14 页。

法活动的担保人。在其中,审计作为人民的一部分,为了人民的利益而工作。在一些国家,监察官(comptroller)职能的发挥,也由审计机关来处理。该任务由立法机关委派给审计机关。其背后的哲学是,立法机关不仅仅是批准预算,人们还期待它监控资金进出政府,这样就不再担心政府拒付。在大多数国家,这一职能被委派给审计机关。在俄罗斯,杜马在每年年初立法,规定各季度支出上限。在制定该法令时,现金管理的责任暂时(在最宽泛的形式上)移交给杜马自己。在20世纪90年代,两方面的发展使得审计机关处于内部人和外部人中间的某个角色。最近在澳大利亚和英国的发展要求,审计机关评估大选前宣布的政策,并评价其财政影响,并且评估预算所基于的假设。这一实践将来会普及。它表明,总是存在新领域,在其中,可以从审计机关可用的巨大制度性空间(institutional memory)中发现价值。

五、审计的特别领域

在过去一个世纪中,审计在一些领域发展出特长。其中包括工程审计——所有的建设活动不仅仅涉及财务记录的核实,而且涉及抽查工程进度,查明工程和财务之间的联系。另一个领域是审计承包商记录。在一些国家,审计机关不仅有权要求政府提供信息,还有权收集并审查承包商的记录,以确保内部控制制度的充分性,更重要的是,确保支付要求是基于精确的记录基础上。随着政府签订越来越多的合同,对承包商记录的审计能力已经被证明有巨大的好处。许多政府的支出结构、特别是中央或联邦政府的支出结构显示,对其他各级政府、自主机构、非政府组织的拨款和转移支付的比重日渐增加。但那些支出形成的资产并不属于政府。同时,在大多数情况下,审计机关并没有得到授权,以调查拨款的使用过程,并确定是否实现拨款目标。这些拨款安排的一个不对称特征在于,尽管由拨款提供资金的资产不属于政府,但是这些机构产生的负债经常最终得由政府从其预算中安排资金买单。审计机关一直在为可以追踪公共资金去向(无论它花在哪里)而进行活动。在美国,联邦GAO得到授权,可以审计各州政府接受拨款的最终使用情况(比如,在印度与在尼日利亚一样,审计署既审计中央政府,也审计各州政府)。在澳大利亚,审计机关最近被赋予一种间接方式。采购指南鼓励各个实体给予澳大利亚审计署追踪纳税人资金的机会。在其他国家，类似的审计范围的扩大也可以设想。

为方便起见，上述运作方式总结在表 15.1 中。有必要记住的是，并不是所有审计机关都开展了表中包含的所有活动。然而，该表表明，各国政府及其审计机构可以在菜单中任意选择其审计范围。从账表审计到绩效审计的漫长道路显示，各国政府及其审计机关跨过了许多里程碑。

表 15.1　　政府审计的类型：挑选出来的特征

类　别	审计方法	目　的
法定审计		
(1)问责审计	测试审计(Test Audit)	发现欺诈及技术错误
(2)管理审计(又称为合法性审计)	测试审计	遵从法律和规章
(3)拨款审计	综合性审计	确保资金花在它们拨款的地方
(4)财务审计	测试审计	确保一个实体的财务报告按照普遍接受的会计准则，公允地展示其财务状况、运营结果及现金流
自主审计		
(1)调查性审计	选定领域	一些工程及项目会得到密切关注，以查明违规行为、对资源的浪费，以及为了个人目的使用资源等。
(2)绩效审计(在一些情况下，属于法定审计)	选择性领域	绩效审计包括经济性、效率性审计，以及确定结果和目的是否相称的项目审计。
准司法审计		
汇编法律，并确定其是否遵循宪法目标	(1)评价每个法律草案；(2)调查法律的具体违反情形	在一些国家，审计机关被期望审查法律草案，保证其精确性。审计机关发挥准司法机构的作用，对那些发现有罪的情形进行惩罚。
审计技术		
(1)事前审计	一般是综合性的	评价法律，以避免非法管理程序。通常法律草案规定了目标，审计根据此目标开展。
(2)同步审计	测试审计	有选择地审计交易(即使交易正在进行)
(3)事后审计	测试审计	在交易完成后，对其进行审计
特别审计领域		
(1)工程审计	测试审计	由政府开展的建设工程，涉及特殊类型的审计。这种审计不仅仅核实财务记录。
(2)合同审计	选择性审计	在一些国家，审计机关被授权对和政府项目进行交易的承包商的记录进行审计。
(3)选择性审计	选择性审计	许多接受政府实质性拨款的机构需要接受最终使用审计。如果是外援工程，捐赠者被授权开展补充审计。

六、审计准则

审计原则和审计准则不同。审计原则处理审计的一般目标及特征。审计准则努力提供操作性基础,以便无论由谁在任何时候进行审计,都可以实现一致性。然而,这种准则只在少数情形下存在。缺乏审计准则很明显已经成为一件需要关注的事情,现在正通过清楚陈述准则来进行弥补。为此目的,许多国家一直在努力适应最高审计机关国际组织发布的指南。发达国家,特别是英国和美国,已经在积极主动地制定各项审计准则,具体见后文。审计准则仍然在演化中,只有当成功地接受时间的检验后,才可以将其视为具有某种持续性。

美国 GAO 的方法(GAO,1994;表 15.1 总结的特征)[1],是区分一般审计准则,以及具体适用于财务审计及绩效审计的各项准则。后两者的准则又分成两类——现场工作准则以及报告准则。一般准则涉及四个方面,每个方面似乎不存在例外,但是有它们自己的异常配额(quota of anomalies)及应用问题。

第一个准则涉及对专业素养的需要。尽管专业素养这一术语可以被自由地解释为对审计环境具有足够的知识,人们还是期望审计师应该具有会计、统计、法律及审计计划等方面的知识。他们也需要抽样技术方面的知识,以及使用信息技术方面的知识。一些政府的会计师和审计师不具有职业会计或审计教育背景或经验,他们也没有被要求拥有这些资格证明作为进入政府服务的先决条件。在政府会计按照不同于应用于公司部门的传统的环境下,政府这种与外界隔绝的状态是很自然的。然而,很可能的是,随着政府转变为复式记账法,随着政府增加对计算机技术的使用,随着政府和公司会计制度共性的增加,职业会计师和审计师的用武之地会增加。然而到那时,审计会变成基于常识和运用财务规则之上的严格实践。

第二个得到规定的准则是,审计应该以客观的方式开展。大多数审计机关,包括处于行政机关领导下的审计机关(比如作为首相府的一部分),都被赋

1　这些准则在 1972 年发布。1994 年进行了广泛的修改,然后重新发布。

予许多法定独立性，因为它们可以要求被审计单位提供所有信息，可以向立法机关提供与行政机关不一致的报告。这种独立性是提供给整个审计机关的，一般而言，这种独立性会在法律中进行规定。在一些情形下，通过历史悠久的传统，这种独立性得到尊重。在大多数国家，审计机关的领导不会被政府再次雇佣。这一条款是为了确保未来收入丰厚的工作机会的诱惑不会影响审计长的工作。审计长与立法机关成员亲密共事。但是这种工作上的亲密性不会导致任何偏见。由审计机关表达的观点最终会传达到反对团体，它们热切地批判政府的行动，在斗争中使用审计报告作为武器。审计机关会清楚地意识到这种前景。如果它不希望自己的信誉被质疑、腐蚀，让自己客观公正、政治中立、在方法上专业是符合其自身利益的。如果审计机关的观点被人们认为受到政治风向的影响，审计机关的效力会受到不利影响。尽管存在前述考虑，有两个实践因素，它们会对审计机关的方法有微妙影响。首先，任命审计长这一活动本身就是一种政治活动。尽管在大多数国家，审计机关的掌权人属于文官，其选择的过程会受到候选人和掌权人物之间亲近程度的影响。在一些国家(如加拿大和美国)，审计长经常来自公司部门。在一些拉美国家，只有职业律师才会被任命为审计机关顶层职位。在其他国家，退休或在职文官都可能被任命为审计长。尽管法律给审计长提供了充分自由，在实际运用那种自由时，在任命过程中产生的恩情(debts)以及等待偿还的过程会对审计机关的判断产生影响。其次，在大多数国家，与其他机构的预算一样，审计机关的预算也要接受评价。然而，许多审计机关乐于从这种微妙关系中解放出来。这种选择很困难。给予审计机关自主权，换言之，相对不受限制的预算，会形成一种例外。如果之前的政府倾向于对决策施加不当影响，这种例外很难维持。同时，让审计机关接受和其他机构相同的待遇，会有限制审计机关活动的效果(虽然这并不总是故意的)。因此在一些国家，财政部领导和审计机关领导会进行高层讨论，确定一个整体上限。在上限以内，审计机关可以进行调整。然而，考虑到其他有关预算安排是否会对限制审计机关的职业判断或独立性产生决定性影响的法定保障措施，上述措施并没有实际意义。

第三个准则是，在开展审计过程中，以及准备审计报告时，需要采取职业关怀措施。审计官员的行为不应该过于富有进攻性，也不应承担辩护官或者侦探的角色。然而,审计报告则是完全不同的一回事。审计报告是给谁准备的?立法机关人员或者是普通人?对于这两类读者,审计报告经常充斥着技术术语,其效果是使读者疏远,而不是吸引他们。审计机关正在做出努力[参见英国国家审计署在《在报告中介绍数据》中的说明(伦敦,1991)],以使得审计报告更具可读性,对普通公众而言更易理解。

第四个准则涉及审计机关内部质量控制系统的运作。审计机关的效力,取决于审计报告在立法机关、政府及公众中产生的反应。换言之,它取决于报告的质量。在大多数审计机关,质量控制涉及报告草案经过的等级制过程——在每一级都反映了资历、经验的声音。在大多数情况下,反映了政治影响的判断。有一项面板研究评价了美国 GAO 的工作,旨在对审计报告的质量提供更实质性的内容。该研究提出,衡量审计报告质量的维度包括"及时性,清晰性,客观性,独创性,深度,重要性,精确性,技术适当性,影响"。[1] 审计机关被期待在这些维度之间做出权衡。在许多其他政府,审计机关没有得到授权,去质疑政策目标的价值。然而,除非对审计项目的工作及其报告存在独立的同行评审,否则公众会认为,任何数量的内部控制都不够。对美国 GAO 工作的一项独立面板研究建议进行同行评审,这大概反映了这种关切。该建议此后被纳入 GAO 的工作中。[2] 新准则要求,开展审计的机构"应该至少每三年进行一次外部质量控制评价,该评价应由不属于该机构的组织作出"。这仍然是美国政府审计的独特做法,有待其他地方的模仿。

七、具体准则

在按照权责发生制编制的政府财务报告出现前,要求编制这些拨款账目。为了接受审计机关的审计,政府一直在准备年度拨款账目。在大多数情形下,审计机关的审计发现会提交给立法机关。然而,对拨款账目的鉴证并没有明确规定的审计准则。实际上在这方面,作为审计准则的内容很难和原则或任务区分开来。比如,英国的审计准则说:"无论'拨款总额是否按照议会授权的目的申请,账目是否适当地列示该年相关投票(鉴证与此相关)所提出的收

1 美国公共管理学会(1994),第 22 页。

2 美国 GAO(1994),第 29 页。

支数’，[1]审计师都应该提供发表自己观点的鉴证。”

随着即将到来的向权责发生制会计及预算制度的转变（在一些机构，这些制度已经生效，而有些要到21世纪才会让这些制度在实践中生效），审计机关随之被期望从之前占有支配性地位的拨款账目审计模式，转向对财务报告的审计。在一些国家，与美国一样，对这些财务报告的初始审计会由驻各部门监察长办公室（the Office of the Inspector General）开展，然后由审计机关进行补充审计。在英国，延续以前的传统，由各实体的财务官（首席执行官）负责准备财务报告，而常规审计仍然由独立的审计机关开展。鉴于这些制度的相对新颖性，在组织现场工作及准备审计报告等方面，审计准则会提供许多细节。

由GAO制定的财务审计准则，代表着操作性程序及常识的法典化（见表15.2）。它们指出，在审计项目开始时，需要将审计师的责任告知被审计单位的代表。审计师需要证明，审计报告遵循普遍接受的审计准则。在英国，以前的审计准则要求审计师声明，审计是依照相关法令或职权开展，但是现在寻求对这种表述进行修改。修改后的准则指出，审计是依照英国审计实务委员会（Auditing Practices Board）发布的审计准则开展的。不考虑负责财务报告审计的管理职权，总体而言，人们期望鉴证工作声明，财务报告按照现有会计准则准备；任何没有使用这些会计准则的情况都已经发现；除非特别注明，财务报告披露是合理充分的。在英国，人们期待审计长证明“在所有物质方面，收支都用于议会设定的目的，财务报告遵照对其进行管理的当局的规定”。[2]

类似地，对于绩效审计的开展，已经制定出审计准则。在此领域，美国GAO的方法同样区分了现场工作准则和报告准则。因此，应该对工作进行充分的规划，并制定审计计划，对审计人员进行适当的监督，遵循法律，并收集所有必须的文件以支持审计结论。在英国，这种类型的审计（在效益审计大类下面）要求制定五年期战略性审计计划，该计划也会提交给议会中负责调查政府账目的委员会，[3]以便将其关切也考虑进去。

1 英国国家审计署，《审计准则》，第3页。

2 英国财政部（1997），第162页。

3 即公共账目委员会。——译者注

表 15.2　　审计准则

一般准则	财务审计现场工作准则	财务审计报告准则	绩效审计现场工作准则	绩效审计报告准则
· 审计人员对审计任务要足够精通 · 审计师要免于受到有损独立性的个人及外部因素的影响 · 在开展审计及准备审计报告时,需要进行职业关怀 · 审计机关应该具备适当的质量控制制度	· 对工作进行适当计划,对重要性进行应有的关注,以确定审计程序的性质及时间选择 · 对发现违规行为、重大错报提供合理保证 · 确信内部控制制度是在运行的 · 评估内部控制运行中的风险 · 保留审计师的工作记录	· 与审计委员会或相关负责人沟通审计师的责任 · 在审计报告中声明,审计是依据一般准则展开的 · 审计报告应该描述审计师对遵循法律及内部控制等进行测试的范围 · 审计报告应该陈述,被审计单位的财务报告是否隐瞒了信息,以及这么做的原因 · 审计报告应该提交给规定的主管机构	· 充分计划工作 · 准备一份书面审计计划 · 对审计人员进行适当的监督 · 需要确保遵循法律等 · 审计师应理解管理控制 · 收集有关结论的支持性证据	· 准备书面审计报告,用于沟通审计结果 · 适时发布报告 · 审计报告应包含审计目标、审计范围及审计方法 · 报告重大发现 · 报告重大违法事项 · 报告应该包含改进建议 · 报告应该指出对管理控制进行审计的范围 · 报告应该包含被审计项目官员的观点及计划整改情况 · 审计师应报告显著成就 · 报告应提及需进一步审计的重要问题,并陈述理由 · 除非被禁止,报告应提交给项目官员

报告准则规定报告的内容。比如,报告中应包含对审计目标、审计范围及审计采用的方法的陈述;应有改进建议;应包含被审计单位的观点;应包含显著成就;除非被禁止,应给被审计单位提供报告。报告也应该涉及管理控制的充分性。这些准则相对较新,其中包含的变化实际上在回应对审计机关提出的一些批评。

八、审计计划

在开始时,大多数审计机关从英国 1866 年《审计与国库法案》获得灵感(即使在一些法律语言上也如此),不用考虑政策方面。因此在审计项目或工程时,即使做的是绩效审计,审计报告中也不会评价政策目标及其可行性,而只是限于财务方面。在像美国这样的国家,GAO 已经做了许多政策评估。

在英联邦国家，立法机关有责任批准行政机关的政策动议；但在美国并不如此，在这里，决策是行政机关和立法机关的共同事务。国会要求GAO提交其在政策领域的发现。这种角色也承担了许多风险。更重要的问题在于，在评价政策时，审计机关是否应该扮演否定性角色。有一些因素表明，存在引人注目的必要性去评价这种立场。第一，政府每天都会做出影响公众日常生活的决策。报告各种有关负担和收益的政策方案，做出维护汇率的决策，这些事情以千篇一律的规则性在开展。负责制定宏观经济政策的财政部长们，倾向于垄断决策权，导致不合时宜的傲慢与偏狭。这转而导致，公众形成观点所需的许多有关政府正在做什么的信息，或者是编造出来服务狭隘利益的，或者被禁止发布，或者在事情发生很久后才会透露。这些特征导致本可避免的战略性失误。现在迫切需要把这类事项告知公众，为此建立的唯一独立、非政治性的机构是审计机关。

第二，政府使用的财务控制的整体结构包括四类——政策控制；项目或过程控制；支付控制；效率控制。随着政府支出结构发生变化，包括社会服务领域在内的越来越多的工作外包出去。随着政府承担提供资金的角色，以及提供资金的角色从提供服务的角色中分离出来，许多控制要素是在政策制定阶段或者项目及工程设计阶段施加的。这些控制要素被要求设计成便于保护资源，同时为消费者提供有质量的服务，并将欺诈的发生率降到最低。在这种环境下，与支付资金有关的支付控制的角色变得极少。这种角色实在是如此微不足道，在将来，当绝大部分交易通过电子渠道展开时，它们不过是计算机屏幕上的一个光点。如果审计专注于会计审计，它实际上将把时间致力于评价支付交易。在政府财政管理的整体方案中，这种类型的审计只不过是正式而循规蹈矩的实践。

第三，不应认为单一的政策适用于政府开展的范围广泛的各种活动。相反，有任意数量的政策，每个政策的领域各不相同。唯一共同点是不同政策的财务基础。对于这些财务影响，需要引起公众的注意。当审计涉及政策执行，除了政策考虑，它正在评价管理程序。政府运转的关键是其政策。将政策排除在外，给审计机关施加了严重的不利条件。这就好像审计机关被指责扮演着次要角色，如果果真如此，就与社会寄予的信任难以一致。

另一个限制与审计报告中对公债(包括外债和内债)的处理有关。在大多数情况下,根本就不考虑这一主题。当考虑该问题时,对其的处理是草率而马虎的。在对公债进行审计的地方,主要关注是否遵循法律。这是个确认是否遵守对公债进行限制的法律的过程。然而,考虑到公债定义的不一致性,这种确认过程最多只有很有限的价值。这种不一致主要是由于缺乏会计准则。在一些国家,这种准则还有待制定。此外就管辖权而言,公债一直是由中央银行在管理,央行有自己的审计人员,并且不接受审计机关的补充审计。[1] 政府销售其债务时效率如何?会采用怎样不同的工具和到期组合模式?公债的记录程序及购买安全是否足够?政府的财政承诺及或有负债有哪些?它们对于未来财政政策有什么影响?如果使用净公债概念,报告的财务资产如何可行?外债的价值如何评估?如何衡量通货膨胀的影响?在制定整体的借贷计划时,如何对通胀率进行指数化?如何处理折扣和溢价?互惠信贷协议对于国家财政的影响是什么?所有这些问题还有待回答。现在的情况是,各国债务一直在增加,后代则被期待为这一代人所作出的财政承诺买单,同时,国家的决策者们(也就是立法机关成员)还无法从其主要的调查机构——审计机关那里了解这些方面的情况。这种状况有点自相矛盾。这种过失很难克服。回顾过去,甚至可以说,不像政策事务,这个领域的问题不是因为法律上的否定,而是因为审计机关缺乏主动性。

许多政府都见证了自主机构的增长。这些机构在技术上处于政府预算之外,但是为了所有的意图与目的,它们是作为公共部门的一部分在起作用。由于它们是作为独立机构建立的,在大多数情况下,它们仍处于审计机关的范围之外。如同澳大利亚和英国所做的那样,对那些收入的主要部分来自政府预算的机构,通过授权审计机关去对它们的工作进行评价,这一问题得以克服。然而在其他地方,审计仍然被排除在这些活动之外。然而同时,许多中央政府预算的很大一部分,是由对这些机构的转移支付构成。这再一次意味着,影子政府的活动——经验表明,这些活动会改变国家的资产负债状况——仍然处于审计机关的影响范围外。

1　在一些国家(如澳大利亚),对储备银行(澳大利亚央行)的审计是国家审计署的部分责任。

审计机关类似的受排斥还可以在承包商的财务记录情形下看到。[1] 近年来,外包范围一直在增加。如果目前的趋势持续下去,外包的范围会进一步增加,以致由政府直接提供的服务的比例会逐步萎缩。在此背景下,重要的是,考虑到某个供应商强大的游说影响力,由供应商计算的成本,迟早会成为政府支付的基础。供应商的这些成本估计有多可靠?供应商存在什么内部控制制度?这些内部控制制度有多充分?如果有答案的话,这些方面问题的答案来自审计机关以外的其他方面。这是因为,供应商的活动不在审计机关的审计范围。

审计机关对区域、州和地方政府的活动的审计也类似地受到排斥。尽管这些政府的大量收入依赖于中央或联邦政府的任意转移支付。审计地点应该更接近问责地点,而由于地方政府主要对其自身选举机构负责,审计也应该被安排在那里。然而,复杂因素在于,地方政府过度依赖于中央政府的任意的年度财政安排。随着中央审计机关被排斥在这些领域之外,它不得不依赖地方审计机关来完成财政循环。然而在大多数情形下,两个层级的审计机关独立发挥职能,两者之间很少进行协调。所有这些排斥和豁免的最终结果是,审计机关活动范围很狭窄。更重要的是,这也意味着,审计机关既不会期待也不会调整自己来改变政府的支出结构。

审计计划将财政管理视为似乎是一种通用的方法。因此对所有交易都关注最小公约数,也即财政清廉情况。尽管这是一个重要方面,不同机构之间的财政管理易于存在差异。审计计划似乎不注重年度战略的需要。对于大部分审计机关而言,对年度战略的需要似乎是一个不相关的问题。在他们看来,审计的任务由法律规定,因此所要做的是履行法律规定。这会带来令人遗憾的影响,给人留下尽管政府的工作已经变了,审计工作却不变的印象。随着变化已经成为政府的常规特征,审计机关存在制定方法战略的内在需要,这一战略同时反映政府的目标以及公众的期望。

审计计划似乎经常不区分正常经济时期和高通胀时期。尽管许多国家的平均通胀率已经降到个位数,一些国家离存在三位数的高通胀率的时期并不

---

1 近年来,一些国家的审计机关已经确保可以对所有外包职能进行审计。

太遥远。在那些时期，预算及会计过程都受到了严重影响。就其目的而言，为了持续改进预算估计，财政年度中使用的通胀调整指数并不够。类似地，按照历史成本法准备的账目，离精确反映活动成本及资产价格还很远，离精确反映商业活动（这些商业活动作为预算的一部分，以及更大的公共部门的一部分而开展）回报率的适当性还很远。按照历史成本法传统编制的数据，很难让公众搞清楚情况。在公共部门占有支配性地位的地方以及在公共部门的许多财政支持，不是来自市场而是来自国家预算的地方，问题更加严重。这些变化中的货币现象很少在审计报告中得到详细分析——在一些情形下，审计报告一直是违反预算法的情况汇编。审计计划应该将这些变化内化在其审计活动中，为评估政府财政波动提供更精确的基础。

审计计划的另一方面，与审计机关所采用方法背后的哲学更有关系。如前所述，无论是凭单审核还是绩效审计，审计的核心一直是监控符合性。从必要性以及传统两个方面，这种监控都涉及对违法情况进行汇编，而无论金额大小或背景。但是需要区分允许范围内的批评和令人不快的羞辱。当审计披露机理性质量（mechanistic quality）时，如果采用的方法关注数量而不是交易发生的背景，那么下述两种情形是等价的，即坚决坚持遵守规章制度，以及让各政府机构适应一刀切（Procrustean bed）的人为制定的标准。

审计计划也应该处理向公众提供服务的问题。无论是合规性审计还是绩效审计，都没有解决这个方面的问题。如同现在实践的那样，绩效审计的范围主要是评估与目的相关的结果，以及相同的结果是否可以用较少的资源取得。为公众提供服务涉及的范围很广，在很多情形下，所有的规则都得到了遵守、所有的结果都实现了，但是客户仍然不满意。确定客户的反应，并且再造提供服务的机制以满足客户的要求，这涉及从关注数量到关注质量、从关注财务评价到关注确保改进服务提供的变革。[1] 这方面仍然有待纳入审计计划中。

九、交易问题

可以从审计制度内外两方面考虑政府审计活动的日常管理。前者包括审

1　在一些国家，近年来，已经开始通过发放问卷、进行专题小组讨论、组织深度访谈等手段获取公众的反应。

计报告的及时性、审计报告的内容、针对报告采取的行动。后者涉及潜在的制度性累犯以及倒退性活动的出现。许多国家的经验表明，年度审计报告经常延期，即使调查报告准备好了，在最终提交前，还会花许多时间。年度审计报告发布的时间取决于准备年度账目花费的时间，以及账目提交给审计机关花费的时间。在许多国家，准备年度账目是件漫长的、持续很久的事情。另一个问题与报告的内容有关。在分析报告的内容时，需要区分有关拨款审计、财务审计及绩效审计的报告，这反映了审计制度演化的不同阶段。经常有人主张，拨款审计报告应该报告所有有关预算的违规行为，无论违规金额的大小。因此，无论违规金额是 1 000 元，还是 100 万元，都需要给予相同的关注，因为法律不允许审计机关在报告中有任何的自由裁量。正因如此，报告似乎包含了许多关键点，这些关键点迷失于报告中无穷的细节和琐事中。报告似乎不涉及支出管理中经历的各种不满。作为较新的审计模式，随着在这方面获得的进一步经验，财务审计放弃了一些需要处理的问题。现在，政府账目及相关的报告被期待至少满足四方面的要求：(1)在立法机关和公众确定资金如何筹集和支出时，它们应该有用；(2)它们应该满足负责国家宏观经济管理的决策者的要求；(3)它们应该回应财务投资者及其他从事证券投资活动者的需求；(4)它们应该解决客户或公众的关切，这些人已经为服务买单或者免费获得服务，所以可以观察服务的质量。财务报告以及相关的审计似乎有一些内在的特点，妨碍了它们在上述四个方面的有用性。就立法机关和公众而言，财务报告在确定总的图景方面有帮助，但是需要更多的相关信息以评估单位的记录。同样，对于宏观经济管理者而言，通过财务报告中有关政府资产和负债变化的信息，这些报告非常有助于评估一阶影响(first order impact)，但是如果评估预算对货币政策及支付平衡的影响，则需要其他数据。在满足投资群体的要求方面，财务报告非常切中要害，然而在解决公众关切的问题时，它们整体常常是不够的。此外，财务报告的语言倾向于设置可怕的语言障碍。绩效审计产生了对政府中结果导向管理的要求的广泛意识。实践证明，审计报告在突出需要更多工作的高风险领域方面很有帮助。然而同时，有人指出，大多数审计活动关注各机构运营活动的特殊方面，而不是它们整体的活动；审计报告中的评估完全基于尚未获得可能性(verisimilitude)的标准，因而判断过于主观、过于狭隘;审计发现过于笼统,以致不具有实际用途。

外部的问题某种程度上更大,因为它更多涉及审计对财政管理的影响这一问题。人们经常指出,审计机关自身就不是它所提倡的清廉的榜样。此外,年复一年的不平衡批评最终会对原告带来不利影响。更重要的问题是,为什么会存在制度性再犯?对于任何国家一系列审计报告的阅读会给人带来这样的印象,即相同类型的违规行为年复一年地发生。这也许是因为拨款审计的范围在某种程度上是有限的。这进而给人留下这样的印象,即有价值的是对违规行为的记录,而非解决潜在问题的机会。

十、审计的影响

政府官员倾向于认为,审计机关完全由给别人找茬的冲动激励,而不考虑背景及最终的结果。如果公共管理制度本身多年未变,如果法律和规章制度是很久以前颁布却不考虑其相关性而必须遵循,如果公共支出管理制度本身缺乏战略,如果公共支出管理制度不再反映变化了的支出结构,审计机关会成为方便的替罪羊;然而实际上,问题是出在了其他地方。实际上,由于承认这种广泛性(broader canvas),政府中的管理环境正在通过内部再造、应用技术、减少程序性障碍以及在政府中提倡客户导向的文化等途径寻求改变。作为这一整体的一部分,已经做出努力以提高活动的灵活性,这样管理者会从风险规避者变成风险爱好者。有人认为,这种方法会防止审计因其报告及审计发现带来不利影响。

这种改变涉及由政府雇员引起风险的假设。风险概念是开放性的,适用于生活的所有领域。与财务管理相关的风险有些狭隘,经常可以详细说明。产生的第一个问题是,风险管理的假设是否可以通过缩短相应的过程得到落实。然而,在这里,指南和实践并没有提供任何清晰的启发。实际上,似乎存在这样一个基本问题,即对权力及问责的灵活使用并不总是相互兼容的。使用风险管理方法意味着放松中央控制以及过程控制。然而,这种放松会打开一个新世界,增加了腐败、欺诈及使用制度为个人牟利的可能性。在提及澳大利亚的经历时，舍戈德(Shergold)注意到：[1]“可以想象，20 世纪 90 年代的澳大利亚公务员必须对风险是否得到系统确信、评价及监控负责，以尽量充分使用纳税人的资金。”这也许是错误的。现实是，尽管有来自审计长的确认，许多国会人士仍然倾向于在管理公共资金时，将风险战略视为是不恰当的，无论它多么的有条理、审慎、清晰。至少在澳大利亚，目前仍未解决传统和当代公共管理的问责标准间的潜在张力。在其他国家，也可以发现这种张力。

人们经常认为，审计机关和立法机关之间的关系比较特殊。审计报告的主要读者是立法机关及其委员会。这方面的经验显示出令人好奇的矛盾。立法机关经常既是审计工作的限制性因素，也是其加强性因素。就下述意义而言，它是限制性因素，即审计机关提交的审计报告(其中有些内容是在立法机关的建议下写的)不会都得到考虑；有些内容是在过了很长时间以后得到关注，此时审计报告的内容已经过时了，审计机关会被要求进行补充审计，以更新早期发现的问题。在上述每种情形下，更多是取决于立法机关的时间表。在一些情况下，比如英国下议院公共账目委员会，该委员会的工作会直接受到审计机关已开展工作的限制，因为它们没有独立开展调查的途径。

立法机关同样是审计机关工作的加强性因素。前者是审计机关的主要客户，其立法权增加了后者的合法性。一般而言，当立法机关对审计机关活动的态度变得漠不关心、忽视其审计发现时，审计机关会为此感到懊悔。然而，近年来有些发展，立法机关对审计机关的依赖性正在出现安静的张力(quiet tension)。立法机关的兴趣正在越来越多地转向宏观经济管理问题，转向识别关键性领域，在这些领域，它可以使政府在决策时感受到其影响力。然而在这方面，审计机关给人留下蹒跚而行的巨人的印象。它们的活动领域正在变窄，将政策排除在审计范围外严重限制了它可以帮助立法机关成员的方式。

审计的社会影响也是一个存在矛盾的领域。就社会的观点而言，建立审计机关的目的，是其打破社会中的冰冻之海的敏锐性。社会需要审计机关的报告，以便同时记录守法行为及恶习。其观点体现于古老的习语“scripto ma-

1 Shergold(1992)，第 303 页。

net,verba volet[1]——写下来的东西保留下来了,而说的则消失在空气中”。在寻求进行独立调查时,似乎回应了诗人叶芝的诗句。他的诗句“来吧,用指责的眼神凝视我吧。我渴望被指责”[2]反映了社会学习信任政府的弊端之渴望。在选择授权给审计机关时,社会高度意识到马基雅维利提出的警告。他写道“统治者既应该让人感到畏惧,又受人爱戴,但是很难同时做到这两点,因此如果必须二选一的话,令人畏惧比受人爱戴更安全”。可以意识到,审计机关无法受人爱戴;如果它受人爱戴,在政府和审计机关之间就不会存在对立关系了;在那种情境下,制衡制度会具有不同的色彩。因此,那些从集权制和军事独裁制向民主运作转型的国家,也建立了审计机构——这是它们从其他已经完成转型的民主国家那里借鉴的特征。

社会不仅仅依赖审计机关去发现政府存在的错误。在一些国家,总统国情咨文(不是在自我赞颂)已经成为哈维尔总统(捷克总统)称为“第二方面”(除了经济及财务方面以外)的关键分析。他写道:“关注这第二方面是我们的主要责任,努力理解为什么它如此黑暗是我们的主要责任,思考让它至少明亮一点的方式是我们的主要责任。”[3]不夸张地说,在许多国家,社会的大部分都不知道审计机关的存在,更不用说其影响。

十一、回顾及展望

这章涉及范围很广。现在对讨论进行总结并考虑未来改进方向是适当的。文中一再提到,自第二次世界大战结束的五十年以来,审计发生了重大变化。如果将审计报告看做审计机关努力的最终产品,该最终产品的构成已经发生变化。在发展的早期阶段,审计工作限于拨款审计与合规性审计。在过去50年间,政府已经成为重大投资者和生产者,以前所未有的水平参与执行

1　此为拉丁语习语。据“拉丁词典”网站,该习语实际应为“Verba volant, (littera) scripta manet”。具体参见 http://www.latin-dictionary.org/Verba_volant,_(littera)_scripta_manet。——译者注

2　此句英文版原文为“come fix upon me that accusing eye. I thrust for accusation”,不通。查询互联网,似应为“Come, fix upon me that accusing eye. I thirst for accusation.”中文据此译出。——译者注

3　哈维尔(1998),第42页。

发展任务。支出的稳步增长表明政府支出管理机制的结构性局限性。公债水平的增长不仅向公众表明现有财政体制的脆弱性,而且未来一段时期也是如此。尽管存在明显的滞后,审计机关一直在努力调整自己以适应政府支出的变化。更加强调建立内部审计制度,以便许多合规性审计可以由内部审计机构来开展。不考虑在政府内部将发展内部审计制度作为一种可行的实践,审计机关一直对按照权责发生制编制的财务报告进行财务审计,并鼓励采用绩效审计。这两方面的革新目前尚处于初期。这方面获得的经验表明,在进行财务及绩效审计时,有许多领域需要改进。这些构成了未来议程的一部分。这些方面参见表 15.3 的前 3 列。

表 15.3　　审计:变化着的外观

过去实践的延续	继续存在的问题	审计的回应	问题重现	混合下述要素的审计策略
· 拨款审计 · 合规性审计	⟶ · 和服务的提供没有具体联系的支出高速增长 · 债务的大量增加 · 腐败的增加 · 政府支出控制的失灵	⟶ · 基于权责发生制会计制度的财务审计 · 评价内部控制制度 · 绩效审计	· 审计的有限范围 · 自主机构及第三方交易的增加 · 分析政策执行的困难 · 对国家财务状况缺乏整体评估	· 财务状况审计 · 对会计报表进行财务审计 · 系统审计 · 绩效审计,以及对提供服务的审计

图 15.1 说明了上述演化过程。广义而言,包含 4 个阶段。第一阶段代表着最低限度的审计,该阶段的目的是满足立法机关的要求。第二个阶段代表了审计机关承担的任务范围的边际扩展。第三阶段表明菜单内容在增加,以及客户的极大增加。第四阶段,为了分析的目的,称为综合性审计,客户群又有增加。社会作为一个独立实体存在,迄今为止,人们假设其要求通过代议制政府的代理来满足。这种意识已经过期很长时间了,并没有在多大程度上反映立法机关循规蹈矩、经常是无效的实践,但是作为对这种情况的回应,是对服务的合同性供给的日渐依赖,以及第三方交易的增长。客户的增加导致审计任务的进一步增加,导致第四阶段——综合性审计。这种描述提供了一种

非正式刻度,据此,审计机关可以评估其目前所处的位置,并决定为进入下阶段的发展所需采取的措施。

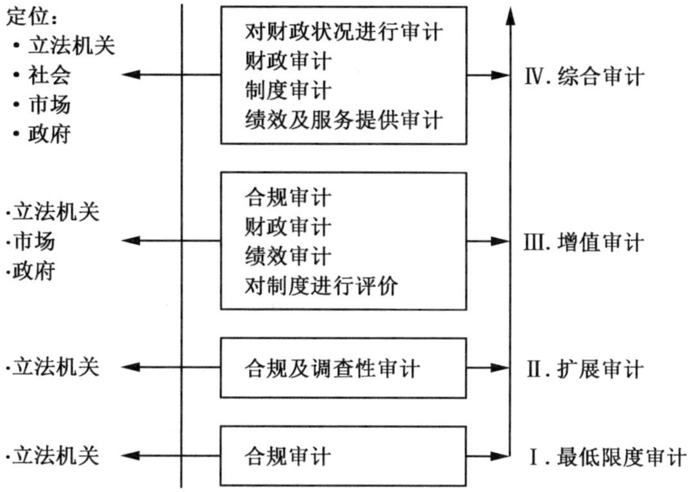

图 15.1　审计管理能力模型

如果审计机关的活动可以分为四组,且每组补充另一组的话(图 15.2),人们会认为审计机关是积极的、富有建设性的机构。这里所考虑的各组活动的排序只具有分析性重要性。它并不意味着,存在任何逐渐递增或逐渐递减的优先次序。

十二、组织方面

对审计机关活动范围进行系统化的机会,同样应该用来解决其组织问题。迄今为止,这些问题给审计机关带来很大的阴影。改进组织方面问题的措施包括四个方面:首先,审计机关应该事先制定年度计划。这些计划应该反映政府的支出战略,反映公众及立法机关的关切,反映审计机关开展审计工作的能力。其次,审计机关自身应该接受同行评审。下述情形具有讽刺意味,即除了其他方面,审计机关被委托评估内部控制制度的充分性,然而它自己需要接受类似的同行评价。最后,对于审计机关开展的所有审计活动,需要制定审计准则。这些准则应该具体,除了其他方面,应该制定公共服务可以采纳的可接受

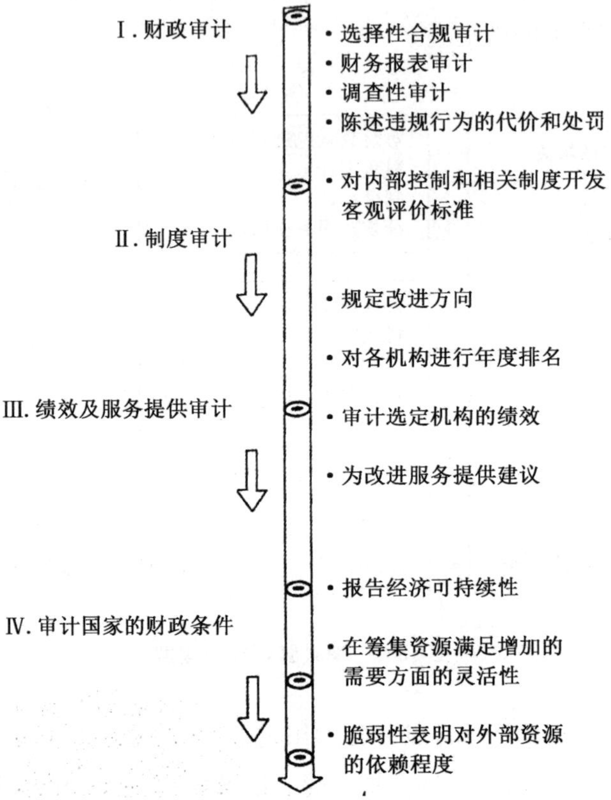

图 15.2　审计价值链

风险。第四,审计机关应该与政府及其他机构建立联合工作关系。这些工作安排为审计机关提供建设性努力的机会,提供追踪后续活动的机会。在美国,已经存在 40 多年的"联合财政管理改进计划"(The Joint Financial Management Improvement Programme),就是一个审计者和被审计者之间共同、共享努力的一个杰出例子。然而,还存在另外的机会,让审计机关更接近社会,并履行给予它的广泛授权。

第十六章　立法控制:希望的边缘

“我们不快乐,我们也无法快乐:我们只想要幸福。”

——契诃夫,《三姐妹》

立法控制代表着设计用于管理公共资金的三层结构的顶层。然而近年来,对于立法机关在此领域的角色、贡献及效果的怀疑日渐增多。

公众对于立法机关的公共看法及赞誉的下降,部分是由于公众的无知,[1]部分是电子媒体的结果——在这些电子媒体日常涉及的方面,更多的是政府失灵,而不是政府成功。感知到的立法失灵源于几个领域,其中最突出的问题是,每个大选期间政治上高度的豪言壮语所产生的高度期望。然而一旦掌权,对新的现实的认识产生了自己的动力,对立法体制的认识获得了自己的动力。这些方面的每一个导致它们自己被从各种各样的角度对待。这里的目的有点狭隘,与关注立法的社会人类学相比,更多关注立法工作的财政方面。

一、定义及相关的考虑

立法控制有一些隐含意义。第一,它是等级组织的一种速记表达。在其中,上级被授权评价下级的工作,并且批准或拒绝它。第二,它是法律规定的一步。根据该法律,一个组织或机构被授予决定一项议题的最终权力。第三,它是制定政策时提供决定性意见的机会,以便加强政策的整体效果。令人好

1　研究表明,尽管许多美国人对于政府很挑剔,他们甚至似乎对政府的最广泛的活动都不是很了解。参见 Nye,Zlikow 和 King(1997)第 215 页。

奇的是，所有这些方面适用于现在发挥作用的立法机关。它们是最终分支，其接受或拒绝决定了政策的命运。在一些情况下，和提供决定性意见相比，延迟审批的法律上的正式手续被认为重要性比较小。潜在的假设是，政策制定太重要了，以致于不能让一帮管理者聚在一起，提出一项莫名其妙地发现可以接受的政策，其中夹杂着不一致的关注和不和谐的声音。它要求意见来自人民或他们的代表。从预算程序的角度而言，政策涉及那些隐含于预算拨款需求或在预算拨款需求中得到清晰表达的那些中期目标(goals)、长远目标(aims)及短期目标(objectives)。理解政策并对它们进行商议是许多立法机关特权的一部分。在政策制定和执行的整体延续中，可以区分出五个阶段。在政策制定的萌芽阶段，立法机关希望有一个磋商的角色。这为他们提供机会，在不必违反和预算相关的保密条款的情况下确定政府有关预算事务的想法，并提供政府可以接受或拒绝的意见。第二阶段和对政府提交给立法机关的政策进行辩论有关。这提供了另一个表达其关切和偏好的机会。第三阶段与批准/驳回预算提案有关。第四阶段与在立法机关或行政机关的倡议下颁布预算立法草案有关。最后一个阶段与预算执行过程中、完成任务后或在立法机关提供的时限最后维持监督有关。在上述所有五个阶段中，不同国家的立法机关被授予不同的权限，它们的效果取决于在这些阶段给它们安排的角色。

立法活动在性质上既可以是授权式的，也可以是限制性的。在一些国家，有关预算事务的年度立法给各机构提供承担相关责任的预算授权，这些责任最终会表现在支出上。在得到许可的条件下，预算授权也使得各个机构可以借款、签订合同。这种授权也会规定相应的金额，或者不设限制。限制性立法经常规定预算拨款的限额，在执行过程中，行政部门不可超过这些限额。这种限制并不意味着，提供的金额应该全部花完。相反，它只是不可超过的限额，而不是行政部门必须执行的强制性立法。

立法机关在预算舞台的贡献直接取决于预算范围以及相应的财政机制。一般而言，要求政府所有的财政交易包含在其预算中。但是这种期望并不总是得到实现。有些交易是在预算外开展的。这包括预算外资金、担保及准财政账户。与预算相关的立法范围取决于要求年度立法的支出类型。在许多国家，特别是那些以下议院为模式的国家，会区分费用性支出(charged expenditure)和需经表决性支出(voted expenditure)。前一类支出也称为“固定费用”或“统一基金服务”,是指那些被视为基本的、其产生无需考虑立法存在的支出。这些支出经常与有关国家元首、最高司法机关以及其他宪法上规定的机构的支出有关。这类支出也包括公债费用,包括利息和本金偿还。需经表决性支出是指那些要求年度立法作为预算审批一部分的支出。在这点上,需要指出的是,并非所有国家或政府都有年度预算。在各国中,巴林每两年审批一次预算,每年可以调整。在美国的一些州,预算两年审批一次。

如果年度预算的最终批准悬而未决,大多数国家或者有清楚的法律规定,或者有与财政事务交易相关的传统。在这些情况下,立法机关经常批准关于账户的投票,授权行政部门在规定的限额内产生支出。有其他一些情形,在其中,预算的通过会在内部的政治博弈中作为要挟工具。在这些情况下,许多国家有经过法律批准的制度,根据这些制度规定,行政部门被授权,可以花费与过去一年同期支出相同的金额。这种立法的目的,是为了确保政府部门的工作不会由于缺乏立法机关的决策而停顿下来。这意味着,立法机关不反对花费上期得到批准的金额。

许多国家(包括那些以下议院为模式的国家以及其他源自中央计划经济的国家)的立法或传统规定,所有具有财政含义的立法应该由行政机关提议。在这些情况下,立法机关的成员可以修改或驳回这种立法,但不能采用自己提议的财政立法。也有像美国这样的国家,这些国家的行政机关提出预算,但是和与其批准有关的立法由国会发起。这种区别决定了立法机关是决策者还是决策的背书人。

二、任务与机会

(一)发展

立法机关的主要职能是考虑政府在接下来的一个财政年度的需要,并为设定的目的提供必要的资金。立法机关控制国家财政的权利是在与君主长期斗争后获得的。如此获得的权利被庄严载入各国宪法。比如美国宪法规定“除非经法律规定拨款,不得从国库提取款项”。类似地,在其他国家,在宪法或政府议事规则中也能发现这样的规定。议会程序的发展表明宪法的相当大的影响力，而在不存在宪法的地方，这种影响力体现在传统及普通法的相关实践中。每个国家发展自身的方式或立法程序，以承担财政管理的任务。

对目的的追求（比如在英国）显示出对下议院开展和国家财政管理相关立法工作的突出依赖。[1] 议会被视为一种深谋远虑的集会，关注共同福祉及国家利益，在批准和驳回时，努力影响政府提议的政策和项目。与财政事务相关的几乎所有工作由下议院承担，上议院在这些事务中很少或基本不发挥作用。英国与其他国家（如法国和美国）实践的主要区别在于，前者从来没有将其重要责任委派给各委员会。在大多数情况下，立法机构为了不同的目的使用委员会。委员会可以由立法机构的所有成员组成，或者限于既定的群体。在英国，也有许多常设和特别委员会。常设委员会被视为立法委员会，作为一种议会工具被用于节省时间。因为如果不存在常设委员会的话，整个议会将花费更多时间。特别委员会更多地被用于承担调查任务——这一职能无法由作为整体的议会来承担。常设委员会便于议会的现有事务，而特别委员会的运作具有拓展这些事务的深度和广度的效果。[2] 就财政程序而言，下议院已经经历了几种不同的委员会。即使是 19 世纪末之前，人们已经意识到，随着公共支出在增长、国家的任务在增加，预算估计正在变得愈加数量庞大、技术化、复杂化，以致于议会整体无法进行审查。因此在开始时，建立了估计委员会以考察政府的日常运作，此后该委员会让位于支出委员会。然而自 20 世纪 70 年代末开始，议会开始依赖部门特别委员会。这些委员会被委托检查各部门的支出、管理及政策，并将结果报告给整个议会，议会在最终批准预算估计时会使用这些委员会的发现。

在美国，宪法上清楚规定，只有立法部门有掌握人民的钱袋子的权力。但是至于这种特权如何变得可操作，就由国会来决定其内部程序了。[3] 在 19 世纪末，预算赤字开始出现，这转而导致国会寻找旨在控制赤字的方法。这种探索导致在 1910 年建立了塔夫脱委员会，该委员会负责开发更多的经济而有效

1 对于英国议会角色的简单描述，见 Likierman(1988)第 7 章第 140—164 页。

2 见 Coombes(1966)，第 15 页。

3 对这种制度发展的有趣描述见议院管理委员会(1997)及 Schick(1995)。对于该制度发展的简单描述见 Premchand(1989)。

的手段,以开展公共事务。在1921年(在第一次世界大战的插曲后),它的将预算责任放在总统办公室的建议以预算局的形式得到了执行。作为1921年《预算与会计法》引进的新程序,涉及建立一些国会委员会以批准、修正或驳回总统预算,对一些资金进行授权和拨款,监督各部门活动,收税及产生债务。政策目的经常在关注细节中迷失,各委员会的孤立的行动加总起来并没有连贯的策略。拨款立法不会及时完成,在20世纪70年代初之前,有相当多的秘密支出在拨款前,通过颁布要求联邦政府进行支付的法律以及颁布授权开始承担义务(enter into obligation)的法律,绕开拨款过程。这些发展为1974年《国会预算与扣留控制法》的颁布铺平了道路,该法规定了国会和需要遵循的程序以及运作时间表之间的关系。该法规定了预算必须经过的流程,更重要的是,通过迫使国会每年达成关于预算的协议,使得预算成为由多数决定的事务。其中一些程序在1985年的《预算平衡与紧急赤字控制法》中得到进一步完善。该法将1974年以来发生的特别变化编纂成法,并增加了新程序。该法将所有的联邦支出活动置于国会的评价框架下;基于包含预算赤字的观点,该法规定了这种赤字的上限,迫使它们降低到委员会分配额度以内;它也要求总统遵守规定的赤字。

英国和美国的两段经历表明国会对钱袋子控制的起伏发展。这些过程的发展表明,一些机构得到建立,并被给予不同的旨在加强立法机构控制的工具。

三、个人偏好与集体行动

在理论上,每个议员至少有两个动机——一个被认为有益于他自己和他的选区,一个被认为有益于国家利益。在每个动机中,议员由经济和政治理性引导。经济理性主义者方法期望议员最大化他(她)的效用。政治理性要求,由立法者采取的行动应该带来重要的政治结果,这些结果让他自己以及他所归属的政党受益。如果没有每个立法者的力量和活动,就不会有变化。如果没有变化,立法者或其政党就无法发展。

多年来发展出的立法程序一直致力于协调个体利益与国家利益,并提高立法机关的可信度。适用于大多数立法机关的第一条规则涉及党鞭。立法机关的成员被视为遵守政党意识形态的个体。第二个程序在一些立法机关被称为“定案规则”(closed rule)。一旦委员会和立法机关多数联盟之间达成一致,该规则防止在表决时修改立法草案。第三个程序最近才出现,其经验限于三个国家(厄瓜多尔、印度和菲律宾)。该程序将立法者的狭隘考虑从国家关心的事情中分离出来。为了满足前者,政府预算每年拨一笔数额既定的款项,这笔款项可以在议员所在的选区任意支出。这一方法背后隐含的逻辑是,立法者不应仅仅被视为在国家政治中发挥作用,也应该被认为对当地发展做出贡献。这些资金通过政府常规管理机构花出去,他们对支出及结果负责。

四、设计马赛克

虽然不同立法机关的财政程序不可避免会存在差异,但是这些程序都旨在通过为磋商、辩论、审批、正式立法以及执行阶段的监督提供适当的机会,在立法和行政机关之间建立桥梁。全套程序包括战略控制、交易控制及监督程序。在所有这些阶段,或者修改程序,或者采用新程序以服务于处于变动中的立法控制的需要以及经济形势的变化。政府现在对一段时期进行计划。尽管年度预算一直很重要,它日渐被视为中期框架的一段,更多是作为对中期战略制定后发生的变化所采取的修正。

在考虑和批准中期战略时,立法机关的角色在很大程度上仍然只是草拟。获得立法机关批准的第一次努力出现于 20 世纪 50 年代末(即使这主要是象征性的),当时许多发展中国家将五年发展计划提交给立法机关辩论。

按照年代顺序,取得立法机关对中期战略的批准的第二步,是以对未来各年的前瞻性估计进行考虑的形式出现的。在 20 世纪 60 年代早期,一些发达国家(如美国)处于对国防部门未来各年的支出进行估计的过程中,以便计划实践可以达到适当的平衡。当英国普洛登委员会在 1961 年报告说,“日常调查应该针对整体的公共支出以及未来几年作出,并与预期资源相关;涉及实质性未来支出的决策应该根据这些调查结果作出”。[1] 至于前瞻性估计是否提高了“清晰度”,并没有定论。但是现在,它们是许多发达国家和发展中国家提交给立法机关的文件的一部分。这种方法的一些变种称为“规划”“滚动支出

1 英国(普洛登)(1961 年)第 6 页。

计划”或“三年滚动投资计划”。对于这些前瞻性估计的讨论提供了确定经济的战略过程的机会。这意味着,在某种程度上立法机关逐步从对单个项目细枝末节式的拨款转变为确定国家正在奔向哪里以及奔向那个方向是否适当这样一些同等重要的问题。

在20世纪70年代末至20世纪80年代,考虑中期目标的变革得到了进一步推动。这个阶段的活动包括旨在控制赤字规模、公共借款及相关方面的活动。这些措施导致较晚近的一些努力,这些努力旨在颁布用于一般地制定并实施财政政策的法律框架,特别是在预算过程中包含长期定位。新西兰1994年制定的《财政责任法》是这种努力的一个突出例子。

在战略控制过程中,需要识别其他三个要素。这些要素和下述方面有关:(1)固定(standing)立法;(2)强制性授权及多年拨款;(3)在预算的批准悬而未决时,产生支出的权力。许多立法机关忙于颁布没有日落条款或截止期的法律。不偿还应付款会对政府的信誉带来严重影响。应付款可以是任何形式的款项,可能包括薪资和未付账单。然而,立法机关已经区分了公债和其他各种支付中的欠款,并且在一些既定情形下为政府提供自由,在没有得到年度授权的情况下进行必不可少的支付。类似地,应享权益立法为符合条件的人们提供福利或补偿。在一些情况下,为这些目的进行的预算拨款具有固定的形式。在另一些情况下,立法机关保留年度拨款的权力。这更多是一种为了产生议会特权的仪式和重复的惯例,而不是一种实质性事项。立法机关也提供强制性授权或多年拨款(在一些发展中国家的发展预算中,后者更常见)。此外,在预算立法还没有完成的地方,作为允许政府向前发展的策略的一部分,经常会有固定立法,根据该法律,政府被允许按照规定的速度支出。(按照它们职能上的重要性、而非按照时间顺序,表16.1总结了这些战略控制)。

表16.1　　　　战略及交易控制

种　类	评　论
战略控制	
1 财政政策体制	诸如新西兰《财政责任法》(1994年)或美国的预算决议试图提供中长期财政目标。对于这些意向的辩论以及最终立法,给立法机关提供了影响和决定政策方向的机会。

续表

种　类	评　论
2 多年预算估计	在那些具有常规的前瞻性财政计划的国家，年度预算提供了有关未来各年支出概况的信息。尽管这些信息不需要具体的审批，或者不需要通过相关法律，对这些估计的考虑为立法机关提供了决定战略过程的机会。
3 发展计划	许多国家已经形成了下述传统，即将中期发展计划提交给立法机关，以推动有关未来发展方向及其财政含义的辩论。这些发展计划无需任何拨款活动，这些拨款活动作为年度立法的一部分得到适当开展。
4 力图规定赤字规模和公共借款数量的具体立法	在许多国家，年度预算在中期框架（该框架之前得到立法）内制定。会限制赤字的规模、支出的可允许增长率以及赤字规模的可允许增长率。
5 固定立法	许多国家有各种不同类型的支出，这些支出处于年度拨款过程以外。是巩固还是修正传统，由立法机关决定。
6 强制授权和用于既定支出类别的多年期拨款	这方面的活动致力于具体领域的调整。当立法机关在批准产生债务的预算授权时，它是在批准战略。就多年拨款而言，也是如此。
7 在年度拨款过程未完成时产生支出的权力	当下年度预算推迟时，许多国家具有按照上年度的水平支出的法律传统。这意味着立法机关同意延续上年的策略；然而，到底是允许默认的决策或者是制定新法律，这取决于立法机关。
交易控制	
8 项目构成	在立法中，立法机关会规定人员力量或其他相关特征。他们也可以在两个方向上修改项目分配。
9 发放预算资金	年度立法会提供规定资金发放的时间表。
10 扣押工程和项目	在资源短缺的情况下，立法会延迟一些工程和项目。作为替代，权力会被委派给政府。
11 预算调剂或再分配	立法会规定无需额外立法的再拨款水平。近年来，一些国家已经使用更广泛的分类（比如运营成本）作为拨款的基础，因此增加了立法的灵活性。
12 补充估计	所有额外支出需要立法机关的审批。
13 年末灵活性	立法会规定，在多大程度上，可以将资金从一年结转到另一年。
监督控制	
14 年度账目	议会委员会或者议会全体评价经审计的年度账目。
15 代际账目	尽管这些账目还处于初始阶段，立法机关将来会有机会评价它们。

五、交易控制

在政策及相关的战略选择制定和批准后，政府的任务是按照立法机关批准的来执行。那些遵循现代管理规律的人会认为，最好将执行阶段留给专业人士，这些专业人士同时也对立法机关负责。就此而言，决策者会采取低姿态，允许管理者来进行管理。这种方法意味着，预算不仅仅是财政计划，也是行动计划。在这些计划中，规定了官僚机构的每一阶层的任务，以及通过他们的努力期望达到的结果，并将这两方面进行绑定。资源提供者和资源使用者之间的关系既可以采取具有内在的法律可执行性的正式合同形式，也可以是非正式的。这些特征尽管在原则上得到认可，尚未成为普遍实践。

另一个由立法机关施加的控制机制，是规定预算年度中不同季度可以花费的预算金额。这是为了避免在预算年末突击花钱，以及便于有序执行。近年来，对许多国家而言，在执行预算政策过程中的突然转变（某种 U 型转变）已经变得很常见了。预算年度中间由立法机关施加的控制也涉及批准补充预算。在一些国家，有一些法律规定使得政府即使没有得到预算分配（当情况紧急对此是如此迫切需要时）也可以产生支出。该程序也要求，相应的目的和金额由立法机关接下来在第一时间进行审批。在行政部门占优势的预算制度中，由立法机关施加的另一种形式的控制和防止将上年度未花完的金额结转到以后各年有关。立法机关往往认为，年度拨款用于财政年度中设定的目的，应该将不可能花掉的金额交出。然而，人们日渐意识到，这种控制在整体上缺乏有效性。有人认为，年度限制以某种方式或其他方式导致不理性的支出倾向。在这么做的过程中，这些资金会花在诸如购买大量消费性商品等非生产性的目的上。为了避免这种结果，一些政府诉诸年末的灵活安排，无论有没有进行明确的立法审批，都允许资金的结余。

六、监督控制

除了交易控制，立法机关也被赋予监督职能。这包括正式规定的职能以及其他取决于立法者首创精神的方法。在英国下议院式的立法机关中有一个公共账目委员会，该委员会由立法机关的一些成员组成，负责考虑政府年度账目以及审计机关的发现的任务，然后把发现移交给整个议会。在诸如美国这样的立法机关占优的制度中，也有一个关注政府运作的委员会，其任务包括考虑账目。然而，不像前者后者不是一种强制性任务。

七、实践范围

在上述讨论的整体框架内，许多国家有不同的实践。更具体而言，表16.2详细说明了通行于一些选定的经济合作与发展组织（OECD）国家的实践。尽管对立法机关的讨论大多按照两类（国会型和议会型）来进行，实际上，这可能是一种过度简化。这些程序表明，在立法事务中，唯一具有确定日期和长时间表的事项是批准预算。对其他国家程序的类似评论表明，广义而言，有四类立法机关：

表 16.2　　**表 16.2 一些 OECD 国家的立法预算程序**

国　家	特　征
澳大利亚	• 有两级立法机关——众议院和参议院，分别具有不同的权力。 • 支出分成固定拨款、对“普通年度服务”的拨款以及对“普通年度服务以外服务”的拨款。固定拨款（约占 2/3）不要求立法机关的年度行动。 • 有单独的议会委员会评价建议的预算支出。 • 拨款按照支出组合来组织。 • 近年来，在管理预算的过程中，部门管理者被赋予更多的责任和灵活性。
奥地利	• 在原则上，议会有准备自己的预算的权力，但是它从未使用这种权力。 • 所有的政府支出必须按年批准。会提出多年估计。 • 预算草案由议会预算委员会检查。该委员会具有提出自己的提案的权力。 • 在预算委员会报告的基础上，议会对预算进行辩论、并予以批准。
比利时	• 有两级立法机关——众议院和参议院，分别具有不同的权力。 • 提供给立法机关的一般支出预算包括行政预算，众议院不能修改它。 • 行政预算由各个议会委员会来评价。 • 如果一般支出预算没有得到批准，临时拨款制会生效。
加拿大	• 议会每年投票并批准的支出不到总支出的 30%，剩余部分被认为是强制性支出，因而无需年度批准。 • 强制性支出以外的部门支出需要议会的审批。年度中额外所需的金额需要补充估计，该估计通常每年提交三次。 • 议会有权提议删除或削减预算，但是这成为一个“秘密”问题。
丹麦	• 议会财政委员会审查整个预算。 • 包括应享权益支出在内的所有支出需要年度拨款。可以提交补充估计。 • 议会不批准多年估计。
芬兰	• 在第一阶段，由议会各委员会评价预算。 • 包括应享权益支出在内的所有支出需要每年批准。 • 议会可以增加支出，但是也需要指出筹资途径。

续表

国　家	特　征
法国	· 在第一阶段，由两院各委员会检查预算。 · 包括应享权益支出在内的所有支出需要每年得到批准。对于强制性支出，只有估计值、没有上限。 · 立法者不能削减收入，但是可以削减支出。它不能增加支出，或者对支出进行再分配。
德国	· 议会两院考虑预算。 · 所有支出（包括借款授权）要求每年批准。 · 议会可以提出新支出，但是要求得到政府的批准。
希腊	· 由议会委员会组织预算辩论。 · 包括在性质上属于应享权益支出在内的拨款均要求每年批准。
爱尔兰	· 议会两院具有不同的权力。 · 只有下议院有权力修改涉及公共资金的立法。 · 下议院不能修改预算估计——它只能批准或否决该估计。 · 一些支出项目不要求年度授权。 · 不批准多年期预算估计。
意大利	· 有两级立法机关，它们在财政事务中扮演同等角色。 · 立法机关被要求制定包含下述内容的财政法案： 　· 以承诺的方式设定的财政部借款上限。 　· 在预算年度中对于新立法的特别保留权。 　· 对多年期支出的调整——延后或提前支出。拨款立法中包括财政法案的内容。 · 所有的支出按年拨款。 · 立法机关以承诺的方式批准多年期预算。
日本	· 议会分成上下两院，每个都有预算委员会。 · 大多数支出要求年度拨款。 · 与那些延续许多年的工程相关的连续性支出按照多年期进行批准。
荷兰	· 议会两院具有不同的权力。 · 所有的支出（包括应享权益支出）要求每年批准。 · 议会批准所有在财政年度中做出的承诺。
新西兰	· 支出分成两类——年度拨款和固定拨款。 · 预算估计首先由选定的委员会审查。
挪威	· 预算建议首先由立法机关委员会考虑。这些委员会会提出修改建议，然后由整个议会对这些建议进行投票。修改包括增减。 · 最终的预算由财政部准备（包括年度借款协议），然后由议会投票。
西班牙	· 议会两院具有不同的权力。参议院可以增加提案的内容、或者否决提案，然后这些提案需要由国会批准。
瑞典	· 包含应享权益支出在内的所有支出需要每年得到批准。 · 议会不批准多年期预算，但是可以决定投资的多年期计划框架和多年期授权。 · 议会委员会可以从两个方向改变预算估计。
英国	· 议会可以提议削减支出，但这会成为秘密议题。 · 支出分成两组——年度拨款和固定授权。后者无需年度立法。 · 预算提案首先由议会委员会考虑。

续表

国　家	特　征
美国	· 国会本身不颁布预算。其程序包括： · 授权过程； · 年度拨款过程；以及 · 共同预算决议过程。 · 大多数项目的授权年限可以是许多年，或者无限期。 · 拨款过程涉及批准授权以产生责任，但是不产生支出水平。 · 有些支出类别具有固定拨款的身份。 · 在众议院有约 13 个拨款委员会，参议院有类似数量的机构。

料来源：OECD，《1995 年结果预算》，巴黎。

（1）立法机关可以对预算进行辩论，但是没有权力正式批准预算或者修改它；

（2）立法机关可以对预算进行辩论，但是对改变预算提案的内容有有限的权力：比如，不能增加支出或削减收入；

（3）立法机关可以对预算进行辩论，并且在理论上具有无限的改变预算的权力，然而却不能修改它，因为每次修改都可以被视为对政府信心的一种争议；

（4）立法机关可以对预算进行辩论，并且具有广泛的权力，包括对行政机关在财政年度中可以做什么施加限制。

透明和问责的影响在很大程度上取决于立法机关的类型，以及它选择运用权力的方式。即使在立法机关在预算立法中没有正式角色的情况下，统治者也不敢触怒立法者，所有的讨价还价通过不同的渠道发生。在政党之间意识形态差异很小，联合政府会成为未来政治的长久特征的环境下，讨价还价的角色会取得更多的重要性。

然而，讨价还价的现实情形和上述图景稍有不同。在每个类型中，整个过程中安排给立法机关的角色会导致立法者夸张的重要性。但是在由行政机关提议的处于变化中的预算分配中，讨价还价扮演重要角色的程度严重有限。现在政府的大多数支出反映了固定立法的要求；每年的增加都是边际上的，其中发生了许多讨价还价。相对于整体预算规模，数额相当有限。

讨价还价和谈判不仅仅限于行政机关和立法者之间的政治元素。行政部门经常具有不同于其政治领导人的自己的想法，需要对这些想法进行处理。就像一位即将离职的日本首相提到的那样，“我设法操控财政部的权力，但是最终是财政部在操纵我”。[1] 财政运作的复杂性以及将许多经济创制权集中在行政部门的手中,使得政治家成为来自财政部资金的恳求者,而不是通过立法过程取得这些资金。经济变化赋予行政部门优越的讨价还价地位,这主要是因为预算涉及对细节的精通——立法机关仍然有待巧妙地运用这种精通。

八、经济和系统性因素的影响

多年来发展出来的程序的范围也受到经济环境以及预算制度变化特征的影响。就像预算制度对经济环境及相关需要的变化做出回应那样,立法程序以及在使用这些程序时暗含的方法也在每个阶段调整自身以适应新需要。这些相互影响的变化可以通过六个程式化的阶段进行分析。第一阶段是描绘投入的传统明细支出预算。这个阶段的预算程序关注支出目标,为了保证遵守法律内容,设定了一些障碍以防止资金从一个科目流动到另一个。第二个阶段涉及战争经济。就像第二次世界大战盟军力量的历史所清楚显示的那样,对钱袋子的控制转移到行政机关,立法机关成为默然同意的机构。第三阶段与采用有计划的经济发展有关。在发展中国家,这导致发展计划的出现,在中期内有大量投资。作为这种努力的一部分,开始采用新的预算分类,这种分类更接近经济部门的术语。在发达国家,从指导性计划到非经济计划,开展了各种努力。预算制度的反应是开展项目分类以及开发绩效指标。尽管存在初始困难,这些努力具有让立法机关从传统的关注明细支出转向考虑项目。(在发展中国家中,至少有一个国家的立法机关拒绝了项目分类,并马上恢复明细支出分类。)第四阶段与建立福利社会的努力有关。在该阶段,各个政党、政府和立法机关显示出制定并立法通过一揽子改革方案的强有力的热情。从预算的观点来看,需求驱动的、因而无法预测的一类新的支付开始出现。第五阶段与将追求宏观经济稳定作为政策目标有关。这需要新的技术手段来限制预算赤字,并制定旨在节制支出增长的中期财政计划。立法机关的回应是,推动旨在使得预算上限更加具有约束力的立法,以及通过其他自我约束机制。然而与需求相比,这些努力并没有证明是足够的。这一阶段的不成功导致第六阶段

1　引自 Hartcher(1998)第 2 页。

或者当前阶段的出现，这个阶段做出更持续的努力，以寻求财政整顿。预算制度被修改，其中包含战略计划、绩效目标以及对绩效的定量衡量。立法机关的反应是，将其注意力转移到绩效方面，并且更加强调问责。表 16.3 总结了这三个群体之间的互动。作为这些累积性变化的结果，在现在这个阶段提出立法机关的控制是变强了还是变弱了的问题是恰当的。

表 16.3　　经济环境、预算制度及立法控制

经济环境	预算制度	立法控制
传统经济	传统的预算制度主要关注明细支出	强调对明细支出的控制；再拨款没有灵活性；缺乏年末灵活性
战争经济	合同预算：强调形成成本数据	评价合同：给行政机关下放大量权力
计划经济	项目分类和绩效导向	虽然是逐步地，立法机关倾向于对明细支出分类进行变革。为了获得对项目的控制，对诸如人员在内的许多投入进行强制性规定
福利国家	项目预算：转移支付成为重要的支出类别	立法机关颁布法律，规定福利的类型与范围，以及资格标准
宏观经济稳定	强调财政赤字上限、支出增长率和公共借款水平、中期财政计划	为确保赤字水平不被超过，颁布和触发机制相关的立法；考虑中期选择
财政整顿	通过强调公共提供资金、私人提供服务，重组政府运作。	定期改革社会福利
改进治理	采用新公共管理哲学，其中包括创建任务导向的机构、整体上限、产出分类、应用成本会计、发展客户导向、改进服务提供等	研制服务或绩效合同以推动加强问责；给行政机关下放更多的权力；拨款立法转向更宽泛的分类

九、立法机关运作：理论和实践

一般相信，立法机关具有钱袋子的最终和最高权力，它们具有让权力实现其逻辑推论所必不可少的工具和机构。这种想法更多的是反映分析情势的人的信念，而非复杂的现实情况。然而实际上，立法者在行动时严重受到限制——这恰恰是它们自己努力的结果。这是因为预算作为财政控制工具的角色发生了变化，也是因为立法机关有关预算的角色发生了变化。[1] 通常而言，议会制和国会制（包括该制度的变种。在该制度下，可以做出有限修改，但是如前所述，不削减收入和增加支出）国家的立法机关具有三项基本权利：(1)批准整个预算或者驳回它，或者在国会制中修改它；(2)批准不同的支出分配，并颁布详细的拨款法案，该法案对行政机关具有约束力；(3)通过表 16.1 描绘的交易控制来控制预算执行的权利。在实施这三项权利时，按照实施权利的方式，立法机关取得一些结构性及程序性特征。在结构上，需要经过年度批准和相关立法程序的预算支出的份额一直在逐步萎缩。在内阁制或议会制中，无需立法的支出份额一直在增加，这反映了公债费用的增长。类似地，在国会制中，作为公债费用及应享权益支付增长的结果，需要每年批准的支出份额也下降了。除了这些，有许多支出是在预算外开展的，这些支出通过由行政法令管理的自主基金和交易花出去。如前所述，许多国家的法律禁止政府在没有得到清楚的法律批准的情况下做出新的支出承诺。但是随着对发展计划与多年支出估计的一般批准，立法机关使用这项基本权利变得没有实际意义。确实，一般的批准并非相关立法，但是立法机关往往不愿再讨论已经讨论过的议题，即使是以非正式的方式。这些因素导致立法权的稳定衰落。公众认为，立法机关忙于在自身内部交换陈词滥调而没有有效地发挥作用。这也许是正确的，其原因不在于缺乏权力，而是因为年度决策开始受到限制。这种限制不是选择的结果，而是立法机关变得只对预算中很小一部分发挥作用的结果。

在议会制国家，还有另外一种缺陷，因为立法机关的讨论只有几天。在此期间，立法机关很难涉及多个利益领域。因此，立法机关停止辩论付诸表决的影响会被深切地感受到。在一些国家，预算立法的很大一部分是在拨款过程的最后一刻通过口头表决制定的。在讨论期间，立法者受党鞭影响。不可避免地，对“削减动议”(cut motion)的讨论往往受在野党控制。还必须意识到的是，选区层面的议题由“猪肉桶”政治推动，而非由经济政策推动。即使在立法机关存在重大反对，行政机关会被赋予绕过立法机关限制（如果有的话）的

1　Coombes(1972)说：“预算程序不再被视为议会制政府起到最好的作用的例子。”(第 61 页)

便利。[1] 然而，在起草预算立法使用的语言中出现了另一个问题。这种语言反映的是语言中的语言，大多数人无法理解，只有少数人熟悉。议会制和国会制国家的年度拨款立法都受到这一缺点的影响。

使用和批准具体的支出分配相关的第二种权利并非没有问题。那些在这方面支持最小的立法角色的人认为，在这些被视为国家或公共利益的领域，行政机关在实施这些分配时应该发挥更大的作用。他们也暗示，立法者不具有详细知识或者不具有专业知识，因而无法理解提议的变化的完全后果。

履行第三种权利，也就是对预算执行进行控制，这也存在困难。原因一方面在于在一些制度中，立法机关缺乏任何角色；另一方面，在立法机关被安排承担更突出角色的地方，存在对立法机关可以做些什么的限制。在议会制中，就管理预算而言，除非需要额外的资源，或者需要将资源从一类调整到另一类，否则立法机关承担的角色很少。在这种制度中，执行预算主要是行政机关的责任。在年末，立法机关具有评价账目的任务。

十、立法机关和行政机关

在国会制中，与行政机关密切关系的结果，以及每一方相对另一方居于支配地位以确保他们各自选择的批准，这些都不存在争议；相反，它隐含于预算过程的性质中。在其中，不同的利益发挥作用，包括立法程序在内的所有工具得到公开或秘密地使用，以确保实现目的。

近年来，官僚机构的职能发生了重大变化，它与议会制中立法机关之间的关系也发生了重大变化。就像前文讨论的那样，立法机关往往认为，官僚机构已经成为有效提供服务的障碍。通过改造公共服务以及将公司部门的一些实践应用于公共服务以使得后者更加积极，可以发现改进的方法。现在，作为这种努力不可或缺的一部分，与每个机构的首席执行官谈判，签订一种服务合同，然后这种合同成为确保向立法机构负责的一种工具。这里考虑的问题是，

1 俄罗斯和美国的两个例子可以说明这点。在 1994 年，由俄罗斯联邦杜马施加的许多限制被通过总统发布的行政命令绕过。在美国，当国会拒绝签署由行政机关提出的帮助墨西哥走出 1995 年金融危机的一揽子方案时，行政机关通过汇率均等化账户（Exchange Equivalization Account）提供资金，该账户处于美国国会立法范围之外。

新公共管理哲学的引进是否丰富了立法机关和行政机关之间的关系。一般的观点是,新公共管理哲学具有削减立法机关及其委员会角色的作用;由于同样的原因,加强了行政机关的角色。尤其是,在内阁制政府中,各个部长的权力似乎得到了相当大程度的加强。福斯特和普洛登认为,[1]将制定政策的任务委派给各个行政机构,以及将权力从地方转移到中央政府及各个行政机构,增加了各个行政部门的角色,增加了这些部门做出的行政决策。当"议会大辩论处于衰落时",以及"由于立法抵达议会各个委员会时处于准备不足状态、大量的修正案姗姗来迟、截止辩论以付表决的日渐增加的使用阻碍了议会各个委员会审查立法"时,就会出现上述状况。[2] 他们补充道,在开发替代性政策方案时,由于在竞争性过程中立法机关的各委员会具有严重缺陷,它们具有内在的劣势。尽管绩效合同是绩效预算的自然延伸,需要指出的是,现在仍然处于执行的早期阶段。同时,立法机关(无论是否具有优秀的委员会)发现在财政程序事务中,行政机关总是领先一步,因而迫切需要发展出绩效问责的语言及语法规则。同时,立法机关对行政机关的控制还没有找到实质性方法以及有意义的机会,以为决策提供重要信息。需要承认的是,国会制立法机关在这方面已经相当领先;但是,在评估立法机关对于将官僚机构发展成提供公共服务的有效工具方面的贡献时,有很大困难。

十一、立法机关和变化中的经济秩序

立法机关在过去100年的角色反映了"经济事务重要性的增长"。[3] 在某种程度上,这也反映了政府运作在规模、范围及复杂性方面的变化,而这又归因于对经济干预的日渐增加的需要。在采取新政政策前,政府的角色已经开始发生重大变化,政府获得了一些新的职能。变动中的全球环境的挑战要求政府遵循合理的货币、财政及结构政策,这些政策相互补充、相互加强。总之,政府中的行政分支有必要快速行动,并且是以一种及时而适当的方式。这种要求对立法机关的角色有影响吗?如果有的话,影响的性质是什么?

1　参见 Foster 和 Plowden(1996)第 X 页。

2　参见 Foster 和 Plowden(1996)第 X 页。

3　参见 Coombes 和 Walkhand(1980)第 1 页。

甚至在全球化来临之前、在这种全球化的含义完全得到认识之前，多年来，立法机关对行政机关的控制一直在逐步下降。排斥性因素对于立法机关对金钱事务的自由有影响。在大多数国家，决定公务员的工资水平是行政机关责任的一部分。后来，立法机关有机会否决政府的收入政策，但是此后，这具有成为秘密议题的可能性。类似地，就像已经指出的那样，在大多数立法制度中，公债费用（利息和本金）不是拨款过程的一部分。在大多数情况下，国防支出以总额的形式拨款，立法机关以及公众一直对其一无所知。此外，社会性支付（即应享权益支出）通常通过持续性立法的形式拨款。在一些国家，这些支出的总额远远超过年度预算的 2/3。就此而言，通过自己的选择，立法机关对年度财政政策的很重要的一部分施加限制。另一个立法控制下降的领域和管制范围相关。国家的大多数经济活动通过政府公布的各种规章制度来控制。这些在实践中涉及公司业务、税收、银行业务交易以及许多其他活动等所有方面。制定各种规章制度要求行政机关具有制定规则的广泛自由裁量权。这些规章制度的大部分无需立法机关的批准。除了涉及立法时间表这种运筹问题，这些规章制度无需立法机关批准的表面原因是，它们不是政策事务，而且它们确保各项政策按照立法机关批准的那样得到执行。但是这一授权领域非常大，其广大程度是立法控制下降的直接证明。另一个立法机关一直介入很少的领域（即使是在最好的时代）与国外借款以及和国外金融机构之间的关系有关。许多发达国家从世界银行借款，以为其开发项目筹资。他们也从全球市场借款。然而，在每种情况下，很少有立法机关的批准。实际上，立法机关的角色仍然有待描绘的一个领域与国外借款相关。借款数额及借款条款对跨年度的预算政策的过程和内容会有影响。然而，立法机关在这个领域扮演的角色一直是微不足道的。类似地，与国际货币基金组织之间的协议很少是立法机关考虑和批准的主题。直到 20 世纪 70 年代早期，与国际货币基金组织达成的协议都被视为秘密交易，立法机关或公众无法获得相关信息。此后，一些国家的政府（其中一些国家是英国、印度、斯里兰卡）一直随时将协议提交给立法机关。在少数情况下，协议放在立法机关的图书馆，但是在许多情况下，它们一直处于机密状态，尽管国际金融出版机构的读者可以通过日常出版物读到它们。这些被排除在外的领域很大，立法机关角色的下降见证了行政机关自由裁量权的日渐增长。

这种漠不关心要归因于立法机关选择的选择性利益。立法机关和政党往往有分散的政治性的、具体的忠诚。在一些国家，它们被视为促进军事—工业复合体的利益；在其他地方，它们被视为促进农场游说者、建筑产业或社会服务复合体的利益。作为结果，只有一些利益往往得到强调，而作为这种方法的延伸，其他一些利益则受到漠视。被排除在外和漠不关心混合在一起的结果是，本来被打算和设计用于促进制衡制度、作为行政机关自由裁量权的对抗性权力发挥作用的立法机关，会成为行政机关的合作者。这也意味着，立法机关发挥作用的主要原理受到了严重损害。

十二、立法机关发挥作用的新方向

就像上文所讨论的那样，立法机关越来越倾向于默许，而不是实施政策控制。然而很清楚，这种次要的角色不符合一直以来所设想的。本来，人们是想要立法机关成为人民的工具。通过明智地运用这一工具，它被期待为社会的渴望提供答案。它们是带着希望和信心被设计出来的。现在却让位于怀疑、疑惑和厌倦。这个机构的公信力受到了严重的破坏。立法控制的下降不是因为缺乏权力或工具（尽管某些立法机关确实如此），而是因为这些权力和工具使用的退化，以及就公众所关注的而言，立法机关缺乏增加值、净成本的有形证据。

改进建议同时涉及议会制和国会制的立法机关。对于其他形式的立法机关，当务之急是在预算程序中获得立足点，并取得批准权、立法权和评价权，在年终，得到公共资金所实现的结果。改进议会制立法机关的建议不可避免地会涉及对其现有权力的更多使用，以及加强其委员会制度。福斯特和普洛登（1996）已经相当详细地评价了英国的制度[1]，他们提出了三个具体建议，这些建议会恢复立法机关的公信力。这些建议是：(1)对于重要的政策问题，必须进行辩论；(2)应该加强议会委员会制度；(3)在立法过程前面，需要在议会内外加上一个结构化辩论过程，以保证磋商过程的充分性。

1　参见 Foster 和 Plowden(1996)第 238—243 页。

议会辩论是立法机关的一个传统武器。改进辩论会带来什么效果？福斯特和普洛登指出，“在保证各部部长能够适当地就与他们的政策及行动相关的怨言、抱怨及其他声称的品行不端进行辩护方面”，它“具有几乎是无法估量的效果”。[1] 它也具有改进政策和决策准备的质量的效果。

关于加强委员会制度的第二条建议涉及建立常设委员会，就像国会制立法机关下设的拨款委员会那样，对于每个重要的支出机构，委员会有它自己的秘书处（或者适当的资源）、有付薪的主席以及反映立法机关重要利益的成员。在这里，经验同样无法为寄托于这种方法中的信心辩护。建立委员会可以以一种正式的方式增加另一个“民主”阶层，但是在一个已经被持续立法和中期战略的批准所包围的环境下，这是否能带来真正的控制，是很令人可疑的。在原则上，委员会制度有助于对提出的政策以及此后该政策的绩效进行更深刻的评价。它在后一领域的效果非常取决于在发展出一套可靠的、成本上有效的绩效制度上所取得的进展（这种进展仍有待实现）。

第三个建议与为委员会提供更多机会有关，这样它们不仅仅对政府的提案做出反应，还可以在决策中发挥首创精神。就此目的，福斯特和普洛登认为，在开展重要立法之前，政府应该发布绿皮书，概述问题以及政府倾向的解决方案。然后，绿皮书应该作为组织听证会与相关磋商程序的基础。“受到其从委员会听证会或其中的辩论的影响，政府应该去经历一个经过深思熟虑的磋商过程，此后它应该发布白皮书，通过与其他解决方案进行比较，以及通过它所能提供的所有证据和分析，为它提出的解决方案进行解释和辩护。”[2] 通过这些方法，福斯特和普洛登相信，可以在民选独裁制（elective dictatorship）的基础上建立一些有效的制衡。该建议也是建立在国会制已有经验的基础上。这三个建议作为整体意味着，为处于半昏迷状态的议会制注入活力的主要方法，是尽快获得国会制的特征。

然而，同时也有旨在加强国会制的一些建议。除了修改宪法以实现平衡预算超出了本章的范围，这些建议包括：(1)采用两年预算；(2)将国会的限制降低到最少；(3)对应享权益支付采用最高额度或上限。就像将要表明的那

1 Foster 和 Plowden(1996)第 238 页。

2 Foster 和 Plowden(1996)第 241 页。

样,并不是所有这些建议会致力于加强国会控制,而是会更关注加强行政权。请求实施双年预算[1]是想要节省大量的用于年度预算过程的时间。

第二个建议与取消对人员、明细专项支出、将未花完的年末余额(最高可达50%)结转到下一年等的限制有关。其原理在于,立法机关应该转而对运营成本(operating cost)施加限制[等同于议会制下的运转费用(running cost)],同时放弃会严重影响管理者的自由的干扰性控制。该程序有利于增加行政机关的自由。尽管乍看上去,该措施可以被视为立法机关控制的另一种损失,在现实中,它等于与行政过程和解的过程。

与其他国家相比,第三个建议更适用于美国。该建议与对应享权益性福利运用一个上限有关,该上限既可以是针对总额,也可以是针对具体项目。这些项目由需求驱动,由法律规定,无论对整体财政赤字规模有何影响,都需要提供。然而,由于赤字必须维持在既定水平,需要有一个触发机制,当支付威胁预算稳定性时,该机制可以生效。

执行上述建议(这些建议也具有将议会制转变为国会制的效果,而很难区分它们)会恢复立法机关的公信力吗?会将立法机关从让生命变得最不安的怀旧感中拯救出来吗?在经验的基础上,这要求大量的信念和乐观,除了宗教事务以外,这两种东西总是处于短缺状态,以致于无法相信那种结果。立法控制的下降需要从更广泛的方面来解决,而不仅仅限于程序性方面。据说,现实一直处于变化中。就立法机关已经发生的情形而言,据以判断其功效的目标(goalpost)已经移动了很多,并且获得了新维度,这些新的维度需要得到解决。

对立法机关财政管理责任的修复,要求对前文讨论的类型进行程序性改进。此外,需要确保对中期战略的磋商和辩论不会导致前文讨论的常规预算程序的暂停。立法机关的辩论扮演着决定性角色,但是其复兴不能通过外在的告诫得到保证。好的程序无法使得拙劣的立法者克服其缺陷,尽管反过来通常也成立。它要求立法机关和行政机关就辩论如何可以变得更加聚焦和丰富、已有的议会程序如何得到有效使用(而非规避它们)进行联合磋商。答案

1　参见Gore(1993)第16页。

不在于建立新的机构(这会有效破坏现有机构),而在于通过这种更加需要的对话重新激活立法机关。

经济管理远远超过和预算相关的一般范围。除了财政政策,它还涉及支付平衡,货币、收入及价格政策。上述每个领域中的政策并不总是得到清楚的立法批准;但是当行政机关犯了错,财政危机在地平线上赫然耸现时,立法机关变得与行政机关一样有责任。在经济危机发生之前,像批准年度预算一样,立法机关具有找到机会及工具以监控宏观经济政策的重要任务。

提供服务代表着一个领域,该领域要求不同的方法。财政管理评价和宏观经济政策辩论无法充分揭示服务提供的效率。医院会花掉所有的预算拨款,但那未必会转换为有意义的服务提供。这不是一件可以由立法机关在最高层面充分解决的事情;相反,它在提供服务的局部层面得到解决。就此而言,一些国家开始通过其他地方层面的委员会对立法机关的工作进行补充。在这些委员会中,社区代表也被指派对提供的服务进行监督和评价。在一些情况下,甚至合同的授予也是由当地社区的代表联合决定。就此而言,控制被认为是立法机关、行政机关和地方社区的共同责任。

经验最终表明,多年来,政策不足以及警惕性不足导致财政制度无法成功解决公众的关切。尽管不断努力改进该制度,制度性重犯变得很普遍。这部分是因为改革没有完全解决重要关切,部分是因为它们没有得到完全执行。此外,一个时代的解决办法成为另一个时代的问题。政府行政分支试图执行的措施并不总是与诸如审计及立法机关等外部机构的相应努力匹配。对于改进行政、审计及立法机关的运作而言,存在对均衡性方法的持续需求。这是将来管理者的任务。

译丛主编后记

财政活动兼有经济和政治二重属性,因而从现代财政学诞生起,“财政学是介于经济学与政治学之间的学科”这样的说法就不绝于耳。正因如此,财政研究至少有两种范式:一种是经济学研究范式,在这种范式下财政学向公共经济学发展;另一种是政治学研究范式,从政治学视角探讨国家与社会间的财政行为。这两种研究范式各有侧重,互为补充。但是检索国内相关文献可以发现,我国财政学者遵循政治学范式的研究并不多见,绝大多数财政研究仍自觉地或不自觉地将自己界定在经济学学科内,而政治学者大多也不把研究财政现象视为分内行为。究其原因,可能主要源于在当前行政主导下的学科分界中,财政学被分到了应用经济学之下。本丛书的两位主编,之所以不揣浅陋地提出“财政政治学”这一名称并将其作为译丛名,是想尝试着对当前学科体系进行纠偏,将财政学的经济学研究范式和政治学研究范式结合起来,从而以“财政政治学”为名,倡导研究财政活动的政治属性。编者认为,这样做有以下几个方面的积极意义。

1. 寻求当前财政研究的理论基础。在我国的学科体系中,财政学被归入应用经济学之下,学术上就自然产生了要以经济理论为财政研究基础的要求。不过,由于当前经济学越来越把自己固化为形式特征明显的数学,以经济理论为基础就导致财政学忽视了那些难以数学化的政治视角研究,这样就让目前大量的财政研究失去了理论基础。在现实中已经出现并将更多出现的现象是,探讨财政行为的理论、制度与历史的论著,不断被人质疑是否属于经济学,一篇研究预算制度及其现实运行的博士论文,经常被答辩委员怀疑是否可授予经济学学位。因此,要解释当前的财政现象、推动财政研究,就不能不去寻找财政的政治理论基础。

2. 培养治国者。财政因国家治理需要而不断变革，国家因财政治理而得以成长。中共十八届三中全会指出："财政是国家治理的基础和重要支柱，科学的财税体制是优化资源配置、维护市场统一、促进社会公平、实现国家长治久安的制度保障。"财政在国家治理中的作用，被提到空前的高度。因此，财政专业培养的学生，不仅要学会财政领域中的经济知识，也应该学到相应的政治知识。财政活动是一项极其重要的国务活动，涉及治国方略；从事财政活动的人是重要的政治家，应该得到综合的培养。这一理由，也是当前众多财经类大学财政专业不能被合并到经济学院的原因之所在。

3. 促进政治发展。在18～19世纪，在普鲁士国家兴起及德国统一过程中，活跃的财政学派与良好的财政当局曾经发挥了巨大的历史作用。而在当今中国，在大的制度构架稳定的前提下，通过财政改革推动政治发展，也一再为学者们所重视。财政专业的学者，自然也应该参与这样的理论研究和实践活动中去。事实上也已有不少学者参与到诸如提高财政透明、促进财税法制改革等活动中去，并成为推动中国政治发展进程的力量。

因此，"财政政治学"作为学科提出，可以纠正当前财政研究局限于经济学路径造成的偏颇。包含"财政政治学"在内的财政学，将不仅是一门运用经济学方法理解现实财政活动的学科，也是一门经邦济世的政策科学，更是推动财政学发展、为财政活动提供指引、并推动中国政治发展的重要学科。

"财政政治学"虽然尚不是我国学术界的正式名称，但在西方国家教学和研究中却广有相似的内容。在这些国家中，有不少政治学者研究财政问题，同样有许多财政学者从政治视角分析财政现象，进而形成了内容非常丰富的文献。当然，由于这些国家并没有像中国这样行政主导下的严格学科分界，因而不需要有相对独立的"财政政治学"的提法。相关的研究，略显随意地分布在以"税收政治学"、"预算政治学"或者"财政社会学"为名称的教材或论著中，本译丛提倡的"财政政治学(fiscal politics)"的说法也不少见。

中国近现代学术进步历程表明，译介图书是广开风气、发展学术的不二良方。因此，要在中国构建财政政治学学科，就要在坚持以"我"为主研究中国财政政治问题的同时，大量地翻译国外学者在此领域的相关论著，以便为国内学者从政治维度研究财政问题提供借鉴。本译丛主编选择了这一领域内的多部英文著作，计划分多辑陆续予以翻译和出版。在文本的选择上，大致分为理论基础、现实制度与历史研究等几个方面。首先推出的有《财政理论史上的经典文献》《税收公正与民间正义》《战争、收入和国家构建》《发展中国家的税收与国家构建》《为自由国家而纳税：19世纪欧洲公共财政的兴起》《信任利维坦：不列颠的税收政治学(1799～1914)》《欧洲财政国家的兴起》等著作。

本译丛的译者，主要为上海财经大学公共经济与管理学院的教师以及已毕业并在高校从事教学的财政学博士，另外还邀请了部分教师参与。在翻译稿酬低廉、译作科研分值低下的今天，我们这样一批人只是凭借着对学术的热爱和纠偏财政研究取向的希望，投身到这一译丛中来。希望我们的微薄努力，能够成为促进财政学和政治学学科发展、推动中国政治进步的涓涓细流。

刘守刚　上海财经大学公共经济与管理学院
魏　陆　上海交通大学国际与公共事务学院
2015年5月

财政政治学译丛书目

●《财政理论史上的经典文献》
理查德·A.马斯格雷夫,艾伦·T.皮考克 编 刘守刚,王晓丹 译
●《君主专制政体下的财政极限——17世纪上半叶法国的直接税制》
詹姆斯·B.柯林斯 著 沈国华 译
●《欧洲财政国家的兴起 1200~1815》
理查德·邦尼 编,沈国华 译
●《税收公正与民间正义》
史蒂文·M.谢福林 著 杨海燕 译
●《国家的财政危机》
詹姆斯·奥康纳 著 沈国华 译
●《发展中国家的税收与国家构建》
黛博拉·布罗蒂加姆,奥德一黑格尔·菲耶尔斯塔德,米克·摩尔 编 卢军坪 毛道根 译
●《经济系统与国家财政——现代欧洲财政国家的起源:13~18世纪》
理查德·邦尼(Richard Bonney) 编 沈国华 译
●《税收哲人——英美税收思想史二百年(附录:税收国家的危机 熊彼特 著)》
哈罗德·格罗夫斯 著 唐纳德·柯伦 编 刘守刚,刘雪梅 译
《为自由国家而纳税:19世纪欧洲公共财政的兴起》
何塞·路易斯·卡多佐 佩德罗·莱恩 编 徐 静 黄文鑫 曹 璐 译 王瑞民 校译
《预算国家的危机》
大岛通义 著 徐一睿 译
《信任利维坦:英国的税收政治学(1799~1914)》
马丁·唐顿 著 魏 陆 译
《危机、革命与自维持型增长——1130~1830年的欧洲财政史》
W. M. 奥姆罗德 玛格丽特·邦尼 理查德·邦尼 编 沈国华 译
《战争、收入与国家构建——为美国国家发展筹资》
谢尔登·D.波拉克 著 李 婉 译
《控制公共资金——发展中国家的财政机制》
A.普列姆昌德 著 王晓丹 译
《公共经济学历史研究》
吉尔伯特·法卡雷罗 理查德·斯特恩 编 沈国华 译
《财政学手册》
于尔根·G.巴克豪斯,理查德·E.瓦格纳 编 何华武 刘志广 译
《一个多世纪的财政挤压政治——英国的财政紧缩、政治和官僚政治百年历史》
克里斯托夫·胡德,罗扎那·西玛兹 著 沈国华 译
《税收的全球辩论》
霍尔格·内林,弗洛里安·舒伊 编 赵海益 任晓辉 译
《牛津福利国家手册》
弗兰西斯·G.卡斯尔斯,斯蒂芬·莱伯弗里德,简·刘易斯,赫伯特·奥宾格,
克里斯多弗·皮尔森 编 杨翠迎 译
《金钱、政党与竞选财务改革》
雷蒙德·J.拉贾 著 李艳鹤 译
《财政学的本质》
山田太门 著 宋健敏 译
《西方世界的税收与支出史》
卡洛琳·韦伯,阿伦·威尔达夫斯基 著 朱积慧 苟燕楠 任晓辉 译

《政治转型与公共财政——欧洲，1650～1913》

马克·迪辛科 著 倪霓 金赣婷 译

《民主社会中的公共财政(第三卷)——政治经济学的新思维》

理查德·A.马斯格雷夫 编 王晓丹 王瑞民 刘雪梅 译

《经由税收的代议制》

史科特·格尔巴赫 著 杨海燕 译

《政治、税收和法治》

唐纳德·P·雷切特，理查德·E.瓦格纳 著 王逸帅 译

《18世纪西班牙建立财政军事国家》

拉斐尔·托雷斯·桑切斯 著 施诚 译

《西班牙菲利普二世的税收债务和赖债史》

莫里西奥·德里奇曼，汉斯—乔亚吉姆·沃斯 著 施诚 译

《美国现代财政国家的形成和发展——法律、政治和累进税的兴起，1877—1929》

阿贾耶·梅罗特 著 倪霓 童光辉 译

《福利国家的兴衰》

阿斯乔恩·瓦尔 著 唐瑶 童光辉 译

《另类公共经济学手册》

弗朗西斯科·福特，拉姆·穆达姆比，彼得洛·玛丽亚·纳瓦拉 编 解洪涛 译

《财政理论发展的民族要素》

奥汉·卡亚普 著 杨晓慧 译

《联邦税史》

埃利奥特·布朗利 著 彭骥鸣 彭浪川 译

《旧制度法国绝对主义的限制》

理查德·邦尼 著 熊芳芳 译

《赤字、债务与民主》

理查德·E.瓦格纳 著 刘志广 译

《债务与赤字:历史视角》

约翰·马洛尼 编 郭长林 译

《布坎南与自由主义政治经济学:理性重构》

理查德·E.瓦格纳 著 马珺 译

《财政政治学》

维特·加斯帕，桑吉·古普塔，卡洛斯·穆拉斯—格拉纳多斯 编 程红梅 王雪蕊 叶行昆 译

《英国财政革命——公共信用发展研究，1688—1756》

P.G.M.迪克森 著 张珉璐 译

《财产税与税收抗争》

亚瑟·奥沙利文，特里 A.塞克斯顿，史蒂文·M.谢福林 著 杨海燕 译

《战争、葡萄酒与关税:1689—1900年期间，英法的政治经济贸易冲突》

约翰 V. C.奈 著 郑磊 译

《社会科学的比较历史分析》

詹姆斯·马奥尼，迪特里希·鲁施迈耶 编 秦传安 译

《比较历史分析的进展》

詹姆斯·马奥尼，凯瑟琳·西伦 编 秦传安 译

《汉密尔顿悖论》

乔纳森·雷登 著 何华武 译

《税收逃逸的伦理学——理论与实践观点》

罗伯特·W.麦基 编 陈国文 译

《税收幻觉——税收、民主与嵌入政治理论》

菲利普·汉森 著 倪霓 金赣婷 译

前面带● 号的是已出书